休闲农业理论发展与实践创新研究

周 颖 ◎ 著

中国农业科学技术出版社

图书在版编目（CIP）数据

休闲农业理论发展与实践创新研究／周颖著. —北京：中国农业科学技术出版社，2018.12

ISBN 978-7-5116-3957-8

Ⅰ.①休… Ⅱ.①周… Ⅲ.①观光农业-农业发展-研究-中国 Ⅳ.①F326

中国版本图书馆 CIP 数据核字（2018）第 288831 号

责任编辑　王更新
责任校对　李向荣

出 版 者	中国农业科学技术出版社 北京市中关村南大街 12 号　邮编：100081
电　　话	（010）82106639（编辑室）　　（010）82109702（发行部） （010）82109709（读者服务部）
传　　真	（010）82106639
网　　址	http://www.castp.cn
经 销 者	各地新华书店
印 刷 者	北京建宏印刷有限公司
开　　本	710mm×1 000mm　1/16
印　　张	16.25　　彩插　6 面
字　　数	288 千字
版　　次	2018 年 12 月第 1 版　2018 年 12 月第 1 次印刷
定　　价	96.00 元

版权所有·翻印必究

前　言

随着我国经济发展进入新常态，农业迫切需要由数量型增长向质量型增长转变，进一步深化农业供给侧改革，壮大新产业新业态，拓展农业产业的价值链，以科技创新为驱动，培育农业农村发展新动能成为当前农业和农村经济发展亟待破解的重要课题。休闲农业将农业产业与农业旅游有机结合，构建城乡互动的双赢发展平台；它作为一种新型产业形态和消费业态，实现了农业生产从物化产品到物化产品与精神产品并重的转变；在服务居民、繁荣农村、保护生态、传承文化等方面具有不可替代的地位和作用，与国家正在实施的乡村振兴战略密切关联、高度契合，是乡村发展前景广阔的一项朝阳产业。

我国休闲农业的发展已经由改革开放的初级阶段步入了由规范经营到转型升级的关键阶段。近年来，随着国家休闲农业发展政策的持续利好，休闲农业和乡村旅游发展势头迅猛。各地富有创新性的模式实践为休闲农业发展积累了宝贵的经验，然而在繁荣景象之下也暴露出一些共性问题。因此，在决胜全面建成小康社会、全面建设社会主义现代化国家的关键历史时期，有必要创新发展休闲农业产业的理论基础，科学分析休闲农业产业升级的战略思路，全面规划休闲农业产业发展路径与方向，使休闲农业真正从生产、生活、生态三个方面实现对传统农业的升级和替代。本书围绕着"休闲农业理论发展与实践创新"这一主题，在前人研究的基础上，从价值链延伸的特征阐述休闲农业的概念与内涵，从外部经济理论和公共产品理论的视角完善休闲农业理论基础，从"内生增长"和"外生增长"理论分析休闲农业发展动力机制，从国内和国外两个方面系统介绍休闲农业发展的概况和模式类型。

本书共分为八章，第一章在对休闲农业演替过程回顾的基础上，重新界定休闲农业的概念与内涵，通过休闲农业与乡村旅游概念差异性的比较研究，明确了休闲农业作为国民经济新培育的支柱产业，代表了农业产业未来的发展方向。第二章开展休闲农业理论基础的研究，在探明农业发展模式演变规律的基础上，创新性地提出休闲农业发展的理论基础，包括外部经济理论、公共产品理论、生态资本理论、体验经济理论、产业经济理论、可持续发展理论及农业生态学理论。重点构建了休闲农业的外部性价值，包括产品服务功能带来的社会保障方面的价值、生态服务功能带来的环境改善方面的价值及旅游服务功能带来的游憩方面的价值。进一步阐述了休闲农业模式的公共产品属性。明确了体验经济时代，休闲农业发展满足消费需求的必然性。第二章从经济活动产生的内在动力和外在动力两个方面，剖析休闲农业发展的动力机制作用。其中，农业发展模式更新换代和产业转型升级与价值增值的需求是重要的内在动力，政策制度的扶持引导与技术创新的推动是重要的外部动力。第四章进一步论述了发展休闲农业是促进农村经济可持续发展的现实选择，以及对带动农民增收和脱贫致富、落实乡村振兴发展战略的重要意义。第五章全面总结了德国、英国、美国、法国及日本等发达国家休闲农业的发展概况，重点介绍了国外休闲农业的典型模式。第六章在对我国现代农业发展历程背景评述的基础上，分析我国休闲农业的发展经历了四个阶段，即开始兴起阶段、探索发展阶段、规范经营阶段和转型升级阶段；提出以农业产业链网络形式构成为依据的休闲农业模式分类思路，并基于产业形态特征和空间功能特征两个角度，对休闲农业模式类型进行划分，总结各个模式的类型特征。第七章休闲农业发展政策与保障体系研究，从用地政策、土地流转政策、金融支持政策、生产保障体系等四个方面，全面梳理和分析我国休闲农业发展的政策改革措施以及运行保障机制。第八章休闲农业发展实践专题研究，结合笔者多年来研究成果，本书精心选择全国各地的七个休闲农业模式案例作为研究专题进行集中展示，便于读者了解和分析各地休闲农业发展现状和特点。

  本书创新性地从外部经济和公共产品理论切入拓展了休闲农业的理论基础，从生产方式变革根源剖析休闲农业发展的动力机制，从农业产业链延伸视角划分了以主导产业为链核的功能型和以技术创新为特色的综合型休闲农业两大模式类型，从实践应用出发探明各地休闲农业发展的有效路径。本研究成果不仅为丰富和完善休闲农业的理论研究提供了新思路和新方法，而且推广和宣传了各地休闲农业模式的典型经验，为推动休闲农业向深层次、大融合、多功能、高收益的方向发展提供参考和借鉴。

  随着国家乡村振兴战略的分步实施，休闲农业作为乡村振兴战略重点支持的新兴产业，其相关领域的研究会得到越来越多的关注。由于写作时间有限，本书只对部分研究展开了探讨，许多问题还有待深入思考和分析。同时，随着新情况、新问题的不断涌现，书中的一些研究结论和观点也需要在休闲农业发展的实践中进一步印证、充实和完善。

本书在写作过程中，借鉴和参考了国内一些专家、学者和同行的研究成果和学术观点，在此向各位表示诚挚的感谢！

本书的出版得到了 2018 年中国农业科学院科技创新工程项目的大力资助，在此向院、所领导，团队首席及项目负责同志表示衷心地感谢！

由于水平有限，书中错误和不足之处在所难免，恳请专家和读者提出宝贵意见。

周　颖

2018 年 11 月于北京

目　　录

第一章　休闲农业演替、内涵与特征 …………………………… (1)
第一节　休闲农业演替过程 ………………………………… (1)
一、休闲农业萌芽阶段 ………………………………… (1)
二、休闲农业发展阶段 ………………………………… (2)
三、休闲农业扩展阶段 ………………………………… (2)
第二节　休闲农业概念与内涵 ……………………………… (3)
一、休闲农业的概念 …………………………………… (3)
二、休闲农业的科学内涵 ……………………………… (4)
三、休闲农业与乡村旅游的区别 ……………………… (6)
四、休闲农业有关新理念 ……………………………… (11)
第三节　休闲农业的基本特征 ……………………………… (15)
一、休闲农业与产业密切相关 ………………………… (15)
二、休闲农业资源具有广博性 ………………………… (17)
三、休闲农业形式具有差异性 ………………………… (19)

第二章　休闲农业理论发展研究 ………………………………… (23)
第一节　农业发展模式的演变 ……………………………… (23)
一、农业发展模式的演变 ……………………………… (23)
二、生态农业模式的局限 ……………………………… (24)
三、循环农业模式的特征 ……………………………… (25)
四、休闲农业模式的优势 ……………………………… (27)
第二节　休闲农业理论基础研究 …………………………… (29)
一、外部经济理论 ……………………………………… (29)
二、公共产品理论 ……………………………………… (31)
三、生态资本理论 ……………………………………… (35)
四、体验经济理论 ……………………………………… (40)
五、产业经济学理论 …………………………………… (45)

  六、可持续发展理论 …………………………………………………(47)
  七、农业生态学理论 …………………………………………………(48)
第三章 休闲农业发展的动力机制 ………………………………………(50)
 第一节 休闲农业发展内在动力 ……………………………………(50)
  一、农业和农村内生发展动力 ………………………………………(50)
  二、产业链的结构与组织方式 ………………………………………(55)
  三、产业转型升级与价值增值 ………………………………………(59)
 第二节 休闲农业发展外在动力 ……………………………………(62)
  一、政策制度的引导力 ………………………………………………(62)
  二、市场需求的拉动力 ………………………………………………(73)
  三、技术创新的推动力 ………………………………………………(77)

第四章 发展休闲农业的现实选择与意义 …………………………(82)
 第一节 休闲农业是农业转型升级的现实选择 …………………(82)
  一、农业和农村经济发展存在的问题 ………………………………(82)
  二、休闲农业是现代农业的转型升级 ………………………………(83)
 第二节 休闲农业促进农村经济可持续发展 ……………………(85)
  一、发展休闲农业是产业升级换代的客观要求 ……………………(85)
  二、发展休闲农业是农民脱贫致富的有效途径 ……………………(86)
  三、发展休闲农业是转变生产方式的重要举措 ……………………(87)
  四、发展休闲农业是乡村振兴战略的必然选择 ……………………(88)

第五章 国外休闲农业发展概况与模式 ……………………………(90)
 第一节 国外休闲农业发展概况 ……………………………………(90)
  一、德国休闲农业 ……………………………………………………(90)
  二、英国休闲农业 ……………………………………………………(92)
  三、美国休闲农业 ……………………………………………………(95)
  四、法国休闲农业 ……………………………………………………(97)
  五、日本都市农业 ……………………………………………………(99)
 第二节 国外休闲农业典型模式经验 ……………………………(101)
  一、休闲农园模式主要类型 ………………………………………(101)
  二、典型休闲农园模式介绍 ………………………………………(103)

第六章 我国休闲农业发展历程与模式 ……………………………(107)
 第一节 我国休闲农业发展历程 …………………………………(107)
  一、现代农业发展历程 ……………………………………………(107)

二、农业现代化新内涵与特征 …………………………… (109)
　　三、我国休闲农业发展的历程 …………………………… (111)
　第二节　我国休闲农业模式分类 ……………………………… (115)
　　一、休闲农业模式分类思路 ……………………………… (115)
　　二、基于产业形态特征的模式类型 ……………………… (119)
　　三、基于空间功能特征的模式类型 ……………………… (123)
　第三节　我国休闲农业典型模式 ……………………………… (127)
　　一、北京市休闲农业模式 ………………………………… (127)
　　二、上海市休闲农业模式 ………………………………… (128)
　　三、武汉市休闲农业模式 ………………………………… (129)
　　四、成都市休闲农业模式 ………………………………… (129)
　　五、深圳市休闲农业模式 ………………………………… (130)

第七章　休闲农业发展政策与保障体系 ………………………… (132)
　　一、用地政策 ……………………………………………… (132)
　　二、土地流转政策 ………………………………………… (134)
　　三、金融支持政策 ………………………………………… (136)
　　四、生产保障体系 ………………………………………… (140)

第八章　休闲农业发展实践专题研究 …………………………… (143)
　第一节　北京房山休闲农园发展模式 ………………………… (143)
　　一、休闲农园取得成效 …………………………………… (144)
　　二、休闲农园典型案例 …………………………………… (145)
　　三、休闲农园发展存在问题 ……………………………… (145)
　　四、休闲农园发展模式路径选择 ………………………… (146)
　　五、休闲农园发展制度保障 ……………………………… (149)
　第二节　北京通州宋庄镇休闲农业发展模式 ………………… (150)
　　一、发展优势及存在问题 ………………………………… (150)
　　二、发展思路及目标 ……………………………………… (153)
　　三、重点建设内容与区域布局 …………………………… (154)
　第三节　海南三亚观光旅游发展模式 ………………………… (165)
　　一、发展现状及制约因素 ………………………………… (165)
　　二、发展思路与发展目标 ………………………………… (168)
　　三、发展方向 ……………………………………………… (170)
　　四、发展重点与区域布局 ………………………………… (172)

五、保障措施 …………………………………………………… (176)
第四节　山东临沂生态旅游发展模式 ……………………………… (179)
　　一、发展现状 …………………………………………………… (179)
　　二、发展思路 …………………………………………………… (180)
　　三、发展目标及区域布局 ……………………………………… (181)
　　四、建设内容及重点项目 ……………………………………… (182)
第五节　河南郑州观光林业发展模式 ……………………………… (190)
　　一、发展现状、潜力及优势 …………………………………… (191)
　　二、发展思路 …………………………………………………… (192)
　　三、发展目标 …………………………………………………… (193)
　　四、建设重点及区域布局 ……………………………………… (195)
第六节　河南卢氏特色生态产业模式 ……………………………… (197)
　　一、发展环境与优势分析 ……………………………………… (197)
　　二、指导思想、发展定位与目标 ……………………………… (199)
　　三、总体布局与重点任务 ……………………………………… (201)
　　四、林果业 ……………………………………………………… (203)
　　五、中药材产业 ………………………………………………… (208)
　　六、茶产业 ……………………………………………………… (211)
　　七、桑蚕业 ……………………………………………………… (214)
　　八、蔬菜产业 …………………………………………………… (217)
第七节　贵州六盘水生态园区发展模式 …………………………… (221)
　　一、发展现状与条件 …………………………………………… (221)
　　二、发展方向与目标 …………………………………………… (223)
　　三、园区功能定位 ……………………………………………… (224)
　　四、区域布局与建设内容 ……………………………………… (225)

参考文献 …………………………………………………………… (230)
附图 ………………………………………………………………… (251)

第一章 休闲农业演替、内涵与特征

第一节 休闲农业演替过程

一、休闲农业萌芽阶段

休闲农业的萌芽阶段从19世纪60年代至20世纪初。这一时期开始出现周末或休假时间城市居民到乡村欣赏自然风光、放松身心的农业旅游活动，随后这种旅游活动逐渐作为一种新的旅游发展趋势[1]。

19世纪30年代，欧洲大陆就已开始了农业旅游。休闲农业兴起于20世纪30~40年代的意大利。1865年意大利成立的"农业与旅游全国协会"，标志着休闲农业的发展进入萌芽时期。"农业与旅游全国协会"专门介绍城市居民到农村去体味农业野趣，与农民同吃、同住、同劳作，在农民田园里搭起帐篷野营，在农民家中住宿；旅游者骑马、钓鱼、参与农活，在安静、清新的环境中体验乡村生活的淳朴和真实；人们离开繁华、喧闹、紧张的城市，食用新鲜的粮食、蔬菜、水果，购买新鲜的农副产品，享受全身心的愉悦和放松。起初，并没有"观光农业"这一概念，它仅是从属于旅游业的一个观光项目。不可否认，农业旅游的发展增加了农民收入，促进了农村经济发展和城乡文化交流，为休闲农业产业的形成奠定了基础[2-3]。

法国休闲农业出现于1855年，当时一位名为欧贝尔的国家参议员带领一群贵族到巴黎郊区农村度假。真正发生于法国的休闲农业浪潮是在19世纪70年代的农庄旅游。自从法国推出"农业旅游"后，以农场经营为主的休闲农业得到较快的发展。美国休闲农业的兴起可追溯至19世纪上流阶层的乡村旅游。第一个休闲牧场于1880年在北达科他州诞生。1925年，为加强与铁路公司联系和整体推介休闲农业品牌，许多地区休闲牧场纷纷成立协会。德国的休闲农业最初源于Klien Garden。Klien Garden是当时许多德国人为享受亲自栽培作物的乐趣，在自家庭院中划分的小块园艺用地形式。19

世纪后半叶推行"市民农园"体制，这成为德国休闲农业的真正发端[4-5]。日本的都市农业形成于19世纪40年代到60年代中期的战后经济高涨期，当时农场主结合生产经营项目的改建，兴建多种观光设施，先后开辟了40余hm²的观光农园。

二、休闲农业发展阶段

休闲农业的发展阶段从20世纪50年代至20世纪80年代。二战以后，世界各国开始大力发展工业以恢复国民经济，工业化和城市化进程加快。随着工业经济的高速发展，城市人口高度集中、交通拥堵、环境污染等各种城市化问题日益凸显[1]。这一时期，巨大的生活和工作压力使人们倍感疲惫，而乡村环境所形成的郊野、农场、果园等自然景观恰好满足了人们对于放松身心的渴望。于是，专门为农业旅游活动服务的休闲观光农业园开始大量涌现。这一时期的农业园以观光为主，不仅结合了购物、美食、游戏、住宿等多种经营方式，而且产生了专职从业人员。这不仅使观光农业从农业和旅游业中独立出来，而且找到了旅游业与农业共同发展、相互结合的交汇点，标志着新型交叉产业——休闲农业的产生[5]。

三、休闲农业扩展阶段

休闲农业的扩展阶段从20世纪80年代至今。20世纪80年代以后，随着人们对旅游度假需求的日益增长，纯粹的农业观光活动已经难以满足游客参与更高层次体验的需求。于是，让游客参与到农业生产实践活动中来，体验农事活动、感受民俗风情、学习农耕知识、享受劳作成果成为新的农业旅游活动形式。观光农业园由传统的观光旅游模式向休憩度假等多功能模式拓展[1-2]。

休闲农业以法国、德国、意大利和日本最为盛行。发达国家依据各自农业环境及文化特点探索形式不同的休闲农业模式。例如，法国以休闲农场的专业化经营为主要特色，其休闲农业的发展得益于多个非政府组织机构的联合，为休闲农场发展提供强有力的保障；意大利以"绿色农业旅游"为主要形式，农业旅游发展使得农村成为一个"寓教于农"的"生态教育农业园"，休闲农业成为意大利现代农业的一部分；德国休闲农业的发展特色是市民农园，其功能从最初的蔬菜自产活动转向农耕体验与休闲度假为主，生产、生活及生态三位一体的经营方式；日本休闲农业以城郊互动的都市农业著称，休闲农业主要有观赏自然景观、消费优质农产品和农事体验活动3种类型，市民农园的农地可以租借，农场主可以获得高额的租金和管理费[6-8]；美国休闲农业特色不仅体现在规模化发展，还有完善的法律法规保护，并专门设有对经营者的保护性法规，从而保障了市民农园的顺畅运行和发展。

第二节　休闲农业概念与内涵

一、休闲农业的概念

休闲农业是农业与旅游业边缘交叉形成的新兴产业。国内外与休闲农业概念相近的概念术语很多，有"观光农业""乡村旅游""都市农业""观光农场""生态旅游""农业旅游"等，但休闲农业最能够代表产业特征与发展趋势，本书统一使用"休闲农业"这一术语。

最早给出休闲农业定义的是我国台湾农业主管机构[9]，1992年12月在其发布实施的《休闲农业辅导管理办法》中将休闲农业定义为：利用田园景观、自然生态及环境资源，结合农林渔牧生产、农业经营活动、农村文化及农家生活，提供国民休闲，增进国民对农业及农村之体验为目的之农业经营[10]。作为最早出现的权威的休闲农业定义，这一概念不仅准确阐明了休闲农业的经营条件、经营范围和经营目的，也为推动休闲农业学术概念的完善奠定了基础。

国内外学术界从各自研究视角结合休闲农业特性进行了概念界定。围绕着休闲农业的生产活动和娱乐活动两大特征，关于休闲农业概念的研究主要分为两种类型。

1. 休闲农业是一种农业经营形式和生产活动

皮尔斯认为，观光农场尤其指农民以所有者的身份积极与小型旅游企业合作的一种经营形式[11]。意大利托斯卡拉（Tuscany）旅游局认为，休闲农业是农业多种经营的一种形式，特色在于农场主积极地为旅游者提供膳宿等旅游服务。麦基认为，农场主拥有土地、经济上依赖于农场经营、经济利益是发展休闲农业的外在动机，社会和文化价值是其内在动机[12]。范子文认为，观光休闲农业是把农业和旅游业结合在一起，利用田园景观、农业生产经营活动和农村自然环境吸引游客观赏、品尝、体验、购物、度假的一种农业生产经营形式[13]。郭焕成认为，观光农业（或称休闲农业或旅游农业）是以农业活动为基础，农业和旅游业相结合的一种高效农业，是一种新型的

"农业+旅游业"性质的农业生产经营形式,既可发展农业生产、维护生态环境、扩大乡村游乐功能,又可达到提高农业效益与繁荣农村经济的目的[14]。中国科技信息研究所提出,休闲农业是利用农村设备与空间、农业生产场地、农业自然环境、农村人文资源等,经过规划设计,以发挥农业与农村休闲旅游功能,增进民众对农村与农业的体验,促进农村发展的一种新型农业[15]。

2. 休闲农业是一种新型旅游形式和娱乐活动

舒伯阳认为,观光农业旅游是在充分利用现有农业资源的基础上,把农业建设、科学管理、农艺展示、农产品加工及旅游者的广泛参与融为一体,使旅游者充分领略现代农业与大自然情趣的一种新型旅游形式[16]。段兆麟提出,休闲农业是城乡交流过程中以愉悦身心的体验形式进行的一种文化传递和沟通,主要包括休闲农场、教育农园、市民农园等形态,提供都市民众在欣赏自然景观、生态环境、产业经营之余,体验农村衣、食、住、行、育、乐等方面的特色[17]。郑建雄认为,世界先进国家休闲农业普遍以观光农场,特别是民宿农庄或度假农庄的形式存在,休闲农业有4个特点:①替代性旅游产品;②采用副业形式经营民宿;③游客多为国外自助游者;④强调教育解说服务,提供丰盛农业知识之旅[18]。祁黄雄,叶滢等从旅游角度出发,认为休闲农业是一种对农业和农村进行一定的旅游规划,使其具有观光、体验、农产品品尝、购物等功能,进而使旅游者感受到农业艺术与自然风光融为一体的旅游模式[19-20]。冀献民认为,休闲农业是利用农业自然环境、田园景观、农业生产、农业经营、农业设施、农耕文化,农村建设、农民风情等"三农"资源,通过科学规划和开发设计,为游客提供休闲、观光、度假、体验、娱乐、健身、购物等多项需求的旅游经营活动[21]。

二、休闲农业的科学内涵

从广义上,休闲农业的内涵主要是指农业旅游业及其由农业旅游业所衍生出的一系列服务、餐饮及销售等相关产业。国内外理论界对于休闲农业概念的理解不尽相同,然而有一点达成了共识,即休闲农业所涉及的范围并不仅仅局限于在农村进行的传统意义的生产农业,而是更大范围的农业。

从休闲农业所涉及的主体、客体、活动场所及功能、特征等归纳出新的内涵,休闲农业是以大农业旅游资源为主要吸引物(包括农、林、牧、渔等涉农资源,具体包括农事生产活动、农村聚落及农村生活习俗、农业文化景观及生态环境、农民劳作场景、农艺及农产品的展示与加工、农村空间的出让、农耕生活的体验等),吸引都市居民及一部分农民去农村社区(包括农村、农场、农庄、城郊及都市边缘农业区域),使游客回归自然、了解自然、享受自然,同时集观赏、科研、娱乐、购物、度假、学习、体验、休闲于一体的活动。这种活动的开展是传统农业生态服务功能的延伸,是"农业+旅游业"的农业产业化新型生产经营形态。

基于对休闲农业新内涵的理解,本研究认为,休闲农业是现代农业除商品功能以外的多功能产品体现形式,其实质是在实现商品价值产前、产中和产后的全过程中,增加、开辟、挖掘、创造那些农业生态产品的生态服务价值和休憩娱乐价值,进而与农业资源的文化价值有机融合,并在价值实现过程中充分彰显和体现,形成多产业并存、多元化发展、多目标共赢的农业产业新业态。休闲农业实现了农业产业功能链的融合和拓展,它把农业上下游各个生产经营环节、不同类型生产经营主体有机联结,成为现代农业的崭新的产业形态和技术范式。

休闲农业的科学内涵表现在以下3个方面。

1. 休闲农业以农业产业为基础,是产业发展的新业态

休闲农业必须以农业第一、二产业为基础,所谓第一产业就是我们通常所说的大农业,包括种植业、畜牧业、水产业和林业,第二产业主要是指农产品加工业。休闲农业产生之初,传统的农业第一、第二产业单纯追求农业产业的生产经济价值,而忽视了农业产业特有的生态服务价值,没有能够充分发挥农村田园景观、自然生态及环境资源的优势,导致农业经济发展增长缓慢。随着休闲农业的发展和成长,所有与农业和农村相关的环境、景观、生态、场地、空间、产品及文化资源都被有效地开发和利用;围绕着休憩、度假、观光和娱乐等服务主题,在农业旅游市场的开发和经营中,激活了农业第一、第二产业,使农村经济发展彰显新的亮点,焕发新的活力。休闲农业把农村的一、二、三产业有机结合起来,即把农业生产、农产品加工和农村服务业紧密联结在一起,形成了一种新型都市型现代农业产业形态[22]。

2. 休闲农业以增加收入为目标,是农民致富的新途径

休闲农业之所以能够在国际社会蓬勃兴起,成为农业和旅游业相结合的一种新型的交叉型产业以及一种高效的现代农业模式,其原因是休闲农业能够创造更高的经济收益和社会价值,能够促进农村劳动力转移就业,增加农民收入,致富农民。我国休闲农业的发展尽管处于初级阶段,然而休闲农业和乡村旅游已经成为带动农民就业增收和产业脱贫的重要途径。发展休闲农

业能够使农业生产实现物化产品和精神产品双重增值，有效增加农业经营性收入；能够延长农业产业链条，扩大就业容量，有效增加农民工资性收入；能够把农家庭院变成市民休闲的"农家乐园"和可住可租的旅店，有效增加农民的财产性收入；能够把农业产区变成居民亲近自然、享受田园风光的景区，保障农民收入"四季不断"。大力发展休闲农业和乡村旅游，形成产业支撑，建立帮扶机制，实现利益分享，可以走出一条产业脱贫的路子[23]。

3. 休闲农业以服务城乡为重点，是乡村振兴的新载体

随着我国《乡村振兴战略规划（2018—2022年）》的正式发布，农村经济发展迎来重大战略机遇和挑战。在国家发展壮大乡村产业、建设生态宜居的美丽乡村、繁荣发展乡村文化的战略背景下，休闲农业不仅是实现城乡融合发展之路及绿色发展之路的重要载体，也是弘扬农耕文化之路的必然选择。在城市与乡村的融合发展中，一方面农村居民改变传统粗放的经营模式，科学经营与管理粮、油、菜、肉、果、药、木等生产和加工园区，精心设计与规划观光体验项目和休闲娱乐空间，创新性地构建集农作物种植和管理、生产与经营于一体的综合经营模式和集约型经营模式。农村生产经营模式的转变，提高了经济效益，使得综合效益显著提升。另一方面，城市居民体验和参与农村旅游活动，可以把现代城市先进的文化、意识、知识等信息辐射到农村，旅游者简单的观光活动将有利于促进农业生产者封闭保守思想的改变，接受现代化意识观念和生活习俗，形成商品及市场意识[24-25]。

三、休闲农业与乡村旅游的区别

我国是一个历史悠久的农业大国，农业地域辽阔，自然景观优美，农业经营类型多样，农业文化丰富，乡村民俗风情浓厚多彩，在我国发展休闲农业具有优越的条件、巨大的潜力和广阔的前景。乡村旅游作为一种与城市旅游等形式相同的新型旅游产品，以独具特色的乡村民俗、民艺、民族传统文化为根本，以满足都市人享受优美田园风光、返璞田园生活的愿望为目标，为旅游者构建理想精神家园[26-27]。休闲农业和乡村旅游的区别前人已经进行了开创性的研究，笔者认为休闲农业与乡村旅游的差异性主要体现在3个方面。

（一）休闲农业与乡村旅游的概念内涵不同

休闲农业是以农业生产活动为基础，以农业景观资源为依托，以"农业+旅游业"为特色的一种新型高效农业。休闲农业是现代农业生产方式转变的必然结果，也是新时期乡村经济繁荣有效手段。由于农业的生产活动不

仅带来人们生活必需的农产品，也创造出优美的田园景观环境；因此，农田生态系统服务功能价值体现在2个重要方面：①产品服务功能带来的社会保障方面的价值；②生态服务功能带来的环境改善方面的价值。休闲农业的实质是充分开发与挖掘农业生产活动带来的生态环境改善方面的价值。从这个角度说，无论是美丽的田园景观，还是创意的人文景观，无论是特色的农耕文化，还是先进的教育基地，凡是生产服务功能以外的各种生态服务功能价值，都尽可能地以各种消费者乐于接受的形式体现出来。

乡村旅游顾名思义是生态旅游的一种表现形式，国内外学者从不同的视角对乡村旅游的内涵进行阐述，包括从社会需求、产业结构、土地利用和行政区划等角度来定义。国内研究普遍认为，乡村旅游是以乡村地理环境为依托，以乡村独特的自然景观、人文景象、生产生活方式、乡村民俗等为载体，以城市居民为主要客源市场，通过城乡差异来规划组合旅游产品，具有观光、游览、度假、休闲、购物等综合功能的旅游形式[28]。乡村旅游发生在乡村地区，以整个乡村地域系统作为开发对象，且以"乡村性"为核心吸引要素；凡是具有旅游开发价值的乡村民俗文化、风土人情、村落建筑、饮食服饰及非物质文化遗产等都可以旅游吸引物进行开发。乡村旅游的概念包括狭义的概念，即纯乡村旅游（农家乐），以及广义的概念，即准乡村旅游（自然风光、古村落、小城镇旅游等）[29-30]。

休闲农业一定是基于农业产业的发展，将农业的生态服务功能进一步拓宽，农业产业链条进一步延长，生产附加值进一步提高，因而有效地促进了农民收入增加，实现了城乡统筹协调发展。因此，休闲农业是当前繁荣乡村经济的重要战略措施和经济手段。乡村旅游则是基于乡村地域空间的发展，将整个乡村地域系统作为开发对象，把特色村容村貌、乡村民俗风情、乡野田园风光等旅游资源价值开发出来。因此，乡村旅游是繁荣乡村经济的有效途径和文化手段。由此可见，两者在内涵上是有区别的。

(二) 休闲农业与乡村旅游的类型划分不同

休闲农业与乡村旅游虽然都是从农业基础产业衍生出来的新型业态，但二者内在要素的结构和表现方式是截然不同的。尽管国内外对于休闲农业的类型开展了广泛研究，但大多数研究成果是基于休闲农业的功能或特性进行分类，很少从产业发展的角度进行分类。休闲农业既然是国家实施乡村振兴战略的新型产业，那么对于产业结构的优化、产业发展规律的把握及发展政策的研究，将有利于决策部门根据产业发展各个不同阶段的规律采取不同的产业政策，也有利于企业根据这些规律采取相应的发展战略。本研究从产业结构的角度，将休闲农业分为 6 大类 19 个亚类，见表 1-1。

表 1-1 休闲农业的类型及体现形式

主导类型		亚类
Ⅰ	种植业	①蔬菜种植基地：设施绿色蔬菜、水培蔬菜、盆栽蔬菜基地
		②花卉培育基地：园林花卉、鲜切花、多肉植物、礼品花卉
		③经济作物种植基地：蚕桑、油菜、茶树、棕榈等热带作物
		④中药材繁育基地：按不同的种植区域发展名贵中药材基地
Ⅱ	林果业	⑤果树种植基地：热带果树、亚热带果树、温带果树种植基地
		⑥园艺苗木基地：绿化苗木小苗、花卉林木牧草种子等
		⑦天然林保护区：自然状态下的森林和采伐后恢复的次生林
Ⅲ	畜牧业	⑧特种动物养殖基地：有特殊用途和功效，经济价值较高经济动物
		⑨小型家畜饲养基地：小香猪、小矮马、小山羊、小白兔等宠物
		⑩飞禽类养殖场：肉用型、药用型、玩赏型、特用型等
		⑪昆虫类养殖场：食用类（蜗牛、蚕等），经济类（蚕、蜂等）
Ⅳ	渔业	⑫淡水鱼养殖场：名贵淡水鱼养殖、食用淡水鱼养殖
		⑬观赏鱼培育基地：海水鱼、热带鱼、中国金鱼、锦鲤鱼等
		⑭珍稀水产养殖基地：鲟鱼、娃娃鱼（大鲵）、花鲈、虹鳟鱼、黄颡鱼、淡水白鲨、淡水白鲳等
Ⅴ	加工业	⑮食品加工业：农副产品加工、果蔬食品加工、肉类食品加工、营养保健食品加工、化工医药用品加工等
		⑯农业废弃物加工业：秸秆画作、葫芦刻字、根雕、柳编、树叶作画、动物皮毛贴画、动物标本、动物皮肤附属物制品等
Ⅵ	服务业	⑰科普教育类型：德育及乡村文化教育基地、民俗及乡土文化艺术教育基地、生物及农业技能培训教育基地
		⑱休闲体验类型：采摘瓜果、垂钓捕捞、自驾渔船、推碾拉磨、自编自赏、自耕自织等
		⑲康体养生类型：百草传奇、药膳料理、道文化养生馆、禅文化健身营、文化康体度假村等

纵观现有的研究文献，国内对乡村旅游发展模式的研究较为深入。尽管受区位、依托资源及消费趋势等多方面因素的影响，全国已经形成了类型多样、特色各异的乡村旅游发展模式，但是按照旅游产品的功能和主题进行分类已成为学术界广泛接受和使用的模式分类方法。本研究进行总结和归纳，将乡村旅游分为 7 大类 30 个亚类，见表 1-2。

表1-2 休闲农业的类型及体现形式

模式类型	亚类	功能与主题
Ⅰ 田园农业旅游模式	①田园农业游	欣赏田园风光，观看生产劳作，购买绿色食品
	②园林观光游	采摘及观赏果林、园林美景，亲近大自然
	③农业科技游	观看园区高新农业技术品种、温室大棚和生态农业
	④务农体验游	参加农业生产活动，与农民同吃、同住、同劳动
Ⅱ 民俗风情旅游模式	⑤农耕文化游	利用农耕农艺、农具、节气等，开展农业文化旅游
	⑥民俗文化游	利用居住、服饰、饮食、礼仪等民俗，开展文化游
	⑦乡土文化游	利用民俗歌舞、戏剧、技艺、表演等，开展乡土游
	⑧民族文化游	利用民族习惯、歌舞、节日、宗教等，开展文化游
Ⅲ 农家乐旅游模式	⑨观光型农家乐	利用田园农业生产及农家生活，吸引游客观光体验
	⑩民俗文化农家乐	利用当地民俗文化，吸引游客观赏、娱乐、休闲
	⑪民居型农家乐	利用古村落和居民住宅，吸引游客观光旅游
	⑫娱乐型农家乐	利用优美环境和设施为游客提供吃、住、玩等活动
	⑬食宿接待农家乐	以舒适的居住环境和特色食品吸引游客前来旅游
	⑭农事参与农家乐	以农业生产活动和农业工艺技术吸引游客前来旅游
Ⅳ 村落乡镇旅游模式	⑮古民居和古宅院游	利用明、清两代村镇建筑发展观光旅游
	⑯民族村寨游	利用民族特色村寨发展观光旅游
	⑰古镇建筑游	利用古镇房屋建筑、民居、街道、古庙宇等发展旅游
	⑱新村风貌游	利用现代农村建筑、庭院、街道、村庄发展观光旅游
Ⅴ 休闲度假旅游模式	⑲休闲度假村	以山水、森林、温泉为依托，为游客提供度假旅游
	⑳休闲农庄	以景观、农产品和食宿为基础，为游客提供观光旅游
	㉑乡村酒店	以餐饮、住宿为主，配合自然和人文景观，提供旅游
Ⅵ 科普教育旅游模式	㉒教育农庄 ㉓体验农庄 ㉔农业博览园 ㉕生态博览园	利用农业观光园、农业科技生态园、农业产品展览馆、农业博览园或博物馆，为游客提供了解农业历史、增长农业知识的旅游活动
Ⅶ 回归自然旅游模式	㉖森林公园 ㉗湿地公园 ㉘水上乐园 ㉙露宿营地 ㉚自然保护区	利用自然景观、奇异山水、绿色森林，发展观山、赏景、登山、滑雪、滑水等旅游活动，让游客感悟大自然、亲近大自然

参考文献：[30-31].

通过上述模式类型的划分可见两者的区别，休闲农业模式类型划分是基于产业结构的角度，每一种主导产业在生产中都能够与加工业或服务业相组合，构成具有各自产业特色及多样化的休闲农业模式类型。乡村旅游业的模式类型划分基于"乡村性"特征，并不关注农业产业的发展情况，只要具有游憩价值的资源都可以被开发成旅游产品，因此各个模式类型之间会有交叉性和重复性。

（三）休闲农业与乡村旅游的发展定位不同

休闲农业是利用农业景观资源和农业生产条件，发展观光、休闲、旅游的一种新型农业生产经营形态，也是深度开发农业资源潜力，调整农业结构，改善农业环境，增加农民收入的新途径。在综合性的休闲农业区，游客不仅可观光、采果、体验农作、了解农民生活、享受乡土情趣，而且可住宿、度假、游乐。乡村旅游以具有乡村性的自然和人文客体为旅游吸引物，依托农村区域的优美景观、自然环境、建筑和文化等资源，在传统农村休闲游和农业体验游的基础上，拓展开发会务度假、休闲娱乐等项目的新兴旅游方式。它包括传统乡村旅游与现代乡村旅游。休闲农业与乡村旅游内容都与农事有关，但是二者的发展定位各有侧重。休闲农业是从产业的角度来界定的，是今后农业和农村经济发展的国家战略之一。因此，休闲农业一定是依托农事活动开展的，是对农业功能的再挖掘。乡村旅游是从广义的范围来界定的，是改变乡村生活和生产方式的主要手段和途径。因此，乡村旅游是结合乡村风情设计的，是对乡村文化的再传承。

从 2011 年农业部发布《全国休闲农业发展"十二五"规划》到 2015 年中央一号文件强调推进农村一二三产业融合发展，再到 2018 年发布的《乡村振兴战略规划（2018—2022 年）》，国家密集出台了一系列支持休闲农业与乡村旅游发展的政策措施，使得休闲农业和乡村旅游的发展有理可依、有据可循。通过国家层面的政策研究，我们发现休闲农业与乡村旅游的战略定位不同，休闲农业是作为国民经济支柱产业而重点发展的，乡村旅游是作为休闲农业的一种产业类型而重点扶持的，如图 1-1 所示。

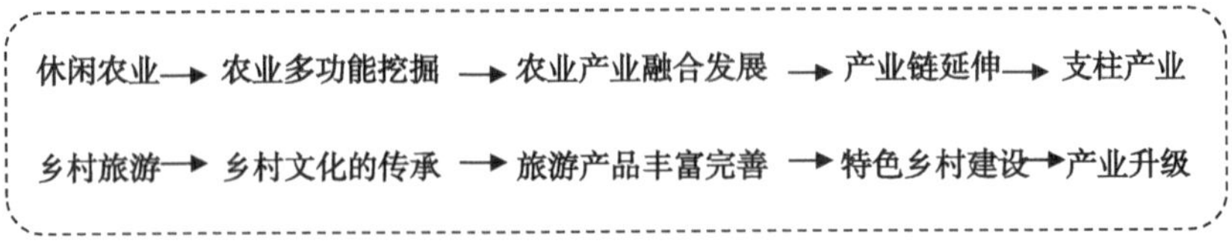

休闲农业 → 农业多功能挖掘 → 农业产业融合发展 → 产业链延伸 → 支柱产业

乡村旅游 → 乡村文化的传承 → 旅游产品丰富完善 → 特色乡村建设 → 产业升级

图 1-1　休闲农业与乡村旅游战略定位轴线

综上所述，休闲农业与乡村旅游不是并列关系，而是从属关系，是大产业与其产业类型的关系，是包含与被包含的关系。尽管休闲农业与乡村旅游的战略定位、发展方向及主要任务有所不同，但是在实践中的操作规则、建设内容及技术手段等各方面又有密切的联系和依附关系，如图1-2所示。

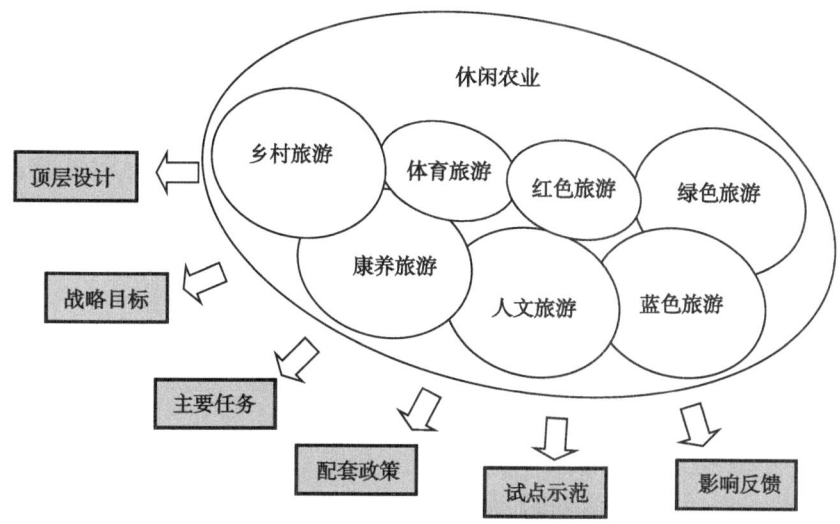

图1-2　休闲农业与乡村旅游业结构关系

四、休闲农业有关新理念

当今社会，随着人们对于生活品质越来越高的追求，从事农业生产、回归农村生活成为一种新的生活时尚和休闲方式。由此，引发出一系列与休闲农业相关的新理念和新名词，本研究进行系统归纳、整理，将其分为生活态度、旅游模式、社区农业和农业新模式共4个类型[32]。

（一）关于生活态度

1. 慢生活

"慢生活"是一种生活态度，是一种健康的心态，是一种积极的奋斗，是对人生的高度自信。在以"数字"和"速度"为衡量指标的今天，少数人仍然保有快乐人生的能力，这里的"慢"，并非速度上的绝对慢，而是一种意境，一种回归自然、轻松和谐的意境。我们的休闲农庄也可把综合接待区营造为慢生活区。

2. 乐生活

"乐生活"是一个西方传来的新兴生活型态族群,由音译 LOHAS 而来,意为以健康及自给自足的形态过生活,强调"健康、可持续的生活方式"。"健康、快乐、环保、可持续"是乐生活的核心理念。农庄也可牵头成立同城的乐活会、乐活汇、乐活圈、乐活社、乐活俱乐部等。

3. "第三地"

"第三地"是一个舶来词,也称第三生活空间,其含义是指除了写字楼和家庭之外经常光顾的地方,如酒吧、咖啡馆、休闲餐厅、俱乐部等。在那里社交、叙旧、排遣烦忧、品味美食。对你来说,"第三地"经受得起一段时光的漂洗,能让你没有具体缘由地热爱。越来越多的人开始寻找自己的"第三地"。它的流行或许是因为现在人们生活状态的"三分式",即现代人的时间分为工作、休息、生活,人的关系分为亲人、同事、朋友,所以相对应的活动场所也就分为家、办公室、"第三地"。

4. 原生态

原生态是指没有被特殊雕琢,存在于民间原始的、散发着乡土气息的表演形态,它包含着原生态唱法、原生态舞蹈、原生态歌手、原生态大写意山水画等。原生态还包括有原生态种植。它借用了生态学科之"生态概念"。"原生态"一词由发明到流行,乃至成为大众想象的非物质文化的代名词,原生态实际上是一个大众文化的符号,它是一种逐渐被人们遗忘或者抛弃的民俗文化。

(二) 关于旅游模式

1. 低碳旅游

低碳旅游是指以减少二氧化碳排放的方式,保护旅游地的自然和文化环境,包括保护植物、野生动物和其他资源;尊重当地的文化和生活方式;为当地的人文社区和自然环境做出积极贡献的旅游方式。低碳化的旅游方式就是将旅游活动、度假方式等消费行为的排碳量控制在合理水平,使旅游既能益智益体,放松心身,保持优雅的生活方式,又在环境资源承载的范围内。

2. 乡村游学营地

游学是世界各国、各民族文明中,最为传统的一种学习教育方式。所谓游学是一个"行万里路,读万卷书"的过程。乡村游学是指离开自己熟悉的环境,到另一个全新的环境里进行学习和游玩,既不是单纯的旅游,也不是简单的学,在学习之中潜移默化地体验人生,在体验中学习。休闲农庄可以结合夏令营、冬令营、周末营以及青少年第二课堂的形式,把自然生态教育、趣味知识教育、传统国学教育、手工技能教育、艺术特长教育、职业体验教育等融为一体，寓教于乐，建设当地独具特色的青少年游学营地。

3. 无景点旅游

所谓无景点旅游，就是到一个陌生地方住下，但并不会特意去逛景点，而是走到哪里算哪里。"无景点"旅游与自助游、自驾游、农家游一样，属于休闲游的一种。其特点是自主、自愿、自助、自由。自主，就是自主选择落脚点，自主选择行走路线，自主决定景点。与众不同的是"无景点"旅游在途中不再是"到知名景点一游"，而是"驻扎"到某地，吃吃饭，喝喝茶，随意安排行程，在城市大街小巷或乡郊野外悉心品味民风民俗，不再跟随旅行团走马观花地参观那些门票高涨的景点。

4. 非物质文化遗产

非物质文化遗产是指各种以非物质形态存在的与群众生活密切相关、世代相承的传统文化表现形式，包括口头传统、传统表演艺术、民俗活动和礼仪与节庆、有关自然界和宇宙的民间传统知识和实践、传统手工艺技能等以及与上述传统文化表现形式相关的文化空间。因此，对于非物质文化遗产的传承过程来说，人的传承就显得尤为重要。

（三）关于社区农业

1. 众筹农业

众筹，即大众筹资或群众筹资，由发起人、支持者、平台构成。具有低门槛、多样性、依靠大众力量、注重创意的特征。众筹农业是 CSA 社区支持农业和团购的升级版，发起人并不一定是因为缺少启动资金，而是通过众筹让消费者参与进来，形成一个固定的消费群体，并迅速带动相关消费圈子，同时也满足了参与者自娱自乐、自给自足、扩大社交、投资理财的需求。对于休闲农业与乡村旅游综合项目而言，拿出一些子项目对外众筹不失为一种融资、融智、融人气的好策略。

2. 社区支持农业（CSA）

社区支持农业（Community Support Agriculture，简称 CSA）的概念于 20 世纪 70 年代起源于瑞士，并在日本得到最初的发展。当时的消费者为了寻找安全的食物，与那些希望建立稳定客源的农民携手合作，建立经济合作关系。CSA 的理念已经在世界范围内得到传播，它也从最初的共同购买、合作经济延伸出更多的内涵。从字意上看，"社区支持农业"指社区的每个人对农场运作作出承诺，让农场可以在法律上和精神上成为该社区的农场，让农民与消费者互相支持以及承担粮食生产的风险和分享利益。

3. 农夫集市

农夫集市是由一群关注生态农业和"三农"问题的消费者志愿发起，旨在搭建一个平台，让从事有机农业的农户能够和消费者直接沟通、交流，既帮助消费者找到安全、放心的产品，也帮助农户拓宽市场渠道，鼓励更多农户从事有机农业，从而减少化肥和农药带来的环境污染、维护食品安全、实践公平贸易，又称农夫市集。农夫市集也是小农生产的安全农产品和消费者直接对接的平台，休闲农庄举办农夫市集，有利于促进当地农民的发展增收，体现农庄的公益形象，营造农庄卖场氛围。

(四) 关于农业新模式

1. 农业综合体

农业综合体是以农业为主导，融合工业、旅游、创意、地产、会展、博览、文化、商贸、娱乐等三个以上产业的相关产业与支持产业，形成多功能、复合型、创新性产业结合体。它包括区域性综合体、农园综合体、农博综合体、主题产业综合体、卖场综合体等形态。农业综合体，就是用工业化发展理念，借鉴城市综合体概念提出来的现代农业发展的新型载体形式。

2. 田园综合体

2017年2月5日，中央一号文件第一次提出了"田园综合体"的概念，被定义为"支持有条件的乡村建设以农民合作社为主要载体、让农民充分参与和受益，集循环农业、创意农业、农事体验于一体的田园综合体，通过农业综合开发、农村综合改革转移支付等渠道开展试点示范"的"田园综合体"，第一次作为乡村新型产业发展的亮点措施出现在中央文件里。

3. 泛休闲农业智库

泛休闲农业智库是一群以"田园城市，活力乡村"为理想追求，以"泛思广益，悦世致用"为价值取向，以"与农共舞，一路同行"为行动指南的乡土屌丝专家，于2012年在全国休闲农业创意大赛暨高峰发展论坛上首倡创建的。"我在故我思""我思故我在"，这里没有高人，这里没有大师，这里只关乎乡土智慧、乡土力量、乡土守望、乡土情谊、乡土资本与乡土品牌。这里有我们关于乡土的集体记忆，更有繁荣家乡的共同追求。力求从顶层设计到分类指导、从理论研究到实践应用、从信息共享到定向协作，引导每一个休闲农庄成为农业大观园、教育大课堂、生态会客厅、聚会大本营、美食嘉年华、特产购物村、科普新阵地、艺术新载体，促进城市与乡村、传统与时尚、技术与艺术、文化与创意、产业与平台的融合发展。

第三节 休闲农业的基本特征

一、休闲农业与产业密切相关

国家对休闲农业的扶持是以产业项目为依托实施的,其基本思路是有效盘活基本农田以外的各类闲置土地,包括农民自有住宅、闲置宅基地、农村集体建设用地、四荒地(荒山、荒沟、荒丘、荒滩)、城乡建设增减用地,投资建设连片面积达到一定规模的高标准农田、生态公益林等;引入社会资本承接田园综合体的建设,企业通过做中长期产业规划,以农业产业园区发展的方法提升农业产业;在充分保障农民利益的前提下,建立以功能复合化、开发园区化、主体多元化为特征,融合"三生"功能的新型"三农"复合载体。

根据农业部《关于大力发展休闲农业的指导意见》,休闲农业发展主要任务:一是加强规划引导。围绕农业生产过程、农民劳动生活和农村风情风貌,遵循乡村自身发展规律,因地制宜科学编制发展规划。推进"多规合一",注重休闲农业专项规划与经济社会发展规划、城乡规划、土地利用规划、异地扶贫搬迁规划等的有效衔接。二是丰富产品业态。支持农民发展农(林、牧、渔)家乐,积极扶持农民发展休闲农业合作社,鼓励发展以休闲农业为核心的一二三产业融合发展聚集村。引导和支持社会资本开发农民参与度高、受益面广的休闲旅游项目。三是改善基础设施。着力改善开展休闲农业村庄的道路、供水设施、宽带、停车场、厕所、垃圾污水处理、游客综合服务中心、餐饮住宿的洗涤消毒设施、农事景观观光道路、休闲辅助设施等基础服务设施。四是推动产业扶贫。对资源禀赋有优势的贫困地区,要优先支持农民,特别是建档立卡贫困户发展休闲农业合作社、农家乐和小型采摘园等,重点实施建档立卡贫困村"一村一品"产业推进行动,带动贫困地区传统种养产业转型升级,促进贫困地区脱贫致富。

目前,国内的休闲农业规划项目数量繁多、特色不明显、发展不平衡。规划项目基本上是以乡村企业、农民自主开发为主,项目设计趋同。现有的规划与国家提出的"发展具有历史记忆、地域特点、民族风情的特色小镇,建设一村一品、一村一景、一村一韵的美丽村庄"要求还有较大的差距。因此,为了规避休闲农业规划不当造成的经济损失和风险,本研究认为规划设计一定要把握好产业定位、产品主题和项目的可行性。

1. 产业定位准确

休闲农场要想长远健康发展，必须要有核心产业支撑并能造血，让农场获得自生能力。如果缺少主要产业依托，休闲农业发展会失去生命力，后期的推广和拓展也会举步维艰。休闲农业规划的设计既要关注旅游业本身的发展，也要关注与之相关的种植业、养殖业、加工业等，推动区域经济发展，带动当地农民致富。产业定位和项目设计上，不仅仅要有农业的元素，更要有创意设计，如采取动静结合创意法、康体养生创意法、特色设施创意法、时尚消费创意法等，将农业与旅游相结合，留得住人才能带来更大的收益。"一山一水""一花一景""一物一念""一茗一饮"都将为休闲农业增加一道亮丽的风景线。

2. 主题定位鲜明

农业园区的主题定位至关重要，主题就是灵魂，是定位的延伸，是消费者前来休闲体验的最佳理由。休闲农业旅游产品需要主题定位的原因有2个：①资源合理开发利用的需要。每个乡村发展休闲农业的条件相同，体现在自然资源禀赋、农业特色产品、人文地理环境、乡土民俗习惯、农耕文化特点、革命历史遗迹等各个方面，可能在某一方面或某几个方面占有优势。休闲农业的发展就要深度挖掘当地的一两个具有比较优势的资源，然后确定相应的主题。②市场营销推广的需要。营销学把定位放在一个非常重要的位置，有了科学精确的定位，才能将产品和服务做起来。产品需要市场定位、消费群体定位，服务需要方向、主题。因此，休闲农场主题的选择要鲜明，要契合园区内部资源并结合市场需求综合考虑，便于推广和被人接纳。

3. 盈利点多样化

所谓盈利点就是为客户解决方案过程中，增加的销售点。企业要生存必须拥有自己的盈利点，不同的是有的只有一个，有的有好几个。没有盈利点，企业就会倒闭。因此，盈利点可以理解为休闲农场增收的手段或方式。本研究概括了休闲农场可用来增收的12类资源及利用方式，见表1-3[33]。

表1-3 休闲农场可利用资源及增收价值体现

	资源类型	利用方式	价值体现
1	土地	地租、买卖	可以获取的预期土地收益（地租） 所有的未来净农业产出的折现值
2	空间	生意、生活	销售特色农产品增加农场收入 利用移动社交媒体提供社区生活服务

（续表）

	资源类型	利用方式	价值体现
3	生产劳动	体验和教育	消费体验产品和劳作过程中获得收益
4	植物生长过程	科普和教育	消费教育产品和体验产品中获得收益
5	农产品	买卖	特色农产品销售中实现价值增收
6	农产品加工	买卖	农产品精深加工实现产品附加值
7	劳动者	服务、感情投资	通过服务增值，可以靠感情维系增值
8	合作伙伴	资金、技术、信息等	与合作伙伴联手打造产业链以实现增值
9	朋友	联合生产、联手创业	与朋友开发创造联合农产品品牌价值
10	游客与爱好者	商业宣传、广告效应	有人流的地方就能带来商业和广告价值
11	原产地	质量保证、品牌效应	原产地属于稀缺价值，发展旅游潜力大
12	国家政策	财政支持、法律保障	国家优惠政策和补贴政策确保收入增加

二、休闲农业资源具有广博性

休闲农业资源是指能够为游客提供乡村休闲、自然观光、消费购物、农事体验、游乐活动、养生度假等多种服务，并对乡村社会经济、生态环境、村容村貌等产生积极影响的资源。国内广泛开展了休闲农业资源的多样性特征及定量评价研究，例如，阿布都热合曼·哈力克采用层次分析法，建立了针对休闲农业资源特点的评价体系，将休闲农业资源分为资源条件、开发条件和旅游条件等3大类20个指标要素[34]。徐勤等尝试构建县域休闲农业旅游资源评价层次结构模型，将县域休闲农业旅游资源分为农业基地资源自身条件和旅游资源开发条件2大类27个评价指标[35]。阙如良等综合考虑休闲农业景观质量、休闲农业资源环境质量及休闲农业资源开发条件3个方面，制定休闲农业资源综合评价体系[36]。余养仕认为，休闲农业资源包括休闲农业自然资源和休闲农业社会资源2大类，休闲农业资源的基本特征是生产性、休闲性、社会性、整体性、不可逆转性、可变性和地域性[37]。

由此可见，休闲农业资源品种多样，内容丰富，具有广博性。本研究在全面总结与凝练前人研究成果的基础上，认为休闲农业资源包括自然资源、社会资源、人文资源及政策资源等4大类16个亚类，见表1-4。每个亚类又可以根据不同地区的产业优势、资源特色及开发条件等进一步细分。

表 1-4 休闲农业资源分类简表

资源类型	亚类	内容及特征描述
自然资源	①土地资源	可供开发利用的陆地表层有水域、耕地、园地、林地、草地、沿海滩涂;地形景观有平原、山丘、丘陵、台地、洞穴、火山、溪涧、断崖、阶地奇石等。
	②水资源	可供开发利用的地表水、地下水、土壤水,如水库、溪流、瀑布、山涧、温泉、湖泊、内海、沙滩、湿地等
	③气候资源	气候资源是能为农业合理利用的气候条件,包括热量、降水量、光照强度等。
	④生物资源	可作为农业生产和休闲农业经营对象的动物、植物、农业微生物种类和群落类型,包括农作物资源、森林资源、草地资源、水产资源、野生生物资源等。
人文资源	⑤历史文化	具有一定历史意义,存在历史价值的文物,如建筑物、雕刻、绘画、遗物、铭文等物质文化遗产,以及民间文学、曲艺、杂技、舞蹈等非物质文化遗产。
	⑥名胜古迹	风景优美和有古代遗迹的著名地方,往往作为一个地区旅游开发和旅游主题的首选地。
	⑦民俗活动	人们在长期生产实践和社会生活中形成并世代相传的文化事项,包括生产、生活、节日、宗教、礼俗等。
	⑧旅游产品	围绕"吃住行、游购娱"及"商养学、闲情奇"等旅游要素开发设计的旅游产品,如旅游纪念品、旅游文化主题、本地特产、体验活动等。
社会资源	⑨特色产业	具有个性化和地方特色的农业产业,能够提供与众不同的特色农产品,挖掘特色农业的"魂、根和本",体现农业的市场竞争力。
	⑩区位优势	区位本身具有的条件、特点、属性、资质,主要就是由自然资源、劳力、工业聚集、地理位置、交通等决定。
	⑪资金资源	集体或企业从事农业生产和休闲农业经营项目的资金投入和经营收入。
	⑫劳动力资源	具有劳动能力的人口数量,劳动力既是农业的重要生产要素,又是消费者,合理利用农业劳动力资源。
	⑬技术资源	可应用于发展农业生产和休闲农业产业的先进技术,可在休闲场所设立新技术的展示庭室及试验示范田地。
	⑭社会关系	经营者在农业生产和社会实践中形成的错综复杂的人际关系,如:亲戚、朋友、同事、同学、战友;社会关系对个体的生产动机和行为产生重要影响。
政策资源	⑮国家政策	政府为实现农业经济发展目标对休闲农业形成和发展进行干预的各种政策的总和,包括:战略纲要、发展规划、指导意见、行业标准、补贴政策、法律制度等。
	⑯地方政策	地方政府为促进地方农业经济对休闲农业发展制定的各种政策措施,以及与中央政策相配套的各种引导、促进、调整、保护、扶持等方面的政策。

参考文献:[34-37]

三、休闲农业形式具有差异性

休闲农业的形式具有差异性，主要体现在以下3个方面。

1. 不同区域农业产业基础具有差异性

农业生产具有明显的地域性差异，其主要原因是不同地域的地理位置、地形地貌、水分、热量等自然条件和生态环境以及社会经济、技术条件等各不相同，而各种农业生物包括农作物、林木、畜禽、水生动植物等，对自然条件也各有不同的生态适应性，对经济、技术条件的要求也不一样，这就决定了农业生产的地域性。我国东部地区气候湿润，水热土条件较好配合，人口稠密，发展农业历史悠久，90%以上的耕地以乔木为主的森林、水面、肉食产品都分布在这里，成为我国农作物、林业、畜禽饲养业、渔业和副业的集中产区。西部地区气候干旱，水热土条件的配合有较大缺陷，农业区小而分散。一方面西部地区资源环境约束限制了大宗农产品的增产潜力，另一方面区位和市场劣势也使西部难以进一步增加大宗农产品生产。因此，西部地区应充分发挥地域广阔，气候、地形多样优势，大力发展特色农业。

根据农业部最新修编的《特色农产品区域布局规划（2013—2020年）》[38]，全国将重点发展10类144种特色农产品，结合《全国主体功能区规划》中"七区二十三带"农业战略格局要求，确定特色农产品的优势区，并细化到县。规划期内，国家将重点扶持特色蔬菜、特色果品、特色粮油、特色饮料、特色花卉、特色纤维、道地中药材、特色草食畜、特色猪禽蜂、特色水产10类特色农产品，培植区域特色支柱产业。全国特色农产品优势区的划定，不仅证明了农业产业具有明显地域差异性特征，而且也为不同地区休闲农业产业的选择和布局提供理论依据。本研究认为，与休闲农业密切相关的特色产业包括特色蔬菜、特色果品、特色饮料、特色花卉、道地中药材、特色草食畜、特色猪禽蜂、特色水产8类。

2. 不同地域的民俗文化具有明显差异性

民俗就是民间流传下来的一种稳定的风俗、习尚，即民间的风俗习惯。现在，民俗被认为是人民大众创造的、享用和传承的生活文化。它既包括农村民俗，也包括城镇和都市民俗；既包括古代民俗传统，也包括新时代民俗现象；既包括以口语传承的民间文学，也包括以物质形式、行为和心理等方式传承的物质、精神及社会组织等民俗。民俗虽然是一种历史文化传统，但也是人民现实生活中的一个重要部分[57]。

我国幅员辽阔，人口和民族众多。不同地区的自然条件、社会经济条件等方面各不相同，民俗的地域差异性很强，大量的民俗事象都是在特定区域、特定的民俗环境和氛围中创造出来的，是其他任何地域中无法复制的，这也是民俗旅游的独特魅力所在。研究认为，不同地域产生不同民俗文化差异的原因如下。

（1）地理环境是文化产生差异的主要原因。地理环境对中国文化的影响主要体现在3个方面：①对中国文化形成和延续的影响；②对中国文化多样性的影响；③对中国文化开放程度的影响。中国是一个幅员辽阔的泱泱大国，自然条件千差万别，内部形成了各种不同的自然地理区域，表现出不同的地理特征。中国的地形、地貌、气候条件繁杂多样，南北跨越30个纬度，东西跨越60个经度，南北温差相差近50度，东西年降水相差几千毫米，山脉和河流都走向各异，这种自然特点把中国大地分成大大小小的"国中之国"，从而造成了中国文化的多样性，正所谓"百里不同风，千里不同俗"。中国的地理环境复杂多样，所以除了农业以外，人们还不得不选择其他生产方式，中国历史上就出现了牧业、狩猎、养殖、捕捞、采集、冶矿、手工业、林业等各种产业，并且成为某些地区的主要产业，形成各地不同的物质基础。与不同的生产方式相适应，各地的社会、政治、行政制度也不相同，也形成了不同的生活方式与思想观念。在衣食住行方面，中国各地历来就存在很大的差别，久而久之就形成各种不同的风俗习惯[39]。

（2）社会结构是导致文化差异性的因素之一。人类在长期的历史发展过程中形成了具有很大差异的社会结构，特定的社会结构导致人类文化的创造活动沿着不同的途径发展，从而构造出具有不同特征的文化形态。不同的社会结构是产生不同文化的一个极其重要的原因，城市民俗文化与农村民俗文化之所以存在着截然不同的质的差异，即在于城市与农村的社会结构带有截然不同的性质。

城市民俗文化是一种排除了血缘关系的、以行业或者社团等关系为基础的民俗文化。城市以城池、街市为标志的人口聚集地，是一个国家或地区的政治、经济、文化、军事中心，而现代都市又可能是贸易中心、金融中心、信息中心、教育中心、科技中心、交通枢纽和旅游中心。城市居民来自五湖四海，并因此形成城市文化的多样纷呈的特征。城市文化具有非农业的共性，但彼此民俗却不尽相同，城市民俗文化更多地体现为行业民俗文化和市民生活文化。在行业民俗文化中能够集中地反映和体现城市民俗文化的是商业民俗文化，城市就是以商业为主要产业而发展起来的，行业民俗文化在城市民俗文化的产生与发展中起到了不可估量作用，对于促使不同城市形成各自有特色的民俗文化也具有决定意义。

农村是传统第一产业生产基地,社会生活长期为自给自足的自然经济所制约。农村血缘关系不仅一直是影响民俗文化发展趋向的主流,而且也是中国文化主体的儒学文化赖以产生的基础。农业生产的不可移动性,不仅使农民产生了对土地的眷恋,而且使血缘关系长期存在,从而使这种关系成为孕育农村民俗文化的温床。"农村民俗"因劳动对象与劳动空间的不同而形态多样,奇趣各异。在以稻麦种植、蚕桑生产、猪牛羊等为主的农业村落,形成了依赖血缘联系、情牵大田作业、关注岁时节令的"农村民俗",其实就是一种血缘文化,而在农村文化中最为讲究的是长幼、尊卑,这种规范扩大到生活细节中就形成了一定的"礼"和"俗"[40]。

(3)不同的语言是影响文化差异的重要因素。语言是人们沟通的"中介",是表意的符号,也是文化的载体。人们在使用语言的同时,就是在用这种语言中附带的社会属性如经济、文化、政治等构建语境,必然会形成独特的思考方式,带有自己认知上的偏见或者包含着特定概念上的刻板印象等。思维是大脑运作的复杂过程,也是人们认知新世界的过程。因此,思维方式产生的种种差异就会存在于不同的社会文化中。语言具有载储功能,而词语(语言单位)又是最能体现人们对客观世界认识的工具,它更像是文化的一面镜子,反射出不同民族的人不同的认知与思考方式。一个民族的语言蕴含着一个民族特有的传统文化、思维方式、社会心理、民族风情、价值取向、社会观念等。人类的认知活动是文化性也是社会性的,语言又是人类认知能力的基础,因此人们对世界的认知会受到语言的影响。

3. 休闲农业发展要通过创意体现差异性

我国休闲农业自从20世纪90年代进入规模化发展阶段之后,随着开发模式、产品类型的逐步多样化,不同阶段之间的发展特征也越来越明显地表现出来。起初,休闲农业的发展是以农业生态旅游的形式出现的,在国内通常也称为观光农业。农业生态旅游以农业生产为依托,将农业与自然、人文景观以及现代旅游业有机高效地结合在一起,它以保护自然生态环境为基础,是以田园旅游资源开发为重点的新型农业产业形态。在这种旅游方式下,农业生产、产品应用、艺术加工和游客参与农事活动被有机地融为一体,产生并形成了良好的生态效益、经济效益、社会效益和文化生活。这种农业生态旅游模式(观光农业模式)在性质上仍以农业生产为主,旅游开发只是根据农作物自身的景观效果进行简单的旅游活动组织,获得季节性的门票收入,旅游只是作为农业的附属功能。因此,农业与旅游业尚未进行实际性的融合。

随着全国各地"农家乐""民俗村""休闲农庄"等具有代表性的休闲农业模式的兴起，农业生态旅游模式同质化现象严重的问题暴露出来。各地在进行农业旅游开发过程中都希望自己是有特色的，是独一无二的，而所谓的特色在很多地区已经普遍存在，变成了"特色泛化"。许多旅游产品尽管打着"生态"的牌子，却与传统的大众旅游市场毫无差异，严重阻碍了休闲农业进一步发展。因此，要实现农业生态旅游业平稳、健康、可持续发展，必须走一条特色化、差异化的发展道路。到21世纪初期，借鉴国外发展休闲农场和休闲农园的发展经验，国内逐渐出现了以采摘园、农耕体验园、租赁农场（私家菜地）等为主要形式，以休闲体验为主导功能的休闲农业发展模式。休闲农业发展也由初级阶段进入农业旅游发展阶段，这一阶段使传统农业实现了与现代旅游业的有机结合，真正实现第一产业与第三产业的融合发展，因此获得更高的叠加效益[41-42]。

随着"十二五"期间国家休闲农业发展规划的出台，国家大力扶持休闲农业的发展，力争将休闲农业打造成为横跨农村一、二、三产业的新兴产业，通过挖掘农业的多功能性，延伸农业产业链条，带动农民致富增收。至此，休闲农业发展进入创意农业发展阶段。"创意农业"最早由全国政协副主席厉无畏在两会上第一次提出，他认为创意农业的特色及其优势在于能够构筑多层次的全景产业链，通过创意把文化艺术活动、农业技术、农副产品、农耕活动，以及市场需求有机结合起来，形成彼此良性互动的产业价值体系，为农业和农村的发展开辟全新的空间，并实现产业价值的最大化。创意农业发展模式的核心观念在于透过创意打造融合三产的"创意农业全景产业链"，包括核心产业、支持产业、配套产业和延伸产业相关关联的一系列产业。这极大转变了传统农业单一产业结构的限制，突破第一、二、三产业的限制，实现传统产业与现代技术的有效嫁接，文化与科技紧密融合，带来产业融合的经济乘数效益。

创意农业通过开发特色和独特的创意产品、创意景观、创意民俗和创意生活，使城市居民从产品到观感，从环境到体验，从身体到心灵都感受到农耕劳作、生态田园、文化产品、体验项目独特而与众不同的魅力；与此同时，民俗风情的渗透与传递，更平添了那份浓郁的乡情、乡愁和乡思，使游客在休憩娱乐活动中流连忘返。

第二章 休闲农业理论发展研究

第一节 农业发展模式的演变

一、农业发展模式的演变

根据不同时期农业生产力状况、生产力各要素的配置方式以及生产方式的不同，考虑到农业演进与其他产业发展的相互影响，可把农业发展划分为原始农业、传统农业和现代农业三个阶段，农业发展模式相应地也经历了原始农业、传统农业、现代农业、生态农业的四次类型转变。

原始农业是从新石器时代到铁器工具出现以前的农业，经历了七八千年时间，总体上是自然状态下的农业。原始农业以刀耕火种为基本生产方式，运用木、石等简单工具，火与水等生产手段在一定程度上得以应用。土地利用率和农业劳动生产率低下。生产力各要素处于自然状态，人类对农业生态系统的干预能力很小。

传统农业经历了2 000多年时间，基本上是自给自足的农业。人类在冶铁术和畜力使用的基础上发明耕犁，大量采用畜力并开始采用半机械化生产工具，发明了改善农作物和牲畜性状的技术，劳动者越来越多地从自然科学及其研究成果中获得相应技能，利用和改造自然的能力有了进步。传统农业的生产方式基本上是维持简单再生产、长期缓慢发展甚至停滞的小农经济。我国在公元前2 000多年前从原始农业过渡到传统农业，逐步形成精耕细作的优良传统，主要以黄河流域沟洫农业模式，北方旱地精耕细作体系及南方水田精耕细作技术体系的形成为标志[43]，一直延续到近代。

近代工业的兴起引发了三次农业革命，西方国家按照工业化的模式改造农业，偏重于以石油这个非再生能源为标志的外源能的投入，使世界农业生产取得了前所未有的辉煌[43]。尽管劳动生产率、土地生产率和商品率很高，但以高投入、高消耗、高污染为代价的"石油农业"给社会、环境和健康带来的问题，逐渐引起全世界的警醒[44]。近半个多世纪以来，世界各国不断探索农业发展的新出路。20世纪80年代中期在西方发达国家出现了可持续农业的思潮，农业的可持续发展逐渐受到广泛关注和重视，成为全球农业发展的新理念和新趋势，各国先后提出了多种替代农业模式，如生态农业、集约农业、精细农业、高效农业、节水农业、有机农业和都市型农业等。

我国农业发展同样受到"石油农业"所带来的资源高消耗、废物高排放和环境破坏等一系列问题的困扰，随着世界农业发展趋势由传统农业向现代农业的转变，国家开始致力于对传统农业进行改造，积极探索现代农业发展道路。20世纪80年代初期国内开始了关于生态农业的学术讨论，并开展生态农业的试点工作。20世纪90年代以来中国生态农业进入稳步发展时期，逐步成为世界上可持续农业运动最为成功的典范，代表了近期国内农业有潜力的发展方向。

二、生态农业模式的局限

（一）生态农业的内涵及类型

生态农业，又名生态循环农业，是在传统农业智慧基础上，按照生态学原理和经济学原理，运用现代科学技术成果和现代管理手段，以及传统农业的有效经验建立起来的，能获得较高的经济效益、生态效益和社会效益的现代化农业生产方式，是一类环境友好型农业模式。作为人们对传统农业生产模式的革命性的创新和改造，生态农业生产模式从产生之日起就引起了人们的广泛关注和大力推广，并在我国农村20多年的生产实践中为解决农业增产和农民增收的问题做出了巨大贡献。生态农业的几个典型特点是：优美的农业生态环境、人与自然和谐共生、元素循环再生、生态平衡、多样性的物种、大大减少乃至杜绝农药、化肥、抗生素、人工合成激素用量，大部分化肥被作物吸收而不是污染环境。

国内对于生态农业模式类型的研究较多，骆世明按照生态学的生物组织层次划分生态农业模式的方法具有代表性。生态农业模式有5种类型：①景观层次的农业土地利用布局——景观模式；②生态系统层面的农业生态系统组分能物流连接——循环模式；③群落层面的生物种群结构——立体模式；④种群层次的生物关系安排——食物链模式；⑤个体与基因层面的动植物品种选择——品种搭配模式[45]。

（二）生态农业模式的局限性

随着经济社会的进一步发展，生态农业模式的局限性逐渐显现。

1. 以生态家园为代表的生态农业发展模式

在规模上只是局限于庭院或村庄小范围内的家庭作坊式生产经营,虽然在模式设计中蕴涵着节能的基本思想,但是缺少对于水、土、气、生、肥等各种资源节约利用途径的揭示。

2. 以沼气为纽带的农户节能和清洁生产模式

着重强调了畜禽粪便和作物秸秆的资源化利用。农林废弃物资源范围更加广阔,对于植物性生产、动物性生产和农副产品加工业生产过程的废弃物资源的开发利用途径,生态农业都没有做出更准确的回答。

3. 以种植业和养殖业为中心的生态农业模式

其设计过于理想,更多地获得了农业生产的生态效益和社会效益,虽然也获得了一定的经济效益(特别是在模式推广的初期),但没有产生价值链的极大增值,即从根本上解决农民收入增长缓慢的问题。

由于生产方式所导致的产量与效益的局限性,至今生态农业仍未成为农业生产的主要方式,现代农业生产方式由于高投入、高产出,依然是农业生产的主流方式。每一次农业生产类型的转变都是由于需求所导致的生产方式或技术方式的变革。有学者指出,生态农业技术还不足以引发一次农业革命[46]。要实现新的农业革命,必须提升农业现代类型。

三、循环农业模式的特征

(一) 循环农业概念与内涵

循环农业是针对人口、资源、环境相互协调发展的农业经济增长新方式,其核心是运用可持续发展思想、循环经济理论与产业链延伸理念,通过农业技术创新和组织方式变革,调整和优化农业生态系统内部结构及产业结构,延长产业链条,提高农业系统物质能量的多级循环利用,最大程度地利用农业生物质能资源,利用生产中每一个物质环节,倡导清洁生产和节约消费,严格控制外部有害物质的投入和农业废弃物的产生,最大程度地减轻环境污染和生态破坏,同时实现农业生产各个环节的价值增值和生活环境优美,使农业生产和生活真正纳入到农业生态系统循环中,实现生态的良性循环与农村建设的和谐发展[47]。

(二) 循环农业的主要特征

循环农业强调农业产业间的协调发展和共生耦合,调整产业之间的相互联系和相互作用方式,构建合理而有序的农业产业链,以实现农业在社会经济建设中的多种功能。循环农业模式是在先进的农业生产经营组织方式下,由新型的农业生产过程技术范式、优化的农业产业组合形式构成的，集安全、节能、低耗、环保、高效等特征于一体的现代农业生产经营活动的总称[48]。循环农业主要特征包括4个方面。

1. 循环农业是一种与环境和谐的农业经济发展模式

循环农业要求经济活动按照"投入品→产出品→废弃物→再生产→新产出品"的反馈式流程组织运行；强调在生产链条的输入端尽量减少自然资源与辅助能的投入，中间环节尽量减少自然资源消耗，输出端尽量减少生产废弃物的排放，从而真正实现源头预防和全过程治理。

2. 循环农业是一种资源节约与高效利用型的农业经济增长方式

循环农业把传统的依赖农业资源消耗的线性增长方式，转换为依靠生态型农业资源循环来发展的增长方式。提高水资源、土地资源、生物资源的利用效率，开发有机废弃物再生利用的新途径，探索微生物促进资源循环利用新方法。运用农业高新技术及先进的适用技术，最大限度释放资源潜力，减轻资源需求压力。

3. 循环农业是一种产业链延伸型的农业空间拓展路径

循环农业实行全过程的清洁生产，上一环节的废弃物是下一环节的投入品，在产品深加工和资源化处理的过程中延长产业链条，通过循环农业产业体系内部各要素间的协同作用和共生耦合关系，建立起比较完整、闭合的产业网络，全面提高农业生产效益及农业可持续发展能力。

4. 循环农业是建设循环型与环境友好型新农村社区的新理念

循环农业遏制农业污染和生态破坏，在全社会倡导资源节约的增长方式和健康文明的消费模式，使农业生产和生活真正纳入到农业生态系统循环中，实现生态的良性循环与农村建设的和谐发展，最终形成资源、产品、消费品与废弃物之间的转化与协调互动，合理布局、优化升级农村产业，构建农村区域人民共同参与的循环农业经济体系。

（三）循环农业与传统农业的区别

循环农业能将"两高一低"（资源的高消耗、废弃物的高排放、物质和能量的低利用）的农业增长方式转变为"两低一高"（资源低消耗、废弃物的低排放、物质和能量的高利用）的新型农业增长方式。循环型农业本质上是现代农业生产技术方式上的革命。从这个角度看，循环农业是传统农业的升级与升华，主要表现在以下4个方面。

1. 经济理念创新方面

循环型农业借鉴工业生产方式，把清洁生产思想和循环经济理念应用到农业生产和经营中。提倡农业生产全过程和农产品生命周期全过程控制，预防污染的发生。农业生产还要求遵循循环经济的 3R 原则（即减量化原则 Reduce、再使用原则 Reuse、再循环原则 Recycle）和减少废物优先的原则。

2. 生产方式变革方面

循环型农业以新型工业化的思路吸收了传统农业的精华，提高了投入与产出的效益与效率，同时注重高新技术特别是清洁生产技术在农业领域的广泛应用，在保持高产的基础上逐步用高新技术投入替代物质的高投入。

3. 产业合作突破方面

循环型农业在不断提高农业产业化水平的基础上，从整体角度构建农业及其相关产业的生态产业体系。重点对农业系统内部产业结构进行调整和优化，对农业产业链的延伸与扩展，实现农业生态系统层次和区域层次的资源多级循环利用及生态的良性循环。

4. 三大效益提升方面

循环型农业提倡资源的多级循环利用和适度的外部投入，农业产量和农产品质量都会有极大的提高，而农业生产成本会随之降低，经济效益和生态效益明显提高，农业实现真正意义上的可持续发展，并以产业为纽带，以清洁生产为手段，倡导清洁消费方式，实现了农村环境的优美。

四、休闲农业模式的优势

休闲农业模式把观光旅游与农业产业结合在一起，有效地延伸了农业产业链条，实现了农业第一、二、三产业的深度融合。休闲农业以区域特色农业产业为依托，以乡村田园景观和自然风景为吸引物，以淳朴民俗民风和历史文化为助推，以满足城市居民休闲和观光旅游为目标，因此休闲农业模式从产生之日起就具有强大生命力和天然的优势。

1. 促进了城市资金向农村转移

休闲农业和乡村旅游就是让社会资本和城镇消费向农村流动的最好载体。我国的休闲农业和乡村旅游企业，除了小型农家乐是自身投资外，城镇的民间资本是投资主体，并有一些政府投资建设的基地。这些投向农村的资金，是农村经济发展的重要力量。休闲农业和乡村旅游的消费群体不是农村的农民而是城镇的市民，促进了城镇的资金到农村休闲、旅游、购买农产品等，活跃了农村经济。

2. 带动了农村基础设施的建设

休闲农业和乡村旅游景点，基本上是选择乡村较好的环境和资源开发出来的，但并没有现成的公共基础设施，乡村交通状况一般不好。休闲农业和乡村旅游企业，在前期开发的时候，绝大多数都整修、硬化或建设乡村干道，有的还进行了山地护坡、水渠改造等其他乡村基础设施建设。休闲农业的发展极大地改善了乡村交通、水利和环境状况，改善了旅游景点周围的村容村貌，使景区和乡村的发展达到和谐统一。

3. 带动了农业产业结构的调整

休闲农业和乡村旅游的发展，带动了农业产业结构的调整。首先，明确了农业产业政策的调整方向，安排专项扶持资金用于对农业园区、家庭农场、养殖场、农田水利基础设施、农产品专业市场、农业品牌等扶持奖励；其次，实施土地流转助推产业结构调整，依法加快推进土地承包经营权流转，大力扶持种养大户、合作经济组织、龙头企业通过租赁、承包、转包等形式流转土地，扩大经营规模；第三，发挥龙头作用带动农业产业结构调整，大力推广"龙头企业+合作社+基地+农户"模式，开展"统一作物布局、统一生产质量标准、统一投入品采购和供应、统一技术培训、统一销售"等"五统一"服务经营模式，提高农业产业化经营水平；第四，培育品牌农业，优化农业产业结构调整，培育农产品市场体系，逐步形成结构完整的市场营销网络。

4. 带动了农民收入的快速增加

随着农业机械化程度的提高，农民劳动强度大大降低，农业劳动力也明显过剩。由于我国人口众多，在一段时间内劳动力过剩的问题难以解决。农民的文化程度又限制了到城里就业的渠道，农民面临着就业难、增收难的局面。发展休闲农业是缓解这一问题，增加收入的好途径。各地针对农业产业优势、自然资源特点和交通区位条件，采取以下措施提升休闲农业发展载体：①规划建设一批休闲农业精品线路；②提升改造一批农家乐、渔家乐；③打造一批休闲农业精品示范项目；④强化休闲农业从业人员培训，提高休闲农业讲解员、乡村旅游导游员、农家乐接待服务人员等休闲农业从业人员的素质；⑤强化休闲农业创业培训，鼓励更多的农民通过兴办"农家乐"，从事休闲农业旅游等方式来提高创业能力和水平，增加农民收入。

5. 带动了农民整体素质的提高

休闲农庄对当地农村的带动作用，更深层次的意义在于提高了农民素质。凡是在休闲农庄工作的农民都经过了专业培训，他们不但学到了一门专业的技能，而且还养成了良好的礼容、礼仪、礼貌等文明习惯。同时，他们在休闲农庄的企业文化熏陶下，以及与游客及外界的交往中，开阔了眼界，增长了见识，启迪了思想。经过专业培训的农民在返乡过程中，又给家人和农民起到了耳濡目染的作用，这大大促进了农民整体素质的提高。

第二节 休闲农业理论基础研究

一、外部经济理论

1. 外部性理论

外部性（Externality）的概念源于马歇尔（Marshall）1980年发表的巨著《经济学原理》（Principles of Economics）。其中厂商生产成本的研究方法为外部性问题的提出奠定了基础[49]。庇古在1920年出版的《福利经济学》书中首次从福利经济学的角度系统地研究外部性问题，认为外部性实际是边际私人成本与边际社会成本、边际私人收益与边际社会收益不一致，政府应采取适当经济手段来消除这种背离。庇古提出了庇古税（Pigouivaintax），即通过征税和补贴，促进边际私人成本与边际社会成本相一致，实现外部效应的内部化，经济学上称为庇古手段[50]。科斯（Coase）于1937年和1960年分别发表《厂商的性质》和《社会成本问题》两篇论文，奠定科斯定理的研究基础。科斯定理对庇古理论进行批判性继承，发现了交易费用及其与产权安排的关系，提出通过确立产权以消除外部性的思想对于解决环境问题具有重要意义[51]。

任何生产经营活动都会对周围环境产生影响，这种影响就是外部性所要研究的问题。当生产或消费对其他人产生附带的成本或效益时，外部效应就发生了。外部经济是指一些人的生产或消费使另一些人受益而又无法向后者收费的现象。具体地说，外部经济效益是一个经济人的行为对另一个的福利所产生的效果，而这种效果却并没有从货币或市场交易中反应出来。外部性问题可分为两类，其中能给外界或他人带来效益的，就是正的外部性；相反，若是给外界或他人造成损失的（或不利影响的），就是负的外部性[52]。

2. 农业生产经济外部性特征

农业生产经营活动具有明显的正外部性，主要原因在于农业是国民经济的基础，是人类的生存之源。农业的稳定和发展不仅给农业经营者和投资者带来利润，而且也给其他非农产业部门提供一个"稳定的基础环境"。例如，为人们提供生活必需的粮食和农产品，为工业提供生产原材料，为服务业提供良好的外部环境等。农业为各行各业提供的好处或福利难以用货币进行准确衡量，也不可能通过一定的价值评估标准来向相关获利部门收取报酬[53]。因此，由农业生产"外溢"到其他部门的福利就产生了农业的正外部性。

韦苇等研究认为，农业生产的正外部性体现在2个方面：①农业为人类提供具有直接使用价值的农林产品，其价值可以在市场交换中体现；②农业生态系统在提供农林产品的同时完成生态系统的服务功能，如美化环境、调节气候、休闲娱乐等[54-56]。农业所提供的生态服务价值（间接使用价值）及留给后代的选择价值和遗赠价值，惠及整个社会，而无需为此付出费用。因此，农业为社会各部门的发展带来额外收益，为国民经济发展做出重要贡献，具有正外部性特点。杨壬飞、王洪会等提出，农业活动的负外部性现象体现在不合理的农业耕作方式、农用化学品投入等带来的水资源污染、土壤结构破坏、生物多样性消失等环境问题[57-58]。农业生产的经济外部性特征，使政府可以采取补贴经济政策，实现外部效应内部化，补偿行为者的损失。

3. 休闲农业的外部性表现

休闲农业的外部性是指休闲农业经营活动给他人带来了额外的收益或造成了额外的损失[59]。休闲农业作为一种生产经营的新业态，在给生产经营者带来收益的同时，也从正负两个方面给外部环境带来不同程度的影响。当前，我国的休闲农业正处于国家全力扶持的快速增长期，其生产的外溢效益（正外部性）比较明显，而对外部环境产生的负效益（负外部性）也有所显现。本研究将主要讨论分析休闲农业的正外部性表现。

休闲农业最基本的特征是生产性和多功能性，在为人们提供丰富、特色和绿色农产品的同时，不仅满足了人们对于天然食物的需求，而且通过与农副产品加工业及餐饮、游憩等旅游服务业的深度融合，满足了人们放松身心、观光体验、科普教育、文化熏陶等高层次的精神需求。因此，本研究认为，休闲农业的外部性体现在3个方面：①产品服务功能带来的社会保障方面的价值；②生态服务功能带来的环境改善方面的价值；③旅游服务功能带来的休闲游憩方面的价值。其中，生态服务功能价值和旅游服务功能价值是正外部性的主要部分。

农业生产者不满足于传统的生产经营方式，通过加大投入改善田园景观环境、农田基础设施条件，增设观光旅游服务项目，为游客提供舒服、舒适、舒心的旅游活动体验。农业生产者的经营活动增强了农田生态系统的服务功能和旅游服务功能，对农田生态环境和生存居住环境带来非负的效益或福利而表现出显著的外溢效益[60]。参照需求变动给均衡带来的影响曲线图形[61]，本研究做出休闲农业技术方式的正外部性曲线，如图2-1所示。图2-1中，边际私人收益曲线就是农户的需求曲线D。市场竞争中E点为均衡点，实现利润最大化的产量为Q_1；社会生产中由于生产方式改变及技术应用使得农田生态效应价值增加是一种外部收益，应作为收益的一部分，则边际外部收益（MEB）与农户边际私人收益（D）之和构成了边际社会收益。因此，收益曲线向上方移动到边际社会收益曲线（MSB），形成的最佳生产产量为Q_2。从全社会角度看，$Q_1<Q_2$没有达到资源的合理配置，与社会最佳生产水平相比是不够的。政府应通过政策手段纠正"市场失灵"带来的农业技术正外部性[62-63]。

综上所述，休闲农业的外溢效益价值包括3部分，即产品经济价值、生态服务价值及旅游服务价值。各部分价值的内涵与构成如图2-2所示。

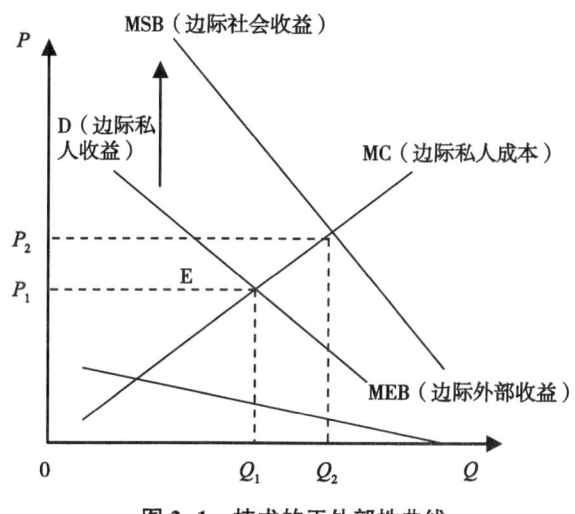

图2-1 技术的正外部性曲线

二、公共产品理论

1. 公共产品理论

公共产品（Public Goods）是西方经济学的基本理论之一，古典渊源追溯到300多年前大卫·休谟的"搭便车"和亚当·斯密"守夜人"的思想[64-65]。瑞典学派代表林达尔1991年在《公平税收》一文中正式提出"公共产品"概念及"林达尔均衡"理论，使人们对公共产品的供给水平问题取得一致[66]。美国经济学家萨缪尔森进行开创性研究，1954年和1955年发

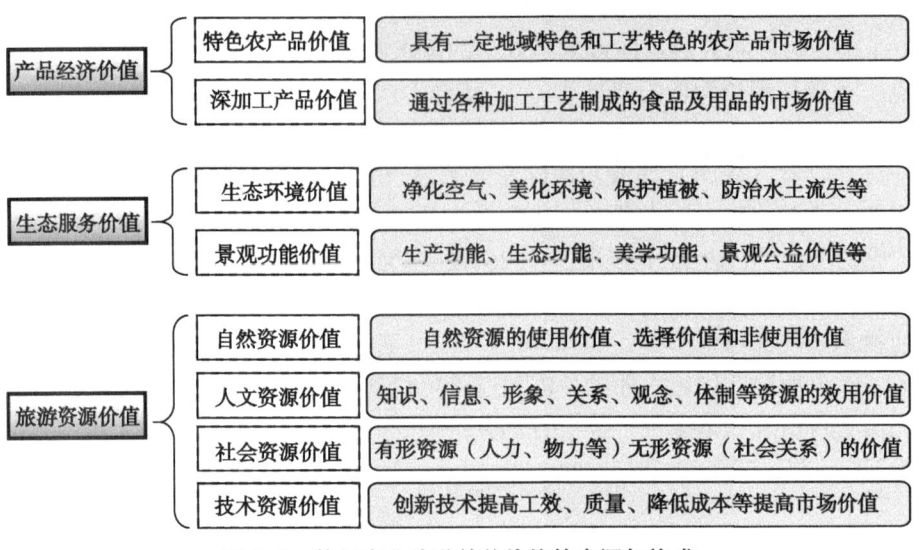

图 2-2　休闲农业外溢效益价值的内涵与构成

表《公共支出的纯理论》《公共支出理论图解》两篇文章，不仅准确定义公共产品内涵，而且建立资源在公共产品与私人产品之间最佳配置的一般均衡模型，即"萨缪尔森条件"（Samuelson Conditions）[67]。随着计量分析方法应用于经济学研究"数理时代"的开启，理论、方法、模型的研究体系日趋成熟[68]。奥尔森在其著作《集体行动的逻辑》一书中认为，"任何物品，如果一个集团中的任何人都能够消费它，它又不能适当地排斥其他人对该产品的消费，该产品即为公共产品"，显然奥尔森从个人选择行为分析作为出发点，根据各个集团中人们如何选择自己的行为给出公共产品的定义。此外，布坎南将人们的交换行为作为分析的基本对象，他在《民主财政论》一书中认为"任何集团或社团因为任何原因通过集体组织提供的商品或服务，都将被定义为公共产品"。他认为，提供物品的行为取决于 3 种提供这种物品方式的成本，即纯个体行为提供的纯私人物品、私人自愿组织提供的物品、政府或集体组织提供的公共物品[69]。

公共产品具有 3 个显著特征，即效用不可分割性、消费非竞争性和受益非排他性。首先，效用的不可分割性指公共产品是向整个社会提供的，具有共同受益或联合消费的特点。其效用为整个社会的成员共享，而不能将其分割为若干部分，分别归属于某些个人或厂商享用；或者，不能按照谁付费、谁受益的原则，限定为之付款的个人或厂商享用。其次，消费非竞争性是指一旦公共产品被提供,增加一个人的消费不会减少其他任何消费者的受益;也不会增加社会成本,其新增消费者使用该产品的边际成本为零。第三,受益非排他性指的是公共产品出现不可能排除任何人对它的不付代价的消费。具体说包括3层含义:①任何人都不可能不让别人消费它,即从技术加以排除几乎不可能或排除成本很高;②任何人自己都不得不消费它,即便有些人可能不情愿,但却无法加以拒绝;③任何人都可以恰好消费相同的数量[70]。其中,受益非排他性很难避免"公地的悲剧"和"搭便车"问题发生。根据西方经济学基本原理和外部性理论的"科斯定理",主要解决途径是通过公共产品产权制度的变革,明晰环境资源的产权,实现资源的有效配置;同时,加强政府对公共产品的有效供给和公共管制[71]。

2. 休闲农业生产模式的公共产品特征

(1) 生态景观和田园景观具有公共产品属性。休闲农业旅游使消费者游览过程中欣赏当地自然风景,了解当地民俗风情,学习动植物相关知识,参与感受农耕劳作活动,获得一种非凡的体验和价值观的升华。因此,无论哪种休闲农业模式,当地原生态的自然景观和田园风光都是农业旅游的重要组成部分。这些自然资源带给人类的重要意义是使得整个人类获得好处和受益。另外,森林、草原、湿地、荒野等农业旅游资源具有水土保持、调节气候、改善环境等重要的生态服务功能,因此,具有典型的纯公共产品属性[72]。

近年来,国家层面上也非常重视生态环境的保护,并提到了民生发展战略的高度。2013年习近平总书记在海南考察时强调:"良好生态环境是最公平的公共产品,是最普惠的民生福祉。"这一科学论断深刻揭示了生态与民生的关系,阐明了生态环境的公共产品属性及其在改善民生中的重要地位。良好的生态环境是保障人类生存和发展的重要物质基础,可以为我们提供清新的空气、清洁的水源、安全的食品、丰富的物产、优美的景观,这些生态服务和产品都是我们生产生活中所必需的,具有典型的公共产品属性。没有良好的生态环境,生活中所需的物质和能量资源将无从获取;没有良好的生态环境,就不会有水安全、大气安全、粮食安全、木材安全、能源安全,甚至会危及人民群众的生命财产安全。生态环境所产生的效益具有扩散性、外部性的特征,不仅惠及当地,同时也惠及更广泛的地区[73]。可见,生态环境作为一种特殊的公共产品比其他任何公共产品都更重要。

(2) 农业清洁生产技术具有准公共产品属性。休闲农业作为当前我国实施乡村振兴发展战略的一种新产业和新业态,其实践中必须依靠农业经营体系和农业科技创新两大动力的推进。农业科技创新包括了农业清洁生产技术的研发和创新。农业清洁生产技术以少用（或不用）化学农用品确保产品的安全健康清洁，最大程度地降低整个生产活动给人类和环境带来的风险。因此，农业清洁生产技术是促进农业产业生态化发展的重要技术支撑，也是休闲农业旅游产品项目可持续发展的必然选择和有效途径。

首先，农业清洁生产技术是介于私人产品与纯公共产品之间的混合产品（Mixed Goods），又称准公共产品（Quasi-Public Goods）。由于在有限的资金支撑和推广服务范围内，清洁生产技术生产和消费的"拥挤程度"存在变化，即可以消费农业清洁生产技术的农户数量有限，每增加一个消费者的边际成本不为零，从而限制了技术在其他农户的消费。赵邦宏等基于农业技术公共产品特征分析提出，"准公共技术"在推广实践中应采取市场机制与政府调节相结合的方式，对于农户技术采纳产生的外部"负效应"，政府向使用技术农户征收补偿费用以弥补受到影响农户；而对于发生的外部"正效应"，政府向未采用技术的其他受益者征收一定费用补偿给技术用户本人。此外，政府向农户开展实用技术培训和技术指导，培训费可由参训农户和政府分别负担[74]。

其次，农业生产技术具有准公共产品（Quasi-Public Goods）属性，体现在其消费的局部竞争性和效用的可分割性两方面。尽管理论上农业技术产品是向整个社会提供的，其效用应该为全体农民所共享，而不能按照谁付款、谁受益的原则将其分割为若干部分；然而任何一项生产技术都不可能惠及全体农民，技术成果效用只能为该项技术示范推广范围内的农户提供。因此，实践中农业生产技术是准公共产品。

根据公共产品有效供给理论，公共产品供给达到帕累托最优的必要条件是每个个人对公共产品交付的价格（税）要等于公共产品生产的边际成本。由公共产品局部均衡的有效定价原则可知：个人价格总和等于边际成本，即 $\sum P_i = MC$。公共产品的有效定价原则进一步说明：公共产品是不能靠市场来提供的，每个人对于公共产品要求价格是由对公共产品边际价值的评估定价，而不是依赖市场的定价[75]。同理，农业清洁生产技术具有准公共物品的属性，政府要通过补贴政策手段激励农户采纳技术，那么补贴标准的确定实际上是探讨准公共物品在局部均衡状态下的有效定价问题。依据公共产品有效定价原则，补贴标准不能由市场统一定价，由于每个农户对于采纳清洁生产技术带来的边际价值（效用）都会有比较准确的评价，即农户技术采纳的受偿意愿，因此，理论上应该由农户受偿标准来确定技术采纳的补偿标准。

三、生态资本理论

（一）生态资本的内涵及分类

生态资本价值理论源于对马克思劳动价值理论、效用价值理论、妥素价值理论及供求价值理论等主要价值理论的认识。Krutilla（1967）首次将非使用价值（或存在价值）引入主流经济学，认为生态资本的非使用价值是独立于人们对它进行使用的价值，这部分价值要以备将来使用和遗传给后代人[76]。美国学者梅纳德·胡弗斯密特（Maynard M. Hufschmidt）1983年出版《环境、自然资源与开发：经济评价指南》，首次较为系统地阐述环境影响经济评价的理论和方法。D. W. 皮尔斯于1993年在《世界无末日》中首先提出"生态资本"概念，其最基本的特点是将自然资源纳入经济学研究的范围，从更高的层次与更广的角度去考察社会经济的运行与发展[77]。Costanza等（1997）13位科学家对于全球生态系统的价值估价做了有益尝试，认为生态资本是在某个时间点上存在物质或信息存量，每种存量形式自主地或与其他存量形式一起产生一种服务流，这种服务流可以增进人类福祉，并对全球生态系统服务功能分17种类型赋值计算，奠定评估的方法和理论基础[78]。

学术界普遍认为，生态资本就是指人类花费在生态环境建设方面的开支所形成的资本，这种资本就实体形态来说，是自然资源的生态资本存量和人为改造过的生态环境的总称，它可以在未来特定的经济活动中给有关经济行为主体带来利润和收益[79]。生态资本建立在自然资源和社会资源基础上，两者缺一不可。自然资源是生态环境质量的物质基础和载体，有了自然资源的基础，才具有生态服务功能。社会资源包括社会意识、观念、机制等，也是构成生态环境质量的要素，因此也属于生态资本。由此看来，生态资本的形成必须同时具备以下4个条件：①具有资源禀赋特征，生态资本必须是生态环境质量的要素，决定环境的质量和变化；②具有多功能性，要能够提供生产原材料、生态服务和满足人类精神需求的功能和服务；③具有稀缺性，能够实现资本价值的转化和增值；④具有生态产权，生态资本的投入是资本权益主体的投资行为，明晰生态资本的产权则是确定资本权益主体的关键[79-80]。

国内严立冬等关于生态资本相关理论研究比较有代表性，一方面从生态资本价值评估视角提出，产权是生态资本作为资本确立的关键要素，生态技术是实现生态资本形态转化的核心要素,生态市场是生态资本价值的实现要素[81]。另一方面,从广义资本禀赋演化角度分析,生态资本根据其存在形式不同,可以划分为3类:①生态资源型资本,是以生产资源状态而存在的一类生态资本,包括了有形资源和大量无形资源,其价值主要体现为使用价值,功能主要是支持生产系统的运行;②生态环境型资本,是具备环境特征并以客观环境状态而存在的一类生态资本,包括清新空气、洁净水源、宜人气候等,其价值主要体现为存在价值,其功能主要是保证生命系统的安全;③生态服务型资本,是以生态服务流状态而存在的一类生态资本,包括观光旅游、生态休闲、体验教育、文化服务等,其价值主要体现为服务价值,其功能主要是满足人们精神文化层面的需求[82]。

(二) 农业生态资本的相关理论

农业生产依靠自然资源禀赋的天然特征决定了农业对自然资源的依赖程度远远高于其他产业。农业第一次将自然资源转化为可以被人类利用的物质和能源,自然资源是生态环境质量必要的物质载体,而生态环境又是农业生产的基础和源泉。因此,生态环境质量要素是农业生产中最基础、最原始的资本。农业生态资本是指在确保农产品安全、生态安全、资源安全以及提高农业经济效益基础上,在自然因素和人为投资双重作用下,依赖生态系统及其功能产生的农业生态资源和农业生态环境的总和。实际上,农业生态资本是通过自然因素和人为投资双重作用形成的资本,从这个意义上说,农业生态建设投入是生产型支出[83]。

农业生态资本内涵的理解源于对农业经济系统特征的认识。农业经济系统是农业生态系统与社会经济系统相互融合的生态经济复合系统[84]。农业生态系统向社会经济系统输出各种农产品及服务,以维持社会经济系统的正常运行;农业经济系统不断将劳力、资金、辅助能等输入生态系统,用以补充其消耗的能量、物资等。归纳相关研究成果,严立冬等研究认为,农业生态资本具有二重性:首先,农业生态资源及环境的自然属性,使其能够生产满足人类需要的农产品,农业生态系统本身具有使用价值和稀缺性,是一种资产;其次,农业生态资本在生态技术的运营下实现保值与增值,应用成本—效益分析理论将其价值内化到农产品和农业生态服务中,理论上可以通过计量功能的变化值来核算农业生态资本的价值[85]。

(三) 休闲农业与农业生态资本的关系

休闲农业是一种新型的高效农业,具有维护生态环境、发展旅游产业、保护农村资源,从而促进农村经济持续快速发展的特点。休闲农业的发展最大程度的积累农业生态资本，促进了农业产业的价值增值，其促进作用表现在以下3个方面。

1. 休闲农业为生态资本积累开辟了路径

休闲农业可以充分整合自然及社会资源，实现农业转换能力优化，可以提高农业经济增长数量及质量，实现农业产业结构优化。休闲农业促进了农村产业结构的转变，将农业生产资源转变为农业资本，将生态环境资源转变为生态资本，将农村民俗资源转变为农耕文化资本。产业化经营农业已成为现代农业的重要特征，目前普遍存在经营规模小，产品单一，利润低的问题。休闲农业提升了农村产业结构，对于农村、农民和农业的快速发展起到了积极作用。

2. 休闲农业提高了生态环境质量和服务功能

休闲农业通过改善农村经济发展环境而显著提高了农业生态环境质量，从而为城市居民提供了精神享受的好去处和好归宿。发展休闲农业与乡村旅游对农业基础设施建设改造有促进作用，可以改善乡村的人居环境和生态环境，使农村走上生态环保、文化传承等内涵式发展道路，促进社会主义新农村建设。一方面，休闲农业推动了用现代物质条件装备农业，用现代科技改造农业，用优美的大自然和农村环境给游客以美的享受。另一方面，休闲农业的出现，可以充分发挥农业和旅游业的产业叠加优势，农民在从事休闲农业的过程中，提高了人文素质，增进了城乡交流和互动，促进了城乡统筹发展，缩减了城乡差别，客观上改善了农村和农业生态环境，塑造良好的乡村风貌，从而顺应统筹城乡发展的客观要求，是城乡旅游经济和谐发展的"绿色通道"。

3. 休闲农业实现了生态资本的保值和增值

休闲农业通过各种生态技术的应用、创意主题的设计、服务手段的选择及基础设施的保障，开发并创造出各种具备高生态环境要素附加值的产品或服务，通过经营这种高品位的产品和服务，实现生态资本或价值的转化。资本运营的基本目标就是保值和增值，这一规律同样也适用于生态资本和农业生态资本。农业生态资本运营是指在农业生态化发展过程中，农业生态资本的所有者或经营者将农业生态资产作为一种具体的生产要素，投入到农业自然再生产和经济再生产过程之中，利用现代生态技术实现农业生态资产的形态变换，通过农业生态产品与农业生态环境服务实现农业生态资产的价值转化，依靠农业生态市场实现农业生态资本的保值增值[86]。

近年来，北京郊区大力发展创意农业模式，通过农业生态资本的合理化运营，实现休闲农业的高溢价和良性循环发展。这些地区的休闲农业模式具有很强的代表性，本研究介绍2个成功的案例以飨读者[87]。

案例1："植物迷宫"景观农业创意模式

"植物迷宫"模式的功能定位：依托特色种植和主题游乐等绿色田园和迷境吸引力，通过高度情境化、休闲化、体验式的游憩方式设计，以休闲体验式的田园旅游为市场卖点，将农业特性与旅游业以及拓展训练巧妙地进行结合，使市民、青少年在享受自然风光、农业风情，了解农业科普知识的同时，进行娱乐、休闲和健身，体现了农业的多功能性和产业融合性，为农业的功能开发和与其他产业的融合提供有创意的思路和样板。

"植物迷宫"模式成功经验。

首先，构建四季蔬菜观光主题园——"京承碧园"。"京承碧园"位于昌平区小汤山镇土沟村，建于2007年4月，占地约0.13hm^2。以竹竿为主体材料，由高到低为主体层次，内设凉亭、手动遮阳设备，种植作物达30多种，主要以四方位（冬瓜、西瓜、南瓜和北瓜分别指示东、西、南、北四个方位）、五味（香瓜、甜瓜、苦瓜、辣椒、鱼腥草分别代表香、甜、苦、辣、腥五种味道）、六型（南瓜、丝瓜、苦瓜、砍瓜、蛇瓜、钵瓜）、七色（红梗叶甜菜、橙色彩椒、黄色番茄、绿茄子、青色茎蓝、白梗叶甜菜、紫色紫苏）为主体部分。

其次，创意不同主题的蔬菜迷宫。"京承碧园"利用4个温室设计了春意盎然踏青园、姹紫嫣红瓜果园、金秋十月赏菊园、寒冬保健菜园四个景观园和一个蔬菜迷宫。

①在春意盎然踏青园，主要利用品种选择、色彩搭配、播期调节、艺术造型等技术，采用栽培床下沉倾斜等措施，建成了包含奥运五环、奥运单项运动标志、红旗飘飘、吉祥彩虹、月亮弯弯等景观的奥运主题景区和美丽的祖国景区。

②在姹紫嫣红瓜果园，利用蔬菜树式栽培、无土栽培、嫁接、盆栽、植株造型、品种选择搭配等多种栽培技术，采用观光道下沉（下沉80厘米）等措施，突出设施蔬菜现代栽培技术，扩展温室空间，提升景观效果。建成了包含芳香蔬菜坛、阳台菜园、百瓜飘香、番茄树林、绿色世界等景观。

③在金秋十月赏菊园，主要利用不同色彩品种搭配、播期调节、艺术造型等技术，采用栽培床下沉倾斜等措施，建成了金龙腾飞景观。

④在寒冬保健菜园，选用板蓝根、藿香、黄芩、叶用枸杞、藤三七等22个品种药用保健蔬菜品种，采用不同图案，结合盆栽，形成了高低搭配

的艺术化栽培的景观效果。

案例2："紫海香堤"多元创意组合模式

"紫海香堤艺术庄园"（以下简称香草园）位于北京密云县古北口镇汤河村，其核心区占地面积20hm²，主要种植了薰衣草、紫苏、马鞭草、洋甘菊等世界200余种珍贵香草品种，是北京市规模最大、品种最全的香草种植园，是一个集养生、度假、休闲、体验、艺术创作、婚纱摄影、影视拍摄为一体的综合性都市型现代农业观光旅游区，也是集现代都市型农业情景式休闲度假、文化创意产业三位一体的文化旅游模式。

香草园突破了传统农业园区种植果树、农作物，以观光、采摘为主打的经营模式，采取差异化经营战略，运用地理纬度，全球选取差异化主题。北京密云县处于北纬40°3′，与以香草种植闻名的法国普罗旺斯（北纬43°31′）相近，因此最终选定香草为主营项目。异国风情的引进实现了差异化，创造出北京一项新的具有唯一性的都市型现代农业资源，开发出都市型现代农业的浪漫、时尚元素。

香草园的经营创意包括4个方面。

（1）目标群体锁定中高端市场，赢得了独特的市场占有率。香草园根据其建设经营内容，市场定位于中高端消费群体，特别是主要服务于新婚夫妇、情侣、摄影爱好者、写生画家、商务游客等特殊客源，目标群体明确，满足了个性化的市场需求，从而有效地避免了与传统农业的低价竞争，还提高了市场占有率。

（2）项目策划了DIY旅游体验活动，以延长游客停留时间来影响消费行为，增加收益。根据香草园建设目标，划分了"香草体验休闲"和"汤河亲水休闲"两大功能区，开发了"五大香草休闲""四大爱情体验"和"汤河亲水休闲"3类旅游产品，使游客不仅能感受异域乡土风情，还能亲身参与制作、体验香草文化。

（3）以移动式自宿营地代替固定的客房。观光农业园区建设用地不足已成为共同的发展瓶颈。香草园充分利用了游客渴望零距离"拥抱"香草的心理，创新性地用帐篷营地解决了住宿问题，不仅创造了营造置身花海、抬头望月的浪漫氛围，还能宣传香草的驱蚊作用，同时以每顶帐篷租赁150元的实惠价格，吸引游客。

（4）开发了香草系列时尚产品，提高农产品的经济附加值及香草的文化附加值。园区根据普罗旺斯古法手工制作的干花、香包、香袋、精油、香水、香皂、蜡烛、薰衣草花草茶等,将农产品打造成为具有实用价值的商品和具有特殊意义的纪念品。

四、体验经济理论

1. 体验经济起源与内涵

1998年7—8月美国两位著名学者约瑟夫·派恩(B. JosephPineII)和詹姆斯·吉尔姆(James H. Gilmore)在美国《哈佛商业评论》的"体验式经济时代来临"一文中提出体验经济的概念,获得极大瞩目[88]。1999年,两人合著《The Experience Economy》(《体验经济》),指出所谓体验就是休闲农业经营者以农场为舞台、以农特产品、田园自然景观、民俗文化为道具,透过服务的方式,为游客创造出值得回忆的活动。其中,商品是有形的,服务是无形的,而创造出的体验是令人难忘的[89]。

体验经济被其称为继农业经济、工业经济和服务经济阶段之后的第四个人类的经济生活发展阶段,或称为服务经济的延伸。从工业到农业、计算机业、因特网、旅游业、商业、服务业、餐饮业、娱乐业(影视、主题公园)等各行业都在上演着体验或体验经济,尤其是娱乐业已成为现在世界上成长最快的经济领域。体验因游客的参与程度(Guest participation)及游客的关联或环境关系(Connection or environmental relation)的不同,分为4个基本类型,如图2-3所示。每种体验类型的特点及区别见表2-1。

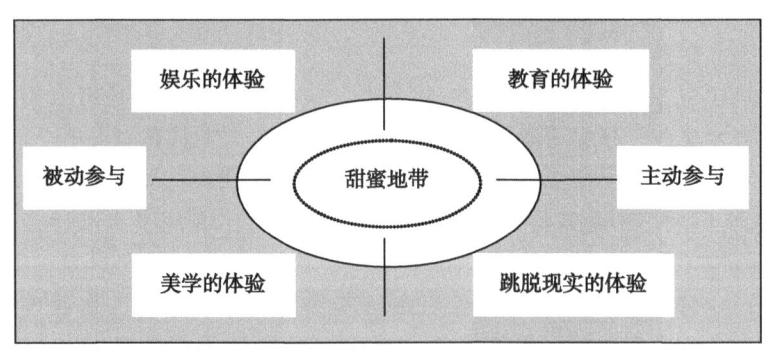

图2-3 体验的性质区分

以上4种体验有明显的差别,以一个游客参与的性质而言,如果是想"学"(learn)的,就是教育的体验;想去"做"(do)的,就是跳脱现实的体验;想去"感受"(sense)的,就是娱乐的体验;而想"心向往之"(to be there)的,就是美学的体验。总之,休闲农园每项活动的设计应不让游客只产生一种体验,而要包涵多种体验。一般而言,让人感受最丰富的体验,是同时涵盖4个面向即处于4个面向交会的"甜蜜地带"。

以上每种活动各有其体验的领域。依照派恩与盖尔摩的说法,都应该尽量设计成甜蜜(sweet spot)的体验。譬如采果、欣赏果园美景和黄澄澄的柑橘,觉得心情愉悦,属娱乐的体验;学习果树生理、正确的采摘技术,及水果的营养价值,属教育的体验;认养果树,当个"一株农夫",属于跳脱现实的体验;感叹大地抚育万物,向往奥秘的大自然,属于美学的体验。

表2-1 4种体验活动的特征与描述

项目	体验类型	参与程度	体验方式	参与目的	体验类型
1	娱乐的体验	游客较被动	吸收信息为主	"感受" sense	欣赏表演、听歌、看画展、阅读等
2	教育的体验	游客主动参与	吸收信息为主	"学习" learn	访问参观、户外教学、知性旅游等
3	跳脱现实的体验	游客更主动参与	更融入情境	"去做" do	主体公园、虚拟游戏、童话人物等
4	美学的体验	游客较被动	深度融入情境	"心向往之" to be there	风景名胜、历史文化遗产等

参考资料:[90]

2. 体验经济时代基本特征

根据派恩与盖尔摩的"体验经济"观念,经济价值演进过程可分为农业经济时代、工业经济时代、服务经济时代及体验经济时代4个阶段,如图2-4所示。

图2-4的涵义如下:农业经济时代以农业耕作生产生鲜产品提供消费,满足人们最基本的温饱需求,附加价值有限。工业经济时代,以经过加工的产品提供消费,产品产生差别性,逐渐影响价格,满足人们对更高级加工品的需求,附加价值升高。服务经济时代,最终产品加上销售服务,满足人们对于产品以外的服务享受需求,服务差别性大,附加价值更高。体验经济时代,以舒适优美的环境享受满足消费者的精神需求。体验的差别感觉最大,消费者享受贴心的产品与服务,附加价值最高。

由此可见,在体验经济时代,设计的体验活动具有市场的区隔作用,差别性极大,并掌握定价的优势。因此,单纯提供好的产品或服务,在现代的竞争环境已经不够了;提供更大的价值,给顾客个人化、难忘的经验。在产品和服务之外,"经验"是消费者越来越重视的要素。

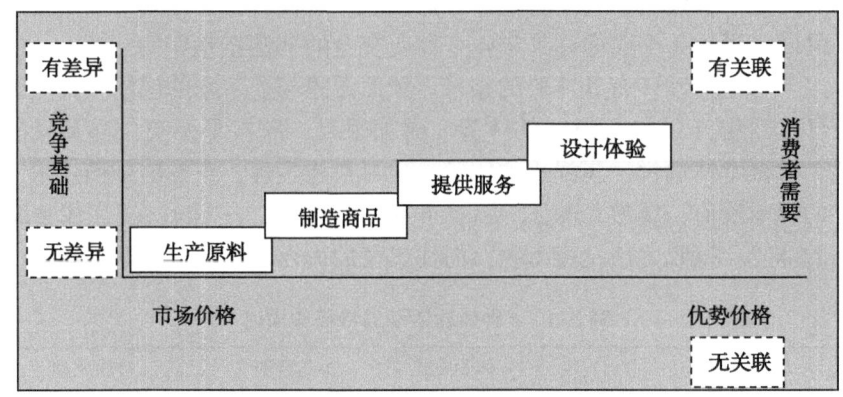

图 2-4 经济价值演进的过程阶段

体验经济时代的基本特征表现在以下 5 个方面：①非生产性。体验是一个人达到情绪、体力、精神的某一特定水平时，其意识中产生的一种美好感觉，它本身不是一种经济产出，不能完全以清点的方式来量化，因而也不能创造出可以触摸的物品。②短周期性。一般规律下，农业经济的生产周期最长，通常以年为单位；工业经济的周期以月为单位，服务经济的周期以天为单位；然而，体验经济却是以小时为单位，有的甚至以分钟为单位，如互联网。③互动性。农业经济、工业经济和服务经济是卖方经济，它们所有的经济产出都停留在顾客之外，不与顾客发生关系；而体验经济则不然，因为任何一种体验都是某个人亲身感受与那些筹划事件之间的互动作用的结果，顾客全程参与其中。④不可替代性。每个经济时代对其经济提供物的需求要素都是不同的，农业经济对农产品的需求要素是特点，工业经济对商品的需求要素是特色，服务经济对服务的需求要素是服务，而体验经济对体验的需求要素是突出感受。这种感受是个性化的，在人与人之间、体验与体验之间有着本质的区别。⑤高收益性。众所周知，要想获得美好体验，必然要花费更高的代价。截止目前，有幸进入太空旅游的只有美国富翁丹尼斯·蒂托和南非商人马克·沙特尔沃斯，他们各自为自己的太空体验支付了 2 000 万美元的天价。然而，1 个农民种 2 亩地 1 年的产值不过上千元；1 个工人加班加点干 1 个月的工资也不过千元。因此，体验经济是一种低投入、高产出的暴利经济。

3. 农业的体验式经济

农业的发展与自然资源条件和地理区位特征密切相关，我国古代的传统农业就是在自然经济条件下，采用人力、畜力、手工工具、铁器等为主的手工劳动方式，靠世代积累下来的传统经验发展，以自给自足的自然经济居主导地位的农业。伴随着工业革命而发生的三次农业革命，使人类生产方式发生了根本性变化，大量的新技术成果使得人类对于自然界的认识、改造能力大幅度提高，传统农业逐渐进入现代农业发展阶段。由于农业依赖于自然资源发展的禀赋特征不会不变，因此农业为人类休闲提供的体验资源会不断丰富，主要包括自然资源、景观资源、产业资源及文化资源共4类，这些资源都是发展体验式经济的基础。结合前人的研究成果，本研究将农业部门的体验式资源进一步归纳汇总，包括了15种具体的资源类型，如表2-2所示。

表2-2　农业部门的体验式资源汇总

资源大类	资源亚类	内容描述
自然资源	①气象资源	日出、落日、云彩、彩虹、星相、季风等
	②植物生态资源	植物的花、果、叶等；水生植物荷塘、芦苇等
	③动物生态资源	蝶类、鸟类、禽类、兽类；鱼类、虾类、贝类、蟹类等
	④水文资源	溪流、江河、山涧、瀑布、温泉；海浪、潮汐、海景等
景观资源	⑤自然地理景观	步道、水塘、山川、悬崖、峡谷、河滩、曲流、峭壁；沼泽、鱼盐、鸟湖、潮间带、沙洲、海岸洞穴、奇石、珊瑚礁岩等
	⑥人文建筑景观	民居、祠堂、寺庙、鱼塘、防风林、盐田、生态库伦等
产业资源	⑦种植业资源	菜园、瓜园、植物园、观赏采摘园等
	⑧畜牧业资源	养殖场、捕捞场、观赏园、骑射场等
	⑨林业资源	果园、采摘园、森林、生态廊道等
	⑩渔业资源	鱼类养殖场、垂钓园、观赏鱼园等
文化资源	⑪农耕文化资源	水车灌溉、驴马拉磨、木机织布、石臼舂米、鱼鹰捕鱼等
	⑫民俗文化资源	传统节日（火把节、泼水节）、风俗习惯、民间工艺品等
	⑬历史文化资源	历史遗迹、革命遗址、名人故居、历史文物等
	⑭建筑文化资源	少数民族民居、特色古建筑、古代名胜、古代工程等
	⑮宗教文化资源	部落文化、土著文化、宗族文化、宗教文化等

参考资料：[90]

4. 体验经济时代消费行为

马斯洛把人的需求分为5个层次，即生理需要、安全需要、社会需要、尊重需要和自我实现的需要。他认为，人总是在满足了低层次需求之后，才将注意力转向更高层次的需求上。托夫勒进一步解释，认为消费者一方面希望所生活的环境有一定程度的稳定、重复和熟悉程度，另一方面要求得到刺激、兴奋和新奇的东西，并希望体验到广泛、安全及高级的感受。需求层次与经济时代的对应关系如图 2-5 所示[91]。

进入 21 世纪后，随着社会经济发展和人们生活水平的提高，人们的消费观念和消费偏好发生了重大改变，体验经济开始慢慢显露出来。首先，从宏观上看，体验经济是因为社会高度富裕、文明、发达而产生的。物质文明的发展、居民生活水平的提高、闲暇时间的增多、新技术的不断进步、先进企业对人们消费观念的引领和示范，都促进了服务经济到体验经济的演进。其次，从微观上看，体验经济的兴起是由于企业对产品即服务在质量、功能上已做得相当出色，以至于消费者对特色和利益已经淡化，而追求更高层次的"特色和利益"，即"体验"。服务逐渐向商品化方向发展，商品化逐渐抹杀产品和服务给人们带来的个性化、独特的感受和体验，当服务变得更加自动化与商品化后，体验就从服务中分离出来，逐渐成为企业向市场提供的、供顾客消费的产品。体验经济时代的到来是现代社会发展的必然规律，是人类需要层次升华的必然趋势，更是产品与服务的有机结合。

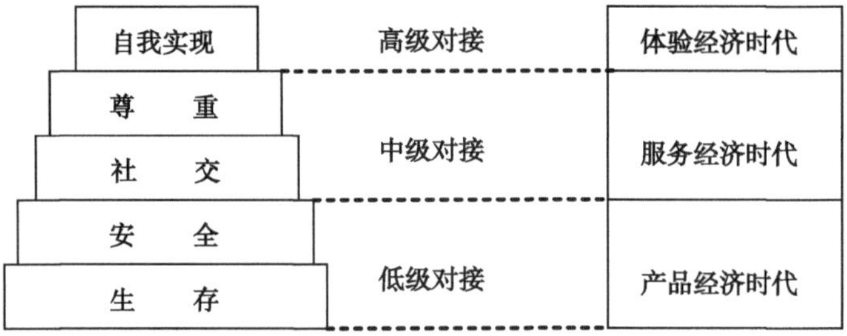

图 2-5 需求层次与经济时代对应关系

总之，体验经济时代的消费习惯和生活方式表现为自我享受和自我发展型。现代消费者的愿望与需求跟以往截然不同，由过去传统保守与低调内敛逐渐变为追求时尚与个性发展。国内学者 2000 年以后研究体验经济时代的消费行为特点，刘凤军、钱祖煜、丁家永等人的研究最具代表性[90-92]。

总结前人的研究成果，在体验经济时代消费者的消费行为特征主要表现在 6 个方面。

（1）旅游消费者需求层次向高端转移。随着科技进步和经济发展，人们在满足了基本需求之后，自然而然会产生更高层次的需求。人们不仅需要享受旅游产品或服务本身带来的种种幸福感，还需要体验参与的成就感和满足感。

（2）旅游消费者的情感需求比重增加。旅游消费者在注重产品质量的同时，更加注重情感的需求，旅游消费者更关注旅游产品与自己关系的密切程度，偏好那些能与自我心理需求引起共鸣或者能实现自我价值的感性旅游产品。

（3）旅游消费者更偏好个性化的产品。旅游消费者对旅游产品更加挑剔，开始追求能够彰显自己个性的旅游产品和服务，非从众心理的增强使人们更加相信自己的感觉，人们要购买的已不只是商品本身，而是附加在商品标签上的象征意义。

（4）旅游消费者对文化旅游产品的需求上升。由于旅游消费者文化修养的升格，传统的本土文化或宗教文化都会影响消费者的旅游消费观念，导致他们自觉接近与文化相关的旅游产品和服务。因此，体现特色文化内涵的旅游产品更受消费者喜爱。

（5）旅游消费者崇尚绿色旅游环保意识增强。近年来，随着旅游消费者公益意识的加强，以及国际、国内两大旅游市场的交汇和融合，人们更加意识到旅游业的天然环保性。越来越多的旅游消费者更加珍惜我们生存的环境、重视生活质量，追求永续消费。消费者更加重视旅游产品的绿色文化内涵，希望通过自己消费绿色旅游产品来体现生态环保意识，成为绿色旅游消费者。

（6）旅游消费者主动参与产品设计与制造。从近年的消费时间看，消费者参与企业营销活动的程度进一步增强。消费者从被动接受厂商诱导、拉动，发展到对产品外观要求个性化，再发展到不再只满足于产品外观个性化而是对产品功能提出个性化要求。

五、产业经济学理论

休闲农业作为一种新的农业经济增长方式，实现农业生产从传统增长向集约增长转变，调整农业产业结构，促进农村一、二、三产业深度融合，应以产业经济学相关理论为指导。

1. 产业组织理论

产业组织理论是关于市场经济中垄断与竞争的理论。哈佛学派正统产业组织理论的基本特征是结构—行为—绩效（Structure-Conduct-Performance，缩写为SCP）分析范式。假定市场的结构—行为—绩效之间存在的是一种简单、单向、静态的因果关系，即市场结构决定厂商行为，从而市场结构通过厂商行为影响经济运行的绩效。20世纪70年代以来产业组织理论采纳信息经济学和博弈论的最新研究成果，使SCP单向静态的分析范式在转变为双向、动态的分析范式时不仅能够更敏锐、更完善地反映现实，还突破了厂商追求利润最大化的单一目标[93]。产业组织理论强调市场结构的重要性，它深刻影响厂商行为，也是企业追求各种运行绩效的前提。休闲农业发展追求经济、生态、社会效益的最优化目标，要在一定的市场结构下，通过一定的厂商行为得以实现。探索休闲农业的新业态，首先进行生产者之间关系结构，即产业组织方式的创新。

2. 产业结构理论

产业结构的变化和经济发展是对应的，这种对应关系主要表现在不同的经济发展阶段，产业结构会做出相应的调整。影响和决定产业结构变化的因素主要包括供给因素和需求因素两大方面。产业结构升级的直接动因是创新：创新导致技术的进步，一些产业得以高速扩张而成为主导产业，主导产业的状况在很大程度上决定了该产业结构系统未来的发展方向和模式；创新带来了新的市场需求，刺激产业进行有规则的扩张或收缩，从而直接拉动产业结构的升级[93]。技术创新在产业结构的演变过程中具有直接的推动作用，休闲农业要实现对产业结构的调整，必须以技术创新为切入点，开展技术范式的研究，拓宽劳动对象，细化与建立新的产业部门，促进生产要素从比较生产率低的部门向比较生产率高的生产部门转移，通过主导产业的有序更替，使农业从一个阶段迈向另一个新的阶段。

3. 产业关联理论

产业关联是指产业间以各种投入品和产出品为连接纽带的技术经济联系。技术经济联系和联系方式可以是实物形态的联系和联系方式，也可以是价值形态的联系和联系方式，后者可以从量化比例的角度来进行研究。产业关联的纽带是指不同产业之间是以什么为依托连接起来，主要依托方式有产品和劳务联系、生产技术联系、价格联系、劳动就业联系、投资联系。产业关联方式是指产业部门间发生联系的依托或基础，以及产业间相互依托的不同类型。在社会再生产过程中，产业关联的方式有3种，即前向关联和后向关联、单向关联和环向关联、直接联系与间接联系[93]。休闲农业产业部门间通过需求联系与其他产业部门发生后向关联，同时先行产业部门为后续产业部门提供产品，后续部门的产品也返回相关的先行产业部门的生产过程，有符合环向关联的特征。可见，产业关联理论与方法为理清休闲农业系统内产业关联类型，揭示产业间联系与联系方式的量化比例提供重要的研究分析方法。

4. 产业链延伸理论

产业链的实质是产业关联，而产业关联的实质就是各产业相互之间的供给与需求、投入与产出的关系。农业产业链"是一个贯通资源市场和需求市场，由为农业产前、产中、产后提供不同功能服务的企业或单元组成的网络结构"[94]。农业或农产品作为其中的构成环节和要素，并与其他部门和环节发生密切的技术经济联系。构建产业链包括接通产业链和延伸产业链2个方面。延伸产业链是将一条已经存在的产业链尽可能地向上游延伸或下游拓展。产业链向上游延伸一般使得产业链进入到基础产业环节或技术研发环节，向下游拓展则进入到市场销售环节。产业链拓展和延伸的过程中，一方面接通了断环和孤环，使得整条产业链产生了原来所不具备的利益共享、风险共担方面的整体功能；另一方面衍生出一系列新兴的产业链环，进而增加了产业链附加价值[95]。

六、可持续发展理论

农业可持续发展要求进行农业生产时，既要满足当代人需求，又不对后代人及其他复合系统需求构成危害。它不仅要求农业生态潜力的持续，而且要求所提供的基础产品（农产品）和产出服务（环境服务）的持续。农业可持续发展的理论主要基于生态控制论理论、区域系统观理论和环境承载力理论，这三大基础理论对于休闲农业发展有着重要的指导作用[96-97]。

1. 生态控制论

生态控制论是生态学和控制论这2个学科结合而产生的一个交叉学科，它是用控制论的原理和方法来研究生态系统中信息的传递、变换、处理过程和调节控制规律的科学。生态控制论的三大基础理论揭示了生态系统中存在的普遍规律：①循环再生理论指出生物圈中的物质是有限的，原料、产品和废物的多重利用及循环再生，是农业生态系统长期生存并不断发展的基本对策。②相生相克理论阐明，在农业生态系统中，一切生物都通过竞争夺取资源，通过共生节约资源，以求得持续稳定。③自我调节理论表明，在农业生态系统中，任何生物都有较强的自我调节和适应环境的能力，即它们能够根据环境的状况，抓住最佳机会尽快发展，并力求避免危险获得最大保护。农业生产经营系统是一种自组织复合生态系统，应以生态控制论的相关理论为依据，建立和完善生态系统内部的循环再生机制、保证系统稳定性的机制及自我适应和自我维持的调节机制。

2. 农业区域系统观理论

农业区域大系统是由若干个子系统结合而成的整体，但其性能不等于各个子系统特性的简单相加。大系统的各个子系统之间有着千丝万缕的联系。因此，研究休闲农业生产时要同时研究其他子系统与休闲农业系统的制约关系。由于休闲农业生产系统之外的其他子系统都是休闲农业生产赖以存在的自然环境系统，所以对休闲农业生产的研究，不能将其与周围环境系统割裂开来，而是要将该系统与环境作为有机整体进行研究。

3. 环境承载力理论

环境承载力理论是以某一区域整体环境（包括土壤、大气、水等）为对象，研究环境的整体特征，从中确定一定时期内区域环境对人类社会经济活动支持能力的阈值。当人类在进行农业清洁生产活动时，农业环境系统结构的变化引起农业环境承载力质与量发生变动，使得人类的农业经济活动受到客观条件的制约。由于环境承载力的变动性在很大程度上是可以由人类活动加以控制的，因此人们在开展休闲生产时，可以通过明智的、有目的技术措施，在一定限度内改变农业环境系统的结构，增强环境承载力。

七、农业生态学理论

农业生态学是运用生态学和系统论的原理和方法，把农业生物与其自然和社会环境作为一个整体，研究其中的相互联系、协同演变、调节控制和可持续发展的学科，主要阐述农业生态系统相关关系的基本原理，展现各种农业可持续发展的基本思路。农业生态系统是以农业生物为主要组分、受人类调控、以农业生产为主要目标的生态系统。它具有自然生态系统的某些特征，又深深地打上了人类的烙印。

1. 农业生态系统的特征

从生态学与经济学相结合的角度来说，农业生态系统表现出4个基本特征：①农业生态系统是人类经济活动的产物。农业生态系统是人工创造的生态系统，人类是抱着一定经济目的而创造农业生态系统的，这种经济目的是以需要和可能为基础，必须在人类不断干预、控制和管理下才能存在。②农业生态系统的功能受人类经济活动所控制。农业生态系统由环境、生产者、消费者和分解者4个基本要素构成。人类对系统的控制和改善其功能的活动也针对这四要素进行，并涉及自然、经济、社会和政治各方面复杂因素。③能量转化和物质循环的经济成果是创造使用价值。能量转化和物质循环是农业生态系统最重要的特征，使用价值是随着能量转化和物质循环运动逐渐积累而形成的，即从农业生态系统的植物库和动物库中提取人类所需的农产品。④商品交换是造成农业生态系统间能量和物质输出及输入的重要原因。农产品的商品化使能量与物质的循环运动不能局限在一个农业生态系统之内，而扩大到系统与系统之间，甚至农业与工业之间形成错综复杂的交流[99]。农业生态系统的经济学特征，为深入探索休闲农业发展的动力机制指明方向，即通过各种干预手段和控制措施以促进农业经济从数量扩张型向质量效益型增长的转变。

2. 农业生态系统的结构原理

农业生态系统的结构是指生态系统组分在空间、时间上的配置及组分间的能物流顺序关系。农业生态系统的结构包括生物组分的物种结构、空间结构、时间结构、食物链结构，以及这些生物组分与环境组分构成的格局。其中，营养结构即食物链结构是生态系统中物质循环、能量流动和信息传递的主要途径，空间结构是指生物群落在空间上的垂直和水平格局变化。结构与功能的辩证关系是指结构与功能是相互依存、相互转变的。生态系统要素与结构是系统功能内在的根据和基础。功能是要素与结构的动态过程。一定结构表现一定的功能。一定的功能总是由一定系统的结构产生[99]。对农业生态系统内部组成结构的认识，是全面了解生态系统功能的主要途径，也是探索农业产业链系统结构的前提和基础，并为研究休闲农业模式特征开拓思路。

第三章　休闲农业发展的动力机制

第一节　休闲农业发展内在动力

一、农业和农村内生发展动力

1. 农业和农村发展存在的问题

我国的农业和农村经济发展已进入新的历史阶段。党的"十八大"以来，粮食生产能力跨上新台阶，农业供给侧结构性改革迈出新步伐，农民收入持续增长，农村民生全面改善，农村生态文明建设显著加强。亿万农民在改革中不断获得红利，生活不断改善，幸福感不断增强，社会主义新农村建设不断呈现出新面貌。农业农村农民问题始终是关系国计民生的根本性问题。农业本身的弱质性特征，再加上长期以来农业发展的"外生性"推动力不够，我国农业在经历了联产承包制、乡镇企业和农业产业化的大发展以后，农业增长与发展出现边际递减的趋势，农业"内生性"因素在促进农业发展和农民增收方面显得明显不足，农业的发展面临着很大挑战。

我们的乡村在经济、文化、教育和社保等方面还是落后很多。农业生产面临的压力主要来自3个方面：①现代石油化学农业模式不具备可持续发展能力，其环境和食品安全方面负效应逐步体现。农业生产中化肥、农药的大量使用，使得农田土壤侵蚀加剧，导致农业生产对环境的危害日益严重。②随着农业进口贸易的放开，我国很多农产品在成本、品质等方面处于劣势，在加工处理、储藏包装、花色品种、卫生检疫等诸多方面有明显的不足，这都影响到出口农产品的品质。③随着消费升级，人们的现实需求从吃得饱升级到吃得好，但高品质的农产品供应不足。当今，小型化、特产化和精致化已经成为消费者对农产品需求的新特点。由于人们消费观念的转变，增加绿色优质农产品供给是发展趋势。

因此，在新的发展形势和全球一体化的社会背景下，我国农业和农村发展要提高国际竞争力,保持农产品持续增产和农民稳定增收幅度不改变,就必须认清农业和农村发展不平衡不充分的现实问题;进一步加大农村改革的力度,激活农业农村内生发展动力,促进农业农村发展由过度依赖资源消耗、主要满足量的需求,向追求绿色生态可持续、更加注重满足质的需求转变,开创农业现代化建设的新局面[100]。

2. 内生增长理论和外生增长理论

国内外学者对于"内生增长理论"和"外生增长理论"进行了系统研究[101]。内生增长理论是产生于20世纪80年代中期的一个西方宏观经济理论分支,其核心思想是认为经济能够不依赖外力推动实现持续增长,内生的技术进步是保证经济持续增长的决定因素。内生增长模型包含两条具体的研究思路,一条是罗默、卢卡斯等人用全经济范围的收益递增、技术外部性解决经济增长的思路,代表性模型有罗默的知识溢出模型、卢卡斯的人力资本模型、巴罗模型等。另一条是用资本持续积累解释经济内生增长的思路,代表性模型是琼斯—真野模型、雷贝洛模型等。为了克服上述内生增长模型存在的问题,从20世纪90年代开始,理论学家提出了一些新的内生增长模型。这些模型又可以根据经济学者对技术进步的不同理解,分成3种类型:产品种类增加型内生增长模型、产品质量升级型内生增长模型、专业化加深型内生增长模型。这3类模型的提出表明内生增长理论进入了一个新的发展阶段。总之,内生增长理论认为经济增长的根本原因有3点:①获取新"知识"(包括革新、技术进步、人力资本积累等);②刺激新知识运用于生产(包括市场条件、产权、政治稳定以及宏观经济稳定);③提供运用新知识的资源(包括人力、资本、进口品等)[102]。

外生增长理论认为,经济增长是由经济理论不能预见的所谓外生的技术进步推动。古典经济增长理论的古典增长模型和哈罗德—多马经济增长模型都已经做了不少研究,系统研究并说明影响经济增长的各种力量及决定增长过程的机制。研究认为,经济增长取决于投资的规模和资本产出率的大小,投资来源于储蓄,因而经济增长最终由一国的储蓄率与资本的投资效率决定。索洛等人之后提出强调技术进步的经济增长论,区分于由要素数量增加而产生的"增长效应"(Growth Effect)和由要素技术水平提高而带来的经济增长;后者被称之为"水平效应"(Level Effect)。"水平效应"的涵义是指在不增加要素投入的情况下,技术进步可以通过改变生产函数,使生产函数向上移动,达到经济增长的目的。所以,外生经济增长理论认为,经济增长是由经济理论不能预见的所谓外生的技术进步推动[103]。

3. 农业"内生性"增长的动力因素

农业"内生性"增长是指主要依靠农村的自然资源、资金、技术、人才等生产要素发展农村经济，推动农业现代化进程。"内生性"增长与发展有2个基本要求：在形式上，增长与发展是从内部产生的；在目的上，增长与发展是为人服务的。农业"内生性"增长因素主要包括：以土地为代表的自然资源、农业劳动力、农业资本积累、农业内生化的技术和信息、农业组织、制度创新、专业化分工、知识溢出效应、规模经济等[2]。

（1）农业发展模式的转型。随着现代石油农业给全球带来的环境问题困扰，世界各国不断探索农业发展的新出路，提出了许多替代农业模式。我国农业在20世纪80年代初期，由传统农业向现代农业转型过程中，便开始了生态农业试点工作。20世纪90年代以来，我国生态农业进入稳步发展时期，逐步成为世界上可持续农业运动最为成功的典范，代表了近期国内农业有潜力的发展方向。然而，由于生产方式所导致的产量与效益的局限性，至今生态农业仍未成为农业生产的主要方式，现代农业生产方式由于高投入、高产出，依然是农业生产的主流方式。任何一个历史时期，每一次农业生产类型的转变都是由需求所导致的生产方式或技术方式的变革。有学者指出，生态农业技术不足以引发一次农业革命[46]。要实现新的农业革命，必须提升农业现代类型。

循环农业作为一种新型的农业发展模式，通过对农业生态系统的调控实现其发展目标，农业生态系统是农业生态学研究的基本对象，循环农业发展必须遵循农业生态学原理；同时循环农业又是一种产业形态，其生产组织与流程必须符合产业组织原理。循环农业为现代农业向深度发展提供了新的发展理念，即在具有新质的技术创新的基础上，实现可再生资源对不可再生资源的替代，低级资源对高级资源的替代，以及物质转换链的延长和资源转化率的提高，从而实现农业产出增长、经济效益提高与农业生产潜力保护、农业生态环境改善的有机统一。从这个角度分析，发展循环农业具有天然的优势，符合农业发展升级换代的现实要求。

如果说循环农业模式是一种更高级的现代农业发展模式，其主要特征是产业链延伸和资源节约，即循环农业模式更关注的是农业生态环境良性循环和农业产业化最优化发展，实现了农业初级生产到加工利用的二次增值，那么休闲农业模式则是站在更高的层面上，将以"种—养—加"为特征的一个或多个循环农业产业链和观光旅游与休闲服务业产业链有机衔接，并通过产业之间资源有效配置和互补，实现"初级生产→加工产品→旅游产品"

的第三次增值。因此，本研究认为在农业发展模式的演替过程中，从石油农业向生态农业转变是一种根本模式的转变，从生态农业到循环农业是一次跨越式的进步，而从循环农业再到休闲农业则是第二次根本性的转变。这种农业发展模式的转变，结合科技进步和组织方式的创新，会带来最大的生产力提升。因此，农业发展模式的转型是农业内生增长的根基所在。

(2) 农业发展模式的多功能性。土地是人类赖以生存的基本资料和劳动对象，土地资源既具有自然属性，也具有社会属性，是"财富之母"。对于农业来说，土地是农业生产最为重要的物质资源，然而土地不仅给人类提供丰富的农产品，也赋予农业除生产功能以外的更多功能。大面积种植的农田、果园及草地本身就构成了一幅美丽的田园画卷；农业作物栽培悠久的历史文化，以及现代高科技创造的农业神话，本身就形成了科普教育的生动课堂。农业可以通过营造良好的环境为很多行业赋能。

农业多重功能的体现是以生态循环农业模式为前提的。农业最重要的功能就是观光旅游功能。生态循环农业具备更多的物种，这就提供了更为丰富的色彩和线条，只要在设计上适度规划，就可以让农庄变成自然美景。休闲农业发展就是通过各种新奇的主题创意，把农田景观进行更贴近于自然的美化和设计，创造能够吸引游客的标志性景点或标的，摆脱过度依赖于营销的经营手段，形成可持续的休闲旅游收入。

农业另一个重要功能是教育功能。农业资源是自然生态教育体验最适当的来源。农场孕育多样化的动植物，是生态系统最完整的户外自然教室，是实施自然教育最理想的场地。休闲农场农业体验区的用途之一是提供"生态教育"。这是教育农园的基本价值。教育农园其本身是一个乡土教学的背景资源，在农园可以让许多文化信息沟通进行得更容易，能够发挥城乡交流的作用。教育农园应依据资源特性、游客需求及学校教育需要，设计多样性的体验教育活动，使这些体验活动能在自然环境中感受自然之美，认知环境生态体系的伦理关系，实现新的环境价值。

农业还有养生功能。休闲养生农业是通过优良的农业、农村生态环境，配以有机或无公害农产品和必要的功能食品，以及适度的农业劳动和乡村健康运动，以实现调养恢复、提高消费者身体素质和健康状况为目的的农业经营模式。养生农业以中国养生哲理为指导思想，是用文化创意产业的思维方式和手法，整合植入相关的文化资源（尤其是中国农耕文化），合理使用适宜的农业生产技术所创立的具有多功能的创意型农业。养生农业是以善待、护养土壤、动植物善念为出发点，在获得健康的土壤和生态环境的同时，也就获得了健康的农产品,健康的生产方式,健康的生活方式。养生农业构筑了多层次的全景产业链,提升了农产品的附加值,发挥了农业更多的功能[104]。

(3) 农业产业的比较优势。农业和农村经济的发展必须以产业为支撑,农业市场竞争力的核心体现也需要产业竞争力作为保障,地区经济的可持续发展能力需要产业的可持续发展能力护航。因此,要充分发挥农业产业的比较优势,进一步增强农业产业特色,培育区域优势主导产业,是构建农业内生增长动力的有效手段。

2016年7月,住房城乡建设部、国家发展改革委、财政部三部委联合发出《关于开展特色小镇培育工作的通知》,计划到2020年培育1 000个左右各具特色、富有活力的休闲旅游、商贸物流、现代制造、教育科技、传统文化、美丽宜居等特色小镇,引领带动全国小城镇建设[105]。要求培育特色鲜明的产业形态,产业要向做特、做精、做强发展,新兴产业成长快,传统产业改造升级效果明显,充分利用"互联网+"等新兴手段,推动产业链向研发、营销延伸。国家政策的大力扶持激发了各地开发优势资源、建立特色小镇的积极性。目前,很多特色小镇建设采用的是地产开发主导,靠投资引入产业,把农业作为附属产业,这样的模式不具备可持续的内生增长能力。因为,引入产业只能靠投资驱动,这样缺乏持续的竞争力。要想让乡村(或小镇)的产业经济真正搞活,要在实现农业发展模式转型及农业多功能性的基础上,强调特色产业比较优势,才能构成可持续的内生增长模式,具体做法如下。

首先,建立内生性农业企业。各地必须要鼓励建立属于小镇自己的内生性农业企业,让乡村(小镇)的产业能够产出比都市同类产业更好的产品和服务,这样才能提高农业自身的造血功能,形成一个良性发展的持续动力。内生性农业企业是以企业化经济农户、农业大户和联合农户等为经营主体,或者是人员、资金、技术等要素主要来自于农业的农业企业。其经营方式主要是农户依托当地农村资源优势和主导产业,利用主要来自于农业的人员、资金、技术等经营要素,在提高农业综合生产能力和农民组织化程度的同时,提高农业向二、三产业拓展的能力,引导农业由内向外发展。内生性农业企业的经营目的是提高自身的经济效益,尽可能获取一、二、三产业的平均利润,通过发挥经营主体内部的资源优势以取得最大效益。

其次,创造更好环境,吸引人才。人才对于当前我国经济发展来说,起着无可替代的作用。吸引人才不仅仅要靠各类补贴,更需要完善的社会服务。只有让人才真正扎下根来,才能开出人才成果。对于很多人来说,大城市之所以更加有吸引力,无外乎它们有更加广阔的舞台能实现自己的价值,有更加完备的基础设施能满足生活所需。在乡村(小镇)营造更好的创业和置业环境,提高人才的生活环境质量、提高人才工资收入、提升他们的幸福感等。同时,也要解决人才的后顾之忧,系统地把医疗体系、教育体系办好,为人才解决父母养老,小孩教育的问题,让人才不需要为家庭担心,不因为工作而长期不能与家人团聚,这样就可以解决下乡创业的两大顾虑。

第三,提高生活品质,营造绿色生活方式。绿色生活方式倡导社会成员与周围自然环境和谐共处,避免发生以牺牲自然环境为代价的消费行为和活动。绿色生活方式不是要人们放弃生活的享受,刻意节俭,抑制消费,而是将环境保护与日常衣食住行融为一体。特色小镇引进人才过程中,通过打造优美的环境、使用健康新鲜的食材、更低的生活成本、更少的拥堵等方式,营造出全方位的优势环境,以更健康环保的绿色生活方式吸引人才。只有更多的产业被引进小镇,才有了消费群体的保障,特色产业的发展与旅游业的引流形成持续稳定的经济增长动力,相关服务业伴生发展成长,便形成了区域一种内生的可持续发展模式。

二、产业链的结构与组织方式

1. 产业链的内涵与特征

产业链是产业经济学中的一个概念,是各个产业部门之间基于一定的技术经济关联,并依据特定的逻辑关系和时空布局关系客观形成的链条式关联关系形态[106]。傅国华较早地提出"产业链"一词,他提出运转热带农产品产业链要以攻克农产品的加工、保鲜、贮运技术为动力,转动支柱农产品"产—加—运—销"产业链,种植业、运输业、加工业、销售业围绕某一"拳头产品",系列化批量生产,链状转动[107]。王国才认为,农业产业链"是一个贯通资源市场和需求市场,由为农业产前、产中、产后提供不同功能服务的企业或单元组成的网络结构";农业或农产品作为其中的构成环节和要素,并与其他部门和环节发生密切的技术经济联系[94]。刘贵富、赵英才在总结各种观点的基础上指出:产业链是在一定地域范围内,同一产业部门或不同产业部门某一行业中具有竞争力的企业及其相关企业,以产品为纽带按照一定的逻辑关系和时空关系,联结成的具有价值增值功能的链网式企业战略联盟[95]。产业链延伸理论也表明,产业链的实质就是产业关联,产业关联的实质就是各产业相互之间的供给与需求、投入与产出的关系[93]。

考虑到农业产业部门之间的关联性,本研究认为:休闲农业产业链是农业产业部门依据一定的经济技术要求和前、后向的关联关系,连接形成的链条式集合的新型空间结构;是由种植业、林业、渔业、畜牧业及其延伸的农产品加工业、农产品贸易与服务业、农产品消费领域之间,通过自然资源共享、物质循环利用、要素耦合作用和产业有机联接等方式形成呈网状的相互依存、密切联系、协同作用的农业产业化网络体系。

2. 产业链的组织方式

农业产业链的组织方式是多元主体在共同利益上的联合,其本质是共同的经济利益一体化[108]。我国农业生产力水平较低,农业产业化经营还处于起步阶段。由于各地自然条件、农业发展水平差异较大,农业生产的经营方式和产业结构各不相同,这就决定了农业产业化经营组织方式的多样性。按照农业产业一体化链条的关键环节来划分,目前我国农业产业化组织方式主要有4种类型[109]。

(1) 龙头企业带动型(以公司+基地+农户为典型形态)。龙头企业带动型是以公司或集团企业为龙头,重点围绕一种或几种产品的生产、加工、销售,与生产基地和农户实现有机的联合,形成"风险共担、利益共享"的产业链组织。龙头企业与农产品生产基地和农户结成紧密的贸工农一体化生产体系,其最主要和最普遍的联结方式是合同(契约)。"公司+基地+农户"的组织方式在一定程度上缓解了"小农户"与"大市场"间的矛盾。

(2) 中介组织带动型(以合作经济组织+农户为典型形态)。中介组织带动型主要以社会合作经济组织、专业合作经济组织、供销合作社等为中介,带动农户从事专业生产,将生产、加工、销售有机结合,实施一体化经营。其特点在于各种合作经济组织充当中介,为农户提供产前、产中、产后服务,为龙头企业提供收购、粗加工等服务,降低了农户、企业之间的交易费用,使双方之间的结合程度更为紧密,利益分配更趋合理。

(3) 专业市场带动型(以专业市场与生产者、经营组织间的合同关系为典型形态)。专业市场带动型是一种以专业市场或专业交易中心为依托,根据农业生产的区位优势,发展传统产业,形成区域性主导产品,建立农产品批发市场,沟通产销联系的"市场+基地+农户"型的农业产业链组织形式。农产品加工者、营销者与农户(生产者)之间的联结关系是相当松散的,他们之间没有合同约束,交换活动完全靠市场联结起来,利益分配也完全依赖于市场机制。

(4) 其他类型(以契约关系为农户提供社会化服务所形成的农业产业

链组织形式)。主要包括农业综合企业、各级农业服务体系或科研教育等事业单位。在其他类型中,科技带动型居主导地位,它是以科研单位为龙头,以先进科学技术的推广应用为核心,在科技龙头的带动下,实现农产品的生产、加工、营销一体化经营的一种农业产业链组织形式。这种形式有利于大量农业新技术的应用,保证了农产品的品质,有利于提高农产品的竞争力。

3. 产业链的网络形式

休闲农业产业链是链核、链环、链体三者的统一体[110]。"链核"(也称"链主")是产业链条内处于主导地位的农业产业部门,它是整个产业链条的起点和终点,为其他产业部门提供原材料,生产关联度比较强的优势农产品;也可指居支配地位的龙头企业,为链条内其他企业提供信息服务,并在链条内获得超额利润。"链环"是产业链条的构成环节和基本要素,由于农业产业链条的特殊性决定了一条产业链也是一条产品链,因而"链环"含义比较广泛,指农业产业部门、若干企业部门及各类农产品[110]。"链体"是产业链条各环节之间供给与需求、投入与产出的关系,即产业部门之间基于一定的技术经济联系,并依据特定的逻辑关系和时空布局关系形成的产业关联。

综合前述可知,休闲农业产业链条由种植业、畜牧业、林业、渔业、农产品加工业、农业服务业6个产业部门构成。其中,农产品加工业和农业服务业是农业产业链的必经节点及必要环节,其余4个传统产业部门进行有规律地搭配组合。根据产业链网络形式的复杂性及构成要素的多元性,理论上将其划分成3大类11小类,见表3-1。

(1) 基本网络形式:产业链的结构特征是其链核由某一类主导产业构成,或参与生产活动的企业(公司)是一家;链环由4个产业部门组成;链体特征是在同一土地管理单元上,人为地把多年生木本植物(如乔木、灌木、棕榈、竹类等)与栽培作物(如农作物、药用植物以及真菌等)和动物(陆地动物、水生动物)在空间上进行合理组合,综合运用土地利用和生态农业技术系统,结合观光农业旅游项目开发,以及人文景观创意技术手段,打造特色产业休闲农业旅游模式,从系统整体角度构建休闲产业体系。

(2) 优化网络形式:产业链的结构特征是其链核由两类主导产业构成,或参与生产活动的企业(公司)是多家;链环由5个产业部门组成;链体特征是采用生态工程方法,将相应的人工养殖动物、植物、微生物等生物种群有机地匹配组合起来,形成一个良性的减耗型食物链生产工艺体系,对农业系统内部产业结构进行调整和优化，对各类农产品及其初加工的副产品与有机废弃物进行系列开发、深度加工，使产业链不断增值。两类产业在相互融合的过程中，深度挖掘生产服务功能以外的生产园区观光、生产技术展示、农艺科普培训、农副产品销售及"互联网+农业"技术平台模拟示范等生态及生活服务功能，打造形成初级规模的田园综合体。

（3）复合网络形式：产业链的结构特征是其链核由3类主导产业构成，或参与生产活动的企业（公司）是多家；链环由6个产业部门组成；链体特征是从系统工程的角度出发，在一定区域内构建"农、林、牧、渔、加、服"各产业共生耦合体，通过合理的资源组合、产品组合、产业组合、技术组合，使休闲农业产业链建设成为生态系统食物链、生态工业产业链与生态旅游增值链交织在一起的产业生态网络，打造高水平、高质量、大规模的田园综合体。

表3-1 休闲农业产业链的网络形式构成

网络形式	链核	链环
基本网络形式	种植业	①种植业+畜牧业+加工业+农业服务业
	种植业	②种植业+渔业+加工业+农业服务业
	种植业	③种植业+林业+加工业+农业服务业
	畜牧业	④畜牧业+渔业+加工业+农业服务业
	畜牧业	⑤畜牧业+林业+加工业+农业服务业
	渔业	⑥渔业+林业+加工业+农业服务业
优化网络形式	种植业、畜牧业	⑦种植业+畜牧业+渔业+加工业+农业服务业
	种植业、畜牧业	⑧种植业+畜牧业+林业+加工业+农业服务业
	种植业、渔业	⑨种植业+渔业+林业+加工业+农业服务业
	畜牧业、渔业	⑩畜牧业+渔业+林业+加工业+农业服务业
复合网络形式	种植业、畜牧业、渔业	⑪种植业+畜牧业+渔业+林业+加工业+农业服务业

综上所述，休闲农业模式体系的构成要素中，农业产业链组织方式由4种类型构成，农业产业链的网络形式又可分为11种类型。模式体系要素类型的多样性影响了模式类型的多样性，对于要素类型及特征的认识是科学划分休闲农业模式类型的前提和基础。

三、产业转型升级与价值增值

1. 农业产业转型升级的总体目标

当前,我国经济步入新常态,传统的以要素投入、工业拉动、政府主导、高度增长为显著特征的发展模式,正在向形态更高级、分工更复杂、结构更合理的阶段演化[111]。经济发展正从高速增长转向中高速增长,经济发展方式正从规模速度型粗放增长转向质量效率型集约增长,经济结构正从增量扩能为主转向调整存量、做优增量并存的深度调整,经济发展动力正从传统增长点转向新的增长点。农业作为国民经济的基础产业,必须适应新常态下的新要求。2015年农业部发布《关于进一步调整优化农业结构的指导意见》,认为我国当前农业发展面临的结构性问题依然严重,资源环境硬约束与生产发展矛盾日益凸显、农产品品种品质结构与居民消费快速升级不相适应;种养结合不紧、循环不畅;一二三产业融合不足,农业比较效益低,市场竞争力不强等。我国农业发展已到了转型升级的重要节点,进一步调整优化农业结构是提高农业发展质量和效益的现实选择,也是问题导向的顺势而为[112]。

韩长赋部长指出,农业科技由追求增产转向更加注重优质、安全、高效、生态,这是农业发展转型升级的要求,也是转型升级的内涵所在。未来农业的发展实现了"六个高",也就完成了农业转型升级的发展目标。具体讲,一是产品质量高,绿色、品牌农产品要增加,要更好满足个性化、多样化、高品质的消费需求。二是产业效益高,使农业投入产出账更有得算,农业的增值空间更大。三是生产效率高,农业生产更加绿色,劳动生产率、土地产出率、资源利用率全面提高。四是经营素质高,新型职业农民要成为农业生产经营的主力军,多种形式的适度规模经营成为现代农业发展的引领力量。五是国际竞争力高。我们的农产品在国际市场要占有一席之地,我国是农业大国,我们的农业贸易要和大国地位相称。六是农民收入高。要增加新型经营主体的收入,同时也要使小农户有好的收入。国家层面"六个高"的具体要求,为农业产业转型升级指明了方向,也为现代农业发展提供更难得的机遇和挑战。

新时期,我国农业转型升级所面临的机遇表现在以下4个方面。

(1)必须消除因发展造成自然资本储备减少和生态环境恶化的变化态势。要由现有自然资本消耗型农业向自然资源生产及节约型农业转型和发展。只有走这条路,农业发展才不至于引起自然资本存量减少和生物多样性消失以及生态环境的恶化，才能有助于自然资本储量不断增加、结构得到改善和良化替换。

（2）为生产多样化、大量化农产品开拓新的资源基础。农业由单一型耕地农业向以多种土地及动植物资源开发利用为基础、以生产多样化农产品及服务为目标的多功能农业转型和发展，以便在消除农产品需求增长对耕地形成巨大压力的同时，为农业生产种类不断增多、产量不断扩大的新兴农产品提供服务。

（3）有效实现农业的高效益。从改变农业与其关联产业的结合方式，以及资源配置模式入手，建立以常规农业为核心和为农业提供技术及生产资料的农业前向部门与农副产品加工、储运、销售及有关服务的农业后向部门，以及与现代农业密切相关的食品、营养、健康医疗、资源环境、生态服务等产业子系统在内的新型大农业结构体系，促使农业向外向型、多产业联动方向转型和发展。

（4）增加就业岗位，促进社会就业。高效率地解决农村就业问题，改变农业发展的现有方式与方向，扩大农产品生产及农用土地的利用范围，建立包括常规农林牧渔业及其前向、后向与旁侧部门在内的新型大农业结构体系[113]。

2. 休闲农业发展存在的共性问题

休闲农业作为国家近年来大力扶持的农业产业新业态，受到各地的追捧。它以农业生产、生活、生态环境为基础，是结合旅游产业观光、休闲、度假、体验、养生等功能而开发的一种生态产品形式，满足游客享受田园风光、体验乡村生活、感受优质生态和感悟乡愁情怀的心理诉求。休闲农业与乡村旅游，把自然风光、民族文化、农耕文化融入到传统旅游文化中，是促进农村绿色发展，将绿水青山转化为金山银山的一条有效的路径。近年来，在国家大量利好政策的支持下，休闲农业和乡村旅游发展势头迅猛。纵观近年来全国各地的乡村旅游产业，在华丽的外衣下或多或少存在一些共性问题。

（1）管理方式和方法有待提高。我国休闲农业还处于起步阶段，一般是以小户分散经营为主，没有形成规模。加之在发展前没有有效科学的设计规划，各经营者之间又没有沟通和交流，对休闲农业发展认识不够，有的只是简单的模仿、生搬硬套，缺少科学管理的意识和经验。一些乡村旅游项目管理比较粗放，对于旅游景区的客容量和环境承载能力没有进行科学评估。休闲农业和乡村旅游必须把生态保护作为既定的前提，如果不顾自身承载能力一味接纳游客，超载的后果必然是破坏生态环境，而一旦生态消失，所有的旅游产品也将荡然无存[114-115]。

（2）缺乏科学合理的市场定位。很多休闲农业旅游项目前期开发类型和模式高度雷同，针对性不强，旅游产品品质低端，乡情味不足、文化内涵缺失，特色化建设不明显。休闲农业的消费者大部分是利用节假日和双休日进行消费，便造成了休闲农业具有淡旺季的周期性特点，而这一特点如果和农业生产周期不一致的话，就会造成农业生产资源的利用率降低，使休闲农业的生产经营成本增加，浪费了资源，破坏了生态平衡，不利于产业的发展。休闲农业和乡村旅游的发展，必须立足当地自然资源，在充分挖掘、整合自然资源和文化资源的基础上，通过创新和创意，开发出具有地方特色的生态旅游产品，才能保持长久的魅力。

（3）缺乏先进农业技术的支撑。科学技术在休闲农业发展中的重要作用没有被经营者充分认识。当前，很多休闲农业项目的经营管理者大都是农民，文化水平和科技水平在一定程度上还存在欠缺，经营者没有从产业发展的比较优势角度整体考虑和设计旅游项目，包括自然资源优势、交通区位优势、市场认知程度、文化底蕴深度，以及运营、人才、创意、资金等多方面因素；更没有认识到生态保护与产业发展两者相互依赖、相互促进的关系，即没有生态资源作为依托，产业发展就没有基础；没有产业发展作为支撑，生态保护也难以持久。以至于对于传统产业产品的改造升级不够，农村农业的生态价值没有充分释放出来。因此，现阶段我国休闲农业的发展必须进行转型和升级。

3. 休闲农业转型升级的有效路径

（1）大力发展"互联网+农业"的新模式。强化电商企业与小农户、家庭农场、农民合作社等产销对接，加强农村网络宽带、冷链物流等设施建设，推动解决农产品"卖难"问题，实现优质优价带动农民增收[116]。

（2）大力发展创意农业模式。以优势资源带动规模效应，以创意带动科技成果转化，以产业链拓展带动劳动力转移；通过"三生"即创意生产、创意生态、创意生活，创造"三农"即创意农村、创意农居、培养创意农民，以实现资源优化配置，产生更高附加值，促进农业增效和农民增收[117-118]。

第二节 休闲农业发展外在动力

一、政策制度的引导力

习近平总书记"三农"思想指出：全面建成小康社会、全面建成社会主义现代化强国，最艰巨最繁重的任务在农村，最广泛最深厚的基础在农村，最大的潜力和后劲也在农村。因此，坚持农业发展"重中之重"的战略定位，着力解决城乡发展不平衡，农村发展不充分的问题，将是全党、全国工作的重心。近年来，国家加快农村政策改革与制度创新，通过有效的激励约束机制，推动工农城乡之间建立良性互动的发展关系，为乡村振兴注入强大动能，让农业成为有奔头的产业，让农民成为有吸引力的职业，让农村成为安居乐业的魅力家园。

休闲农业以崭新的产业形态、经营模式、服务理念和增值手段，成为新时代国家促进农业绿色发展和城乡融合发展的重要产业选择和着力点，并且在政策春风的沐浴下，在改革创新的推动下，不断生长、发芽，焕发出勃勃的生机。

（一）农业和农村经济发展重大政策创新

党的"十八大"以来，中央围绕着农业和农村发展亟待解决的民生福祉问题，实施了一系列重大政策和制度改革与创新，从顶层设计到制度安排和决策部署，这些新理念、新思想、新战略无不站在新的历史起点上，为推动农业全面升级、农村全面进步、农民全面发展指明了方向，为实现农业农村现代化的再次跨越式发展注入新动能。

> 生态文明发展战略

为有效应对全球性的资源和环境的严峻挑战，解决我国不同程度的环境污染和生态系统退化等问题，实现中华民族的永续发展，党的"十七大"提出要建设生态文明。"十八大"以来，以习近平同志为核心的党中央，深刻总结人类文明发展规律，将生态文明建设纳入中国特色社会主义"五位一体"总体布局和"四个全面"战略布局，并确定为中国可持续发展的基本国策。习近平总书记生态文明建设重要战略思想包括以下3部分。

1. 生态文明与实现伟大复兴中国梦息息相关

习近平总书记指出："走向生态文明新时代，建设美丽中国，是实现中华民族伟大复兴的中国梦的重要内容。"这一重要论述表明：实现中国梦是中国各族人民的共同愿景，生态文明建设是中国梦不可或缺的重要组成部分。

生态文明是指人与自然，人与人的协调发展；生态文明的核心是以人与自然协调发展作为行为准则，建立健康有序的生态机制，实现经济、社会、自然环境的可持续发展。纵观中华文明几千年的历史，无论是儒家的"天人合一"，还是道家的"道法自然"，以至于释家的"普度众生"，无一不闪烁着人与自然平等和谐的思想光辉。我国传统文化中已具有了高度的生态智慧，对生态的尊重已潜移默化地深植于我们国人的心中[119]。因此，我们有理由相信中国将成为全球新一轮生态文明建设的重要参与者、贡献者、引领者；中国的生态文明建设也为世界上其他国家提供了一种比发达国家更持续、成本更低的新治理之路，也是一种新的文明之路。

2. 生态文明建设与"五位一体"总体布局

习近平总书记指出，环境治理是一个系统工程。因此，在生态文明建设中必须坚持系统思维，把生态文明建设融入经济建设、政治建设、文化建设、社会建设各方面和全过程，确保生态文明建设与其他各项建设协同推进[120]。之所以把生态文明建设融入"五位一体"建设总体布局，是由生态文明的本质和内涵决定的。

（1）生态文明融入经济建设。生态文明强调的是经济发展的质量、可持续性和协调性，所要求的是资源节约型和环境友好型的经济发展，这就要求我们转变经济发展方式，大力发展低碳经济、循环经济，保证经济发展的可持续性和协调性。

（2）生态文明融入政治建设。生态文明在本质上是要求处理好经济发展成果的合理分配问题，做到环境资源的公平占有、使用和分配。生态文明建设内在包含了政治建设的内容。

（3）生态文明融入文化建设。生态文明作为一种新的文明形态，本质上是一种新的文化观念和新的发展价值观。因此，只有在文化建设中纳入生态文明建设的内容，才能从根本上确立生态文明的发展观念，从而保证文化建设的时代性要求。

（4）生态文明融入社会建设。能否建立合理的生态资源利益分配机制和生态法律制度以及能否建立和谐的社会关系是生态文明是否得到确立的根本标志。因此，生态文明建设内在地包含着社会建设的内容[121]。

3. 生态文明建设与制度体系的建设

习近平总书记在多次重要讲话、报告、指示中强调"保护生态环境必须依靠制度、依靠法制。只有实行最严格的制度、最严密的法治，才能为生态文明建设提供可靠保障"。中央安排以制度建设推进生态文明建设，具有丰富的理论内涵和科学依据，符合实际需求和客观需要。

（1）健全自然资源产权制度和用途管制制度。通过对自然生态空间进行统一确权登记，逐步形成归属清晰、权责明确、监管有效的自然资源资产产权制度，并建立空间规划体系，划定生产、生活、生态空间管制界限，对于破解我国资源约束趋紧、环境污染严重、生态系统退化的问题意义重大。

（2）坚定不移实施主体功能区制度，划定生态保护红线。要把重要生态功能区、生态敏感区以及生物多样性保育区作为禁止开发区域，划定在红线以内，建立起生态安全屏障、人居环境保护屏障和生物多样性保育屏障，从空间上对人类的开发行为提出明确要求。

（3）实行资源有偿使用制度和生态补偿制度。当前，我国一定程度上存在着"产品高价、资源低价、环境廉价"的问题，国家提出必须加快自然资源及其产品价格改革，使自然资源及其产品价格全面反映市场供求、资源稀缺程度、生态环境损害成本和修复效益。目前，已经探索建立了中央森林生态效益补偿基金制度、草原生态补偿制度、水资源和水土保持生态补偿机制、矿山环境治理和生态恢复责任制度、重点生态功能区转移支付制度等。

4. 生态文明建设和美丽中国的重点任务

生态环境部李干杰部长认为，当前和今后一个时期建设生态文明和美丽中国的重点任务主要包括以下6个方面[122-123]。

（1）形成绿色发展方式。构建并严守生态功能保障基线、环境质量安全底线、自然资源利用上线三大红线。

（2）解决突出环境问题。持续实施大气污染防治行动计划，加快水污染防治，开展农村人居环境整治行动，强化固体废物处置和化学品环境管理，有效防控环境风险。

（3）加大生态系统保护力度。实施重要生态系统保护和修复重大工程，完成生态保护红线、永久基本农田、城镇开发边界三条控制线划定工作。

（4）深化生态环保体制机制改革。改革生态环境监管体制，健全环境保护督察机制，全面推开省以下环保机构监测监察执法垂直管理制度改革。

（5）开展全民绿色行动。积极发挥政府引导作用，完善企业行业自律机制，鼓励公众参与，构建政府为主导、企业为主体、社会组织和公众共同参与的环境治理体系。

（6）积极参与全球环境治理。加强与世界各国、区域和国际组织在环境治理领域的对话交流与务实合作。推进绿色"一带一路"建设，推动生态文明理念"走出去"，做全球生态文明建设的重要参与者、贡献者和引领者。

乡村振兴发展战略

中国特色社会主义进入新时代，我国社会主要矛盾已经转化为人民日益增长的美好生活需要和不平衡不充分的发展之间的矛盾。其中，城乡发展不平衡是这一矛盾的突出体现。务农重本，国之根本。农业强不强、农村美不美、农民富不富，决定着广大农民兄弟的获得感和幸福感，更决定着我国全面小康社会和社会主义现代化的质量。在决胜全面建成小康社会、全面建设社会主义现代化国家的关键历史时期，我们国家始终坚持把解决好"三农"问题作为全党工作的重中之重。

1. 乡村振兴战略的提出及重要的时代意义

为了持续加大强农惠农富农政策力度，扎实推进农业现代化和新农村建设，全面深化农村改革，党的"十九大"做出了"实施乡村振兴战略"的重大决策部署。习近平总书记于2017年10月18日在"十九大"报告中提出：农业农村农民问题是关系国计民生的根本问题，必须始终把解决好"三农"问题作为全党工作的重中之重，实施乡村振兴战略[124]。2018年1月2日，国务院公布了2018年中央一号文件，即《中共中央国务院关于实施乡村振兴战略的意见》[125]；3月5日，国务院总理李克强在作政府工作报告时说，大力实施乡村振兴战略[126]；5月31日，中共中央政治局召开会议，审议《国家乡村振兴战略规划（2018—2022年）》；9月26日，中共中央国务院印发《乡村振兴战略规划（2018—2022年）》[127]。

（1）乡村振兴是建设现代化的必然要求。我国基本国情决定，即使在城镇化成熟后，农村人口还在6亿左右，因此没有乡村振兴和现代化，就不会有国家的现代化。

当前我国乡村一方面存在着基础设施供给不足、生活条件落后等现象，另一方面随着城市和经济发展，农民逐步上楼进社区，但是城市应有的相关服务又不能完全进入，乡村发展又失去了原有的乡土气息和文化。我国也有一些乡村利用传统乡村资源，走出了一条振兴之路，也说明了乡村振兴的内在潜力。

(2) 乡村振兴是新时代乡村发展新动力。21 世纪以来，中央加大了对农村的扶持力度，从 2003 年开始连续 15 年的中央一号文件都聚焦于农业、农村、农民（即"三农"）问题，"十七大"和"十八大"也分别提出了城乡统筹和城乡一体化的发展思路，对推动农村发展、增加农民收入起到了重要的作用。但是从发展动力来看，政策重点侧重于城市，使用的政策手段是城市和工业对农村的反哺和扶持，把农村放在了城市的从属地位。乡村振兴战略的提出，是把乡村放在了与城市平等的地位上，立足于乡村的产业、生态、文化等资源，注重发挥乡村的主动性，激发乡村发展活力，建立更加可持续的内生增长机制。这是一种思路的根本转变，确立了全新的城乡关系。

(3) 乡村振兴战略的核心是从根本上解决"三农"问题。中央制定实施乡村振兴战略，是要从根本上解决目前我国农业不发达、农村不兴旺、农民不富裕的"三农"问题。当前我国社会的主要矛盾之一，是城乡发展不平衡、农村发展不充分。虽然我国农业在国内生产总值中的比重在变小，农民在减少，村庄也在减少，但农村还有约 6 亿人，农业在国民经济中的基础地位没有变，农民是最值得关怀的最大群体的现实没有变，农村是全面建成小康社会的短板没有变。如果说在决胜全面小康阶段要消除绝对贫困，那么在全面建设现代化强国阶段，就是要缩小城乡差别，而实施乡村振兴战略将给农业农村经济发展带来重大战略机遇。

(4) 乡村振兴战略有利于弘扬中华优秀传统文化。中国文化本质上是乡土文化，中华文化的根脉在乡村，我们常说乡土、乡景、乡情、乡音、乡邻等构成中国乡土文化，也是中华优秀传统文化的基本内核。实施乡村振兴战略，也就是重构中国乡土文化的重大举措，也就是弘扬中华优秀传统文化的重大战略[128]。

2. 乡村振兴战略的目标任务与发展重点

(1) 指导思想：乡村振兴战略的指导思想是加快推进农业农村现代化，走中国特色社会主义乡村振兴道路，让农业成为有奔头的产业，让农民成为有吸引力的职业，让农村成为安居乐业的美丽家园。

(2) 目标任务：乡村振兴战略的目标任务是按照党的"十九大"提出的决胜全面建成小康社会、分两个阶段实现第二个百年奋斗目标的战略安排，实施目标分为"三步走"：

到 2020 年，乡村振兴取得重要进展，制度框架和政策体系基本形成。

到 2035 年，乡村振兴取得决定性进展，农业农村现代化基本实现。

到2050年,乡村全面振兴,农业强、农村美、农民富全面实现。

上述乡村振兴战略的"三步走"目标,与党的"十九大"报告提出的目标是同步的。其中,乡村振兴取得重要进展是指乡村振兴战略的体制机制建立起来,乡村文明、社会治理、产业发展等方面成效初步显现;乡村振兴取得决定性进展是乡村振兴战略体制机制进一步理顺,城乡要素流动障碍全面消除;乡村全面振兴是整个乡村振兴的体制机制和政策都相当完善,城乡之间实现良性互动并相互促进,中国的"三农"问题得到解决[125]。

(3)发展路径:乡村振兴战略要求走中国特色社会主义乡村振兴道路,必须要走好7条"之路"。

一是必须重塑城乡关系,走城乡融合发展之路。将公共设施建设的重点放在农村,逐步建立健全全民覆盖、普惠共享、城乡一体的基本公共服务体系。要坚决破除体制机制弊端,疏通资本、治理、技术、管理下乡渠道,加快形成工农互促、城乡互补、全面融合、共同繁荣的新型工农城乡关系。

二是巩固和完善农村基本经营制度,走共同富裕之路。要坚持农村土地集体所有,坚持家庭经营基础性地位,落实农村土地承包关系稳定并长久不变政策,衔接落实好第二轮土地承包到期后再延长30年的政策,让农民吃上长效"定心丸"。

三是必须深化农业供给侧结构性改革,走质量兴农之路。要顺应农业发展主要矛盾变化,深入推进农业供给侧结构性改革,加快推进农业由增产导向转向提质导向,加快实现由农业大国向农业强国转变。要推进农村一、二、三产业融合发展,让农村新产业新业态成为农民增收新亮点、城镇居民休憩新去处、农耕文明传承新载体。

四是必须坚持人与自然和谐共生,走乡村绿色发展之路。要以绿色发展引领生态振兴,处理好经济发展和生态环境保护的关系,守住生态红线。统筹山水林田湖草系统治理,加强农村提出环境问题综合治理,建立市场化多元化生态补偿机制,增加农业生态产品和服务供给。

五是必须传承发展提升农耕文明,走乡村文化兴盛之路。要深入挖掘、继承、创新优秀传统乡土文化,把保护传承和开发利用有机结合起来,让优秀农耕文明在新时代展现其魅力和风采。

六是必须创新乡村治理体系,走乡村善治之路。要建立健全党委领导、政府负责、社会协同、公众参与、法制保障的现代乡村社会治理机制,健全自治、法治、德治相结合的乡村治理体系。

七是必须打好精准脱贫攻坚战,走中国特色减贫之路。当前,脱贫攻坚进入决战决胜阶段,要把提高脱贫质量放在首位,注重扶贫与扶志扶智相结合,瞄准贫困人口精准帮扶,聚焦深度贫困地区集中发力,激发贫困人口内生动力[129]。

3. 乡村振兴战略的核心是要推进"五大振兴"

2018年3月8日,习近平总书记在山东代表团参加审议时,就乡村振兴战略发表重要讲话。习近平强调,实施乡村振兴战略是一篇大文章,要统筹谋划,科学推进。并明确提出"五个振兴"的科学论断,即乡村产业振兴、乡村人才振兴、乡村文化振兴、乡村生态振兴、乡村组织振兴。

(1) 乡村振兴,产业兴旺是重点和基础保证。产业振兴是实现乡村振兴的首要与关键,只有做好乡村的产业发展才能真正实现乡村振兴战略的科学、持续、健康发展。产业振兴的关键是要构建农村一、二、三产业融合发展体系,打通现代农业产业融合链条。要从种养殖、加工、销售各个环节实现融合发展,打通现代农业产业各环节、流程、体系之间的壁垒,真正实现产、供、销一体化发展。

(2) 乡村振兴,文化振兴是保障和动力源泉。要深入挖掘优秀传统农耕文化蕴含的思想观念、人文精神、道德规范,培育挖掘乡土文化人才,弘扬主旋律和社会正气。要运用市场化、产业化、价值化的手段,大力发展文化的产业化,重视"文化+旅游""文化+市场""文化+产品"等产业融合,保持其生命活力与创新力。

(3) 乡村振兴,人才振兴是根本和重要支撑。要实现人才兴村,就要真正实现"农民成为体面职业""农业成为价值产业""农村成为生活优势"。要把人力资本开发放在首要位置,强化乡村振兴人才支撑,加快培育新型农业经营主体,让愿意留在乡村、建设家乡的人留得安心,让愿意上山下乡、回报乡村的人更有信心。

(4) 乡村振兴,生态振兴是关键和发展内涵。必须尊重自然、顺应自然、保护自然,推动乡村自然资本加快增值,实现百姓富、生态美的统一。要树立乡村发展的生态理念,坚持乡村生产的生态化,遵循"生产有生态"这条主线,要坚持乡村生活的生态化发展。

(5) 乡村振兴,组织振兴是基础和制度保证。要建立健全党委领导、政府负责、社会协同、公众参与、法治保障的现代乡村社会治理体制,坚持自治、法治、德治相结合,确保乡村社会充满活力、和谐有序。

习近平总书记强调,在全力推进"五大振兴"战略过程中,要推动乡村振兴健康有序进行,科学把握各地差异和特点,制定精准规划,特别要保护好传统村落、民族村寨、传统建筑，杜绝"形象工程"。要充分尊重广大农民意愿，调动广大农民积极性、主动性、创造性，把广大农民对美好生活的向往化为推动乡村振兴的动力，把维护广大农民根本利益、促进广大农民共同富裕作为出发点和落脚点。

1. "乡村振兴战略规划"大力支持休闲农业发展

2018年9月26日，中共中央、国务院印发《乡村振兴战略规划》（2018—2022年），（以下简称"规划"），规划中有4个篇章的内容直接涉及休闲农业发展问题，国家顶层设计、全面部署休闲农业的发展方向和发展道路，成为指导休闲农业与乡村旅游发展的纲领性文件，见表3-2。

表3-2 《乡村振兴战略规划》涉及休闲农业的政策部署

篇章	题目	休闲农业发展政策
第三篇	构建乡村振兴新格局	分类推进乡村发展，建设宜居宜业的美丽村庄。鼓励发挥自身比较优势，强化主导产业支撑，支持农业、工贸、休闲服务等专业化村庄发展；合理利用村庄特色资源，发展乡村旅游和特色产业。
第五篇	发展壮大乡村产业	结合各地资源禀赋，深入发掘农业农村的生态涵养、休闲观光、文化体验、健康养老等多种功能和多重价值；实施休闲农业和乡村旅游精品工程，发展乡村共享经济等新业态；拓展农业多种功能、发展农业新型业态等多模式融合发展。
第六篇	建设生态宜居的美丽乡村	大力发展生态旅游、生态种养等产业，打造乡村生态产业链。坚持节约集约用地的前提下，利用1%~3%治理面积从事旅游、康养、体育、设施农业等产业开发。
第七篇	繁荣发展乡村文化	实施农耕文化传承保护工程，紧密结合特色小镇、美丽乡村建设，深入挖掘乡村特色文化符号，盘活地方和民族特色文化资源，走特色化、差异化发展之路。推动文化、旅游与其他产业深度融合、创新发展。

（二）休闲农业发展的重要政策措施

我国新一轮农村经济改革进入攻坚期和深水区的关键时期，要拉动农村经济发展，实现乡村振兴战略，就必须有人才、资金、技术的流入。国家大力支持休闲农业的发展，对于励志农村创业的新农民来说，做休闲农业无疑是最优道路选择。近年来，为了让更多的人才回流农村，各地政府也纷纷出台了休闲农业的支持政策，包括土地政策优惠、资金补贴红利、基础配套设施、技术支持等多种形式。这些政策的出台和实施不仅为休闲农业旅游产品的稳定发展提供了启动资金和成本，而且也为农民提供了稳定的增收来源。

本研究总结归纳了近几年来国家对休闲农业与乡村旅游的扶持政策，见

表3-3。同时，总结归纳了国家对于休闲农业的各种补贴政策。目前，休闲农业园区都可以申请申报政策补贴，这跟休闲园区的类型有关，有的补贴适合所有的休闲园区，有的适合某类型休闲园区。据不完全统计，国家主要的休闲农业扶持政策见表3-4。

表3-3 2015—2018年我国有关休闲农业与乡村旅游扶持政策概览

发布机关与时间	政策文件主题	政策主旨与目标任务
农业部 2011年8月24日	《全国休闲农业发展"十二五"规划》	休闲农业成为横跨农村一二三产业的新兴产业，促进农民就业增收的民生产业，缓解资源约束的绿色产业，新型消费业态的支柱产业。
中共中央 国务院 2015年2月2日	《关于加大改革创新力度加快农业现代化建设的若干意见》（中央一号文件）	推进农村一二三产业融合发展。增加农民收入，必须延长农业产业链、提高农业附加值。积极开发农业多种功能，挖掘乡村生态休闲、旅游观光、文化教育价值。
国务院 2016年1月4日	《关于推进农村一二三产业融合发展的指导意见》国办发〔2015〕93号	拓展农业多种功能，加强统筹规划，推进农业与旅游、教育、文化、健康养老等产业深度融合。
国家旅游局 2016年1月7日	《国家康养旅游示范基地标准》《国家人文旅游示范基地标准》《国家蓝色旅游示范基地标准》《国家绿色旅游示范基地标准》	四大行业标准首次出台，明确提出：康养、人文、蓝色、绿色四大旅游示范基地需具备核心区、依托区、旅游走廊等功能区域，旅游业是区域服务业的龙头产业或国民经济的重要战略性支柱产业等条件。
中共中央 国务院 2016年1月27日	《关于落实发展新理念加快农业现代化 实现全面小康目标的若干意见》（中央一号文件）	依托农村绿水青山、田园风光、乡土文化等资源，大力发展休闲度假、旅游观光、养生养老、创意农业、农耕体验、乡村手工艺等，使之成为繁荣农村、富裕农民的新兴支柱产业。
国务院 2016年2月1日	《关于加大脱贫攻坚力度支持革命老区开发建设的指导意见》	依托老区良好的自然环境，积极发展休闲农业、生态农业，打造一批具有较大影响力的养生养老基地和休闲度假目的地。
国务院 2016年3月8日	《关于进一步加强文物工作的指导意见》国发〔2016〕17号	发挥文物资源在促进地区经济发展、壮大旅游业中的重要作用，打造文物旅游品牌，培育体验旅游、研学旅行和传统村落休闲旅游线路。
发改委等 2016年3月14日	《长江经济带创新驱动产业转型升级方案》	大力拓展农业多种功能，推进田园风光、民俗文化、特色村镇等特色观光休闲农业和乡村旅游，鼓励农民发展休闲旅游区。
发改委等七部门联合印发2016年3月23日	《关于金融助推脱贫攻坚的实施意见》	积极支持能吸收贫困人口就业、带动贫困人口增收的绿色生态种养业、经济林产业、林下经济、森林草原旅游、休闲农业、传统手工业、乡村旅游、农村电商等特色产业发展。

(续表)

发布机关与时间	政策文件主题	政策主旨与目标任务
国家旅游局 2016年4月8日	国家旅游局：120亿旅游基建基金申报启动	国家旅游项目第二批120亿元建设基金的申报工作正式启动。重点支持休闲度假旅游、乡村旅游、文化旅游、研学旅行、旅游小城镇相新产品、新业态项目。
国家林业局 2016年4月7日	中国生态文化发展纲要（2016—2020年）	推进森林公园、湿地公园、沙漠公园、美丽乡村和民族生态文化原生地等生态旅游业，健康疗养、假日休闲等生态服务业。
国家发展改革委等四部委 2016年4月5日	《关于切实做好水库移民脱贫攻坚工作的指导意见》发改农经〔2016〕770号	依托库区独特景观资源，结合水利风景区建设，加快发展库区观光、休闲、度假等特色旅游，建成一批以移民农家乐为主的生态旅游村。
农业部等九部委 2016年5月27日	《贫困地区发展特色产业促进精准脱贫指导意见》	大力发展休闲农业、乡村旅游和森林旅游休养康养，有关财政资金在不改变用途的情况下，投入设施农业、养殖、乡村旅游等项目形成的资产。
文化部等四部委 2016年5月11日	《关于推动文化文物单位文化创意产品开发的若干意见》	将文化创意产品开发作为推动革命老区、民族地区、边疆地区、贫困地区文化遗产保护和文化发展、扩大就业、促进社会进步的重要措施。
住房和城乡建设部等三部委 2016年7月1日	《关于开展特色小镇培育工作的通知》	到2020年，培育1 000个左右各具特色、富有活力的休闲旅游、商贸物流、现代制造、教育科技、传统文化、美丽宜居等特色小镇。
农产品加工局 2016年9月1日	《关于大力发展休闲农业的指导意见》	开发休闲农庄、乡村酒店、特色民宿、自驾车房车营地、户外运动等乡村休闲度假产品，大力发展休闲度假、旅游观光、养生养老、创意农业、农耕体验、乡村手工艺等。
中共中央　国务院 2017年2月6日	《关于深入推进农业供给侧结构性改革　加快培育农业农村发展新动能的若干意见》（中央一号文件）	大力发展乡村休闲旅游产业。充分发挥乡村各类物质与非物质资源富集的独特优势，利用"旅游+""生态+"等模式，推进农业、林业与旅游、教育、文化、康养等产业深度融合。
农业部 2017年2月6日	《关于推进农业供给侧结构性改革的实施意见》	积极发展休闲农业与乡村旅游。推进农业与休闲旅游、教育文化、健康养生等深度融合，发展观光农业、体验农业、创意农业等新产业新业态。
国家发展改革委国家开发银行 2017年2月8日	《关于开发性金融支持特色小（城）镇建设促进脱贫攻坚的意见》	加强规划引导，支持发展特色产业，补齐特色小（城）镇发展短板，加大金融支持力度，强化人才支撑，建立长效合作机制。

(续表)

发布机关与时间	政策文件主题	政策主旨与目标任务
国务院 2017年2月4日	全国国土规划纲要（2016—2030年）国发〔2017〕3号	充分利用国土空间的多种形态和功能，因地制宜、突出特色，发展生态旅游产业。积极发挥特色资源优势，在保护自然生态的前提下，发展观光、度假、特种旅游等产业。
农业部 财政部 2017年3月23日	2017年重点强农惠农政策	支持新型农业经营主体发展；支持农村产业融合发展，支持新型农业经营主体开展休闲农业、乡村旅游、农业文化遗产发掘保护、产业扶贫等工作。
国家卫生计生委等五部委 2017年5月12日	《关于促进健康旅游发展的指导意见》	发展丰富健康旅游产品。重点开发高端医疗、特色专科、中医保健、康复疗养、医养结合等系列产品，打造健康旅游产业链。发展中医药特色服务、康复疗养服务及休闲养生服务。
农业部办公厅 2017年5月25日	《关于推动落实休闲农业和乡村旅游发展政策的通知》	切实提高政策的精准性、指向性和可操作性，推动各项政策落地生根，促进休闲农业和乡村旅游业态多样化、产业集聚化、主体多元化、设施现代化、服务规范化和发展绿色化。
农业部 2017年11月28日	关于公布2017年全国休闲农业和乡村旅游示范县（市、区）的通知	决定认定河北省邢台县等60个县（市、区）为全国休闲农业和乡村旅游示范县（市、区）。
中共中央 国务院 2018年1月2日	《关于实施乡村振兴战略的意见》 （中央一号文件）	实施休闲农业和乡村旅游精品工程，建设休闲观光园区、森林人家、康养基地、乡村民宿、特色小镇。创建特色生态旅游示范村镇和精品线路，打造绿色生态环保的乡村生态旅游产业链。
中共中央 国务院 2018年9月26日	乡村振兴战略规划（2018—2022年）	分类推进乡村发展，其中：集聚提升类村庄强化主导产业支撑，支持农业、工贸、休闲服务等专业化村庄发展；特色保护类村庄，合理利用村庄特色资源，发展乡村旅游和特色产业。

参考文献：[127]、[130-154]

表3-4 我国近年来休闲农业相关补贴政策汇总

政策分类	政策项目（含重点项目）	扶持资金
基础设施	国家通过强化规划引导，采取以奖代补、先建后补、财政贴息、设立产业投资基金等方式扶持休闲农业与乡村旅游业发展，着力改善休闲旅游重点村进村道路、宽带、停车场、厕所、垃圾污水处理等基础服务设施。	

(续表)

政策分类	政策项目（含重点项目）	扶持资金
休闲农业	国家和各省每年都会评定休闲农业示范点、示范园区等经营好的农庄典范，农庄都可以进行申报，但是要达到园区80亩以上。	
依托林果业、设施蔬菜水果的观光采摘类休闲农业	①设施农业：棚膜补贴、滴灌和打井补贴、设施农业建设补贴	
	②林果业及观光农业：造林补贴、退耕还林补贴、水利和道路建设补贴等	
	③农业局的农业综合开发园艺类生产示范基地项目	约200万
	④农业局的水果蔬菜标准园创建项目	25万~100万
	⑤农业局的高产创建项目	50万~100万
	⑥农业部主管的园艺作物标准化创建项目	50万~100万
	⑦林业局的农业综合开发名优经济林示范项目	150万~300万
	⑧林业局的林业贴息贷款项目、菜果茶标准化创建	50万~100万
科技示范园、物流商贸园等集观光和采摘于一体的休闲农业	①发改委的冷链物流项目：支持冷库建设、低温配送中心、冷链运输车辆及制冷设备工程、监督与追溯。	
	②农业局的农产品产地初加工补助项目：支持冷藏窖、果蔬保鲜库和烘干设备，先建后补，提前立项。	
	③商务局的商贸流通重点支持项目：农村电商、农批农贸市场、集贸市场、超市和农家店、配送中心、农产品直销网点等	
	④科技局农业科技成果转化资金项目：依据《中央财政农业科技成果转化与技术推广服务补助资金管理办法》	

资料来源：[155]

二、市场需求的拉动力

休闲农业纵贯生产、生活、生态与生命的包容性，横联一、二、三次产业的集聚性，引起国家和各级政府对这一新兴产业的高度重视。近年来，国家相关政策的出台和重大举措的推行，为休闲农业的转型升级开创了极为有利的市场环境和发展基础，促进了休闲农业的快速发展。

（一）休闲农业产业发展的市场前景

近年来，在市场供求的作用下，我国休闲农业的市场规模不断扩大。根据农业部公布的统计数据及相关研究机构的统计数据整理如图3-1、图3-2所示。2007年年底，全国休闲农业接待人数3亿人次，年营业收入为400亿元。2012年年底，全国休闲农业接待人数达到8亿人次，年营业收入额达到2400亿元。2012年的接待人数和营业收入分别是2007年的2.67和6

倍,年增长率分别达到21.7%和43.1%。截至2016年,全国休闲农业和乡村旅游共接待游客近21亿人次,营业收入超过5 700亿元,从业人员845万人,带动672万户农民受益。2016年的接待人数和营业收入分别是2012年的2.63和2.38倍,年增长率分别达到27.3%和24.1%[156-158]。

另据《中国休闲农业和乡村旅游发展研究报告（2016年度）》显示,全国休闲农业和现存旅游上规模的经营主体达30.57万个,比上年增加近4万个。2016年,农业部围绕休闲农业扶持政策、发展战略等开展培训和交流,培训各类人员4 000余名。全国共创建休闲农业和乡村旅游示范县328个,推介中国美丽休闲乡村370个,认定中国重要农业文化遗产62项,在全国培育了一批生态环境优、产业优势大、示范带动能力强的发展典范。全国休闲农业和乡村旅游蓬勃发展,已经逐渐成为市民出行旅游的首选[159]。

到2020年,休闲农业成为横跨农村一、二、三产业的新兴产业,成为促进农民就业增收和满足居民休闲需求的民生产业。预计"十三五"期间,我国休闲农业接待人次和经营收入年均增长15%左右,到2020年,我国休闲农业市场规模有望接近7 665亿元。

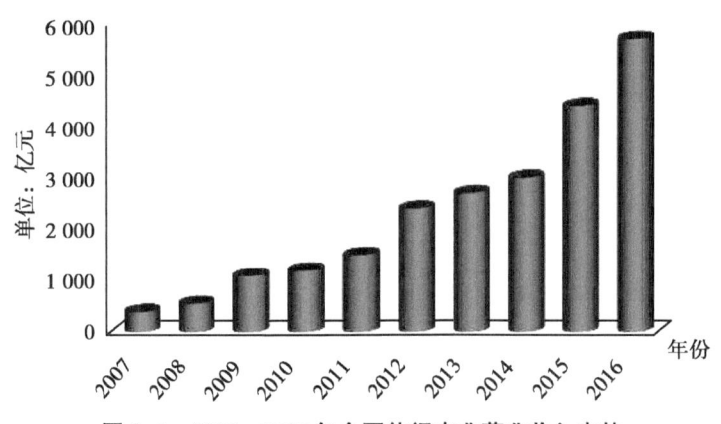

图3-1　2007—2016年全国休闲农业营业收入走势

（二）休闲农业产业发展的市场基础

1. 投资需求拉动为休闲农业发展提供资金和市场

拉动内需是我国一项长期的基本国策。国家通过投资需求的拉动为休闲农业发展提供了所需的资金。例如,大量的休闲农业项目补贴政策,鼓励投资经营者申报休闲农业生产项目;灵活的农村用地和土地流转政策,允许投资经营者通过合理合法的渠道获得规模化土地;多元化的投融资机制改革,

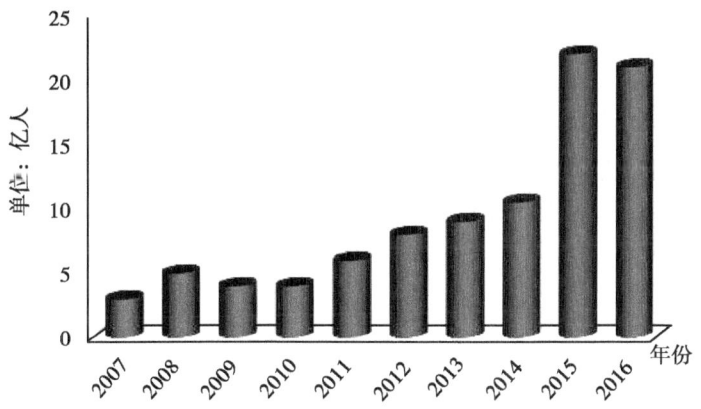

图 3-2　2007—2016 年全国休闲农业接待游客人次走势

鼓励金融机构通过债权、股权、资产支持计划等多种方式，支持农业 PPP 项目。投资需求的拉动引导大量社会资本投入休闲农业项目创业，一方面支持具备条件的龙头企业进行技术改造和资产重组，提升市场竞争力和抗风险能力，扶持龙头企业做大做强；另一方面，加大对农村基础设施的投入，改善农村的水、电、路、通讯等基础设施条件，在改善村容村貌的同时，为休闲农业发展打下了良好基础[160]。

2. 消费需求增长成为休闲农业发展的动力源泉

我国已经步入中等收入国家的行列，根据马斯洛需求层次理论，在满足了基本生存需求的前提下，人们将会追求更高层次的自我实现需求。越来越多的城市居民开始走出城市，去郊区和农村体验不一样的生活感受，满足自己精神的愉悦和解脱。人们消费观念和消费方式的转变，使得人们渴望旅游的需求日益增长，而庞大的市场需求无疑成为拉动休闲农业蓬勃发展的动力源泉。

（1）城市化拉动市场消费需求的增长。根据国家统计局公布的数字，截至 2017 年年末全国大陆总人口 139 008 万人，比上年末增加 737 万人，其中城镇常住人口 81 347 万人，占总人口比重（常住人口城镇化率）为 58.52%，比上年末提高 1.17 个百分点[161]。随着城市化水平的提高，越来越多的农村人口聚居到城市中来，在城镇将会产生巨大的消费市场，从而促进城镇第三产业的快速发展，带动城镇居民收入水平的增加。对于农民来说，随着城市人口的不断增加，将为农产品提供更大的消费市场，农产品"卖难"的问题将会从根本上缓解；城市人口对于农产品需求的扩大，将刺激农民扩大生产，使农村居民的收入增加，从而使农民的整体消费水平得到显著提高[162]。

（2）居民收入水平上升带动休闲农业消费升级。2017年全国居民人均可支配收入25 974元，比上年增长9.0%，扣除价格因素，实际增长7.3%。全国居民人均可支配收入中位数22 408元，增长7.3%。按常住地分，城镇居民人均可支配收入36 396元，比上年增长8.3%，扣除价格因素，实际增长6.5%。城镇居民人均可支配收入中位数33 834元，增长7.2%。农村居民人均可支配收入13 432元，比上年增长8.6%，扣除价格因素，实际增长7.3%。农村居民人均可支配收入中位数11 969元，增长7.4%[161]。国际经验表明，当一个国家或地区人均GDP达到1 000美元时，观光性旅游急剧膨胀；达到2 000美元时，基本形成对休闲服务的多样性需求和多样化选择；达到3 000美元时，就会形成休闲度假的消费需求，休闲消费能力显著增强。未来20年，我国人均GDP水平将进一步提高，预计居民人均年休闲旅游将超过5次，全国休闲旅游市场规模将超过80亿人次，呈爆发式增长态势[163-164]。

（3）闲暇时光增多为休闲农业发展提供时间保障。《国民旅游休闲纲要》已经颁布实施，这必将进一步推动带薪休假制度的落实。随着国家对法定节假日的不断优化调整，除带薪休假外，工薪阶层全年法定节假日增加到115天，特别是3天以内的假期占101天，最适合进行低价、短途、短时的消费，休闲农业势必成为消费的主战场。

3. 投资经营主体为休闲农业发展提供强大动力

（1）农民积极参与休闲农业发展。目前，农民是国内休闲农业的经营参与主体，农产品销售是休闲农业的重要收入来源。2016年全国休闲农业和乡村旅游投资金额约3 000亿元，比2015年增加400亿元，同比增长15.38%，从业人员845万，带动672万户农民受益。农民通过从事休闲农业旅游服务，实现了就业增收，得到了实惠，参与休闲农业积极性高涨。

（2）民间资本下乡的趋势形成。根据国家统计局数据，2017年全年在固定资产投资（不含农户）中，第一产业投资20 892亿元，比上年增长11.8%[161]。其中，在农产品加工业、休闲农业乡村旅游、农业废弃物的资源化利用、农村电商、农业特色小镇等新产业、新业态上，投资趋势比较明显。工商资本着眼于休闲农业较高的效益和良好的发展前景，投资参与的积极性也较高。民间资本下乡带动了休闲农业产业消费升级，政策效应已经开始显现。

（3）地方政府成为发展的有力保障。地方政府看到了休闲农业对于推动经济发展的重要作用，进一步整合和完善相关扶持政策，在土地、资金、人才、税收等方面尽可能给予优惠，增强经营者的发展信心；加快建立完善行业标准，加强日常检查、监督管理和从业人员培训，维护游客的合法权益；加大招商引资力度，拓宽融资渠道，积极探索休闲农业发展新模式[165]。

三、技术创新的推动力

（一）农业科技发展推动生产方式转变

现代农业技术是技术领域的重要组成部分，对于人类生活和经济发展有着重要的影响。实现农业持续稳定发展、长期确保农产品有效供给，根本出路在科技。农业科技是确保国家粮食安全的基础支撑，是突破资源环境约束的必然选择，是加快现代农业建设的决定力量[166]。我国始终坚持科教兴农的战略，面向产业需求，着力突破农业重大关键技术和共性技术；然而，与发达国家相比，我国农业的集约化水平还比较低，主要表现在使用大量化肥和农药以及单一的作物品种，这对土壤、水体、大气及生物多样性造成了巨大的负面影响。由此导致农产品质量安全频发，农产品在国际市场竞争力偏弱，农民文化素质较低，不能适应现代农业发展的要求。

我国农业必须转变发展方式，走有机、生态、高效的低碳农业发展道路才能实现可持续发展。当前，以农业生物技术和农业信息技术为主导的农业高新技术革命，使未来农业由"资源依赖型"向"技术依赖型"转变，农业面临着观念更新、内涵深化、外延扩大的挑战。据研究，未来5~10年农业科技将发生显著变化，主要表现在5个领域的新趋势、新特点：①植物种质资源与现代育种科技发展；②动物种质资源与现代育种科技发展；③资源节约型农业科技发展；④农业生产与食品安全科技发展；⑤农业信息化与精准农业科技发展[167]。

技术创新是农业现代化发展的根本动力。每一次农业生产方式的变革和农业发展模式的形成无不伴随着农业技术的变革。工业技术革命带来了农业生产技术的变革，把农业从传统人畜耕作农业模式带到了以机械化为特征的石油农业模式。石油农业的迅速发展产生了严重的环境问题，为了缓解资源环境约束的压力而创新形成的环境友好型农业生产技术又催生了生态农业与循环农业的蓬勃发展。随着我国经济发展进入新常态，农业迫切需要由数量型增长向质量型增长转变，进一步深化农业供给侧改革，壮大新产业新业态,拓展农业产业链价值链,以科技创新为驱动,培育农业农村发展新动能是农业发展的战略的又一次转变。休闲农业作为一种新型产业形态和消费业态,在服务居民、繁荣农村、保护生态、传承文化等方面具有不可替代的地位和作用,与国家正在实施的乡村振兴战略密切关联、高度契合,是乡村发展前景广阔的一项朝阳产业。

休闲农业产业从产品生产领域到加工流通领域再到消费服务领域,各个生产环节都需要有相应配套的技术支持[168]。特别是生产加工技术的创新、新型物流技术的应用、现代营销技术的推广、互联网与信息的应用和科技培训的实践,为休闲农业产业链的延伸和价值链的实现提供有力的保障。因此,科技进步对于休闲农业产业升级发展具有重要的推动作用[169]。

(二) 休闲农业产业发展技术支撑体系

当前,国家大力推行休闲农业和乡村旅游发展,加强循环农业相关技术领域的研发和推广,并在农业清洁生产、废弃物回收利用、污染防治治理、新能源开发利用、农产品精深加工技术等方面取得新进展。农业产业化经营的新技术、新工艺、新方法、新手段为保障休闲农业顺利发展提供重要技术支撑。目前,我国休闲农业发展技术体系大体由 6 部分构成[167]。

1. 农业资源节约高效利用技术体系

农业资源节约高效利用技术体系是指在农业生产的全过程中用较少的物质和能源消耗达到既定的生产目的,在源头节约资源和减少污染的技术总称。传统技术主要通过开发和使用新资源、新品种、新农艺和新农机,提高资源利用效率,减轻生产和消费过程中的环境压力,以达到"九节一减"的效果[170],如节水技术、配方施肥技术、病虫害综合防治技术、高效耕作栽培技术等。新技术体系包括以下方面。

(1) 耕地资源的集约利用与耕地质量定向培育科技研发体系。包括基于卫星遥感等信息技术和自动化监测技术的发展,建设智能化无线网络监测体系与分布式数据采集与管理平台;土壤肥力评价和土壤肥力演变规律的研究;土壤环境质量、健康质量的培育技术和土壤质量的恢复重建技术体系,障碍土壤改良的生物、耕作和化学改良剂技术。

(2) 农田生态系统节水技术体系和建设流域水资源保障体系。包括通过工程技术,建立最低水消耗的输水系统;水源配水、墒情预报、田间灌溉等自动化控制系统和综合农业技术措施的集成体系;旱地节水农业发展综合技术体系;利用封闭型农田气候工程,抑制棵间土壤蒸发;发展抗蒸化学剂抑制土壤蒸发和减少作物蒸腾;开发基于 ET 管理的真实农业节水新技术;

基于流域知识管理的农业节水型社会科技和政策。

2. 农林废弃物资源化利用技术体系

农林废弃物资源化利用技术体系是指能够将农业生产或生活消费过程产生的农林固体废弃物（作物秸秆、人畜粪便、生活垃圾、加工剩余物等）再次转变成有用的资源及产品的技术总称。传统技术主要通过生物质固化、生物质液化、生物质气化、生物质热解、生物质发酵和生物质直接燃烧等生物质能源转化技术，将有机废弃物进行饲料化、能源化、肥料化及材料化的循环利用[171]。

当前，针对畜禽粪污、病死畜禽、农作物秸秆、废旧农膜及废弃农药包装物等不同废弃物特点，优化集成技术方案，探索有效利用路径。例如，基于生态健康循环理论的循环种养技术模式，将全域营养源经过多重生物转化，借助多种生物体自身纯天然的生物降解、合成、富集和沉积作用等，从而转化形成综合营养素体系。国家提倡充分利用集成成式发酵技术、沼气发酵技术、生物有机肥生产技术、固体粪便堆肥技术和水肥一体化实用技术等高效粪污资源化利用技术，改进优化无害化处理设施设备，实现污染物有效消纳与低排放[172]。

3. 农业生产与食品安全技术体系

未来人们将更加注重有机食品和自然食品的消费，支撑食品安全的生产技术将成为食品安全的重要技术，也是休闲农业发展不可或缺的重要技术[167]。

（1）食品安全技术体系。包括替代化学品的农业生物技术、生物肥料与农药；生物综合防治技术和新型农药；植物抗性诱导因子的开发并应用到植物病害的防治；畜禽水产营养代谢及其调控技术；动物环境控制及其饲养技术；动物排泄物无害化增值处理技术方法；动物养殖过程疾病控制和健康养殖标准制订；土壤污染和水质污染的生物修复技术。

（2）食品安全监控技术体系。包括农产品质量安全过程控制技术体系，实现从"农田到餐桌"的全过程管理，建立从源头治理到最终消费的监控体系；加快研发对食品安全的关键检测技术创新和应用；建立危险性快速评估技术体系。

4. 生态产业工程与景观设计技术体系

农业生态产业工程设计系统化技术体系是指在系统工程和生态工程指导下，在农业生产过程中，通过食物链的合理构建、农业各产业部门的科学组合，实现农业生态环境的保护，以及农业生产中物质、能量、资金、技术最优化的技术总称。

（1）生态环境保护技术体系。包括保护农业生态环境、防止生态退化的水土流失控制技术、农业生态环境综合整治技术、生态系统的恢复与重建技术、生态农业配套技术、环境污染治理与控制技术、微生物农药和肥料技术等。

（2）生态农业立体种植模式。包括北方"四位一体"生态农业模式和技术、产业优化与农业结构调整技术、设施农业技术、立体种植和养殖技术等；休闲农业园区立体种植技术，通过乔灌草的立体种植，利用动植物、微生物等生物群落进行农田病虫害的防治，同时又能够抑制杂草的生长，提升农田生态系统的自我修复功能。

（3）生态景观工程设计技术体系。包括生态护坡技术，利用植物及植物与工程材料相结合的方法，在边坡上构建具有生态功能的护坡系统；水质综合修复与净化技术，通过对物理方法、化学方法、生物方法等水质净化技术，包括土壤渗滤技术、人工湿地技术、稳定塘技术、人工浮岛技术等的综合运用，保持城市河道水质，且实现稳步提高的理想效果；河道景观设计技术，包括河道护岸形式、景观节点和景区的设置、河堤连续生态绿地的塑造、水生植物的选择、亲水活动设施的建设、生态驳岸设置等多种形式构造理想的城市河道景观[173]。

5. 农业信息化与精准农业技术体系

农业信息化建设有利于农业生产模式从传统型向现代型转变，先进的信息收集、处理和传递技术能有效地克服农业生产的分散化和小型化。未来农业信息化技术发展将瞄准3个方向[167][174-175]。

（1）农业信息服务网络化技术体系。包括农业资源调查、动植物生产过程中的信息采集系统；农业数据资源与科研设备资源的管理与共享机制；农业虚拟化研究网络化平台建设；农业生产、资源、气象、运输、储存、加工和市场等信息服务的网络化体系技术的研发和应用；农业信息、专家系统、市场预测模型和基于空间技术、遥感技术、传感技术、GPS、GIS、智能化技术等重大关键技术的研发及其在农业中的应用。

（2）种养业信息化管理技术体系。包括种业企业管理信息化技术；面向种子用户和零售商的信息化服务技术；种业监管信息化技术；种养业生产和资源信息管理系统技术；农业生产过程环境和生物信息监测技术；农作物和畜禽水产种养管理模型及决策系统；作物生长过程的形态演变模型；生态生理模型和计算机可视化模型等。

(3) 精准农业技术体系。包括全球定位系统；地理信息系统 GIS (Geographical Information System)；遥感系统 RS (Remote Sensing)；作物生产管理专家决策系统；智能农业决策支持系统；田间肥力、墒情、苗情、杂草及病虫害监测及信息采集处理技术设备；带 GPS 系统的智能化农业机械装备技术等。

6. 新型物流及现代营销技术体系

现代物流（Modern Logistics）指的是将信息、运输、仓储、库存、装卸搬运以及包装等物流活动综合起来的一种新型的集成式管理，其任务是尽可能降低物流的总成本，为顾客提供最好的服务。现代物流技术除了传统的储存、运输、包装、流通加工等服务外，在外延上向上扩展至市场调查与预测、采购及订单处理，向下延伸至配送、物流咨询、物流方案的选择与规划、库存控制策略建议、货款回收与结算、教育培训等增值服务；在内涵上则提高了以上服务对决策的支持作用[176]。

新型物流技术体系有条形码技术，包括一维码、二维码技术；射频卡技术，也叫 RFID 技术；网络通讯技术，包括有线、无线、局域网、VPN、移动网络技术等；信息系统，包括通讯软件、业务系统、结算系统、客户关系系统、绩效业绩和评估系统；数据库技术，包括分布式数据库、集中管理式数据库、数据仓库；输运和车辆跟踪以及地理信息系统导航系统，包括 GPS、GIS 等；自动控制和通讯调度系统，包括各种 WCS、组态软件等；温控和调节、消防和安防报警、通风换气、照明控制系统等[177]。

现代营销是企业整体营销战略的一个组成部分，是为实现企业总体经营目标所进行的，以互联网为基本手段营造网上经营环境的各种活动。随着互联网以及移动终端多元化发展，传统意义上的销售模式受到很大的冲击。

现代销售模式主要分为互联网模式和移动终端模式。互联网销售模式包括 B2B 模式营销、搜索引擎广告营销、E-mail 营销、博客营销、播客营销、SN 营销、创意广告营销、知识型营销等。移动终端模式包括 App（移动智能终端）、微信公众平台等[178]。

第四章　发展休闲农业的现实选择与意义

第一节　休闲农业是农业转型升级的现实选择

一、农业和农村经济发展存在的问题

近年来，我国农业和农村发展不断迈上新台阶；特别是农业在转方式、调结构、促改革等方面取得了新的进展，为下一步转型升级打下一定基础。但是，我国现阶段农业和农村经济发展依然存在一些突出问题，主要表现在以下3个方面[179]。

1. 资源环境约束趋紧与农业发展方式粗放的问题依然突出

我国资源相对短缺，人口对自然资源的压力较大。但是，目前在工业化和城镇化的引导下，农民逐渐走出去。人手短缺以及农业技术落后等都会导致对土地资源和水资源等粗放式的利用。据统计，到2013年，我国人均耕地面积不足0.1hm²，不到世界平均水平的1/2。而水资源方面，我国人均拥有量仅为世界平均水平的1/4，且水资源分布南北差异较大，每年农业灌溉缺水量约300亿m³。受长期粗放型农业增长方式的影响，我国农业资源数量的减少和质量的下降都已进入硬约束时期。我国农业资源紧缺，走浅层开发利用、粗放低产、自然农业已无出路。传统的农业生产、经营方式在资源与环境等的约束下亟须转变。因此，摒弃粗放型农业经营模式，走低碳环保、可持续发展道路已是大势所趋[180]。

2. 农产品市场深度融合与农业竞争力不强的问题日益凸显

"十三五"时期，农业现代化的内外部环境更加错综复杂。在居民消费结构升级的背景下，部分农产品供求结构性失衡的问题日益凸显。优质化、多样化、专用化农产品发展相对滞后，大豆供需缺口进一步扩大，玉米增产超过了需求增长，部分农产品库存过多，确保供给总量与结构平衡的难度加

大。我国农业大而不强、多而不优的问题更加突出，其根本原因是国际竞争越来越激烈，我国农业竞争力不强。我国农产品关税水平只有世界平均水平的1/4，是世界上农业开放程度最高的国家之一。随着对外开放的继续深化，国内市场与国际市场将进一步融合，农业开放程度还会进一步提高。今后农业发展不仅面临来自农业资源丰富、农业现代化水平很高的发达国家的竞争，也将面临来自劳动力优势明显的发展中国家的竞争。国内农产品生产成本仍处在上升通道，租地、劳动力成本以及机械作业费用不断上涨，粮食等农产品缺乏价格优势[181]。

3. 农业、农村经济增速放缓与农民增收渠道变窄的问题依然存在

2008年以来，受国际金融危机持续蔓延的影响，我国农业和农村经济稳定发展面临严峻的挑战[182]，主要表现在4个方面：①农业生产效益不断下降。一方面，农产品价格下降，全球粮食等主要农产品普遍增产，国际农产品市场供大于求的格局导致国内大宗农产品下跌的趋势势在必行。另一方面，农业生产成本升高，随着石油等资源价格的快速上涨，农产品生产成本的提高不可避免。②农产品贸易形式严峻。我国多数农产品在国际贸易缺乏明显的竞争优势，主要表现为初级农产品品种单一，导致了我国加工型农产品的多样化与发达国家相距更远；我国的农产品品质与发达国家有较大差距，在种植业和养殖业方面对现代科技的运用较欠缺，没有达到良种化[183]。③农民收入增幅下降。由于中小乡镇企业和农产品加工企业生产效益下滑，转移就业促进农民收入增长的空间收窄，家庭经营收入和工资性收入增速放缓。④农产品质量安全隐患较大。农产品质量安全主要风险来源有产地环境污染、农业投入品残留、生产及加工过程中非法添加违禁物质、病原微生物及寄生虫污染、制假售假、动植物疫病、农产品自身毒素及其代谢产物，以及收贮运过程中原料、产品、包装、设备污染等[184]。目前，我国的农产品质量安全存在的突出问题是生产经营者的质量安全意识仍不高；县、乡、村（生产基地）农产品质量安全防控体系建设偏弱；法律法规相对缺失并缺乏有效的监管。

二、休闲农业是现代农业的转型升级

（一）休闲农业是社会可持续发展的重要途径

休闲农业带动了农业经济发展转型。休闲农业更加注重第一产业的发展转型，通过多品种农作物的种植，有效地实现了空间的合理开发利用，增加了农业生产价值；通过先进技术设备的应用，真正实现了农产品精深加工，

充分挖掘农作物的潜在价值,促进了经济效益的提高;通过农林牧游资源的合理分配与布局,促进农村第二产业和第三产业的共同发展,实现了农业经济发展转型,促进了农业经济的可持续发展。休闲农业促进了生态环境和传统文化的持续发展,成为社会可持续发展的一个重要途径。农村正面临着工业"三废"污染、城市垃圾污染及农业本身面源污染等环境问题。休闲农业的出现,将农业发展与改善生态环境有机地结合起来,使农业在发挥主体经济功能的同时,还能创造良好的生存环境。通过引入当地的民俗、文化,开发经营项目,休闲农业旅游增加了人们对传统文化的认识,因而更加注重对特色文化的引入和保护,使得传统文化得到保护和发展。

(二) 休闲农业是与世界农业接轨的重要选择

目前,我国农业正逐步由劳动密集型向技术型集约型农业发展。休闲农业突破了传统农业的发展模式,不再局限于农产品的产量,寻求农业休闲、观光、旅游资源的开发,获得更广阔的发展空间。一方面,休闲农业是利用田园景观、自然生态及环境资源,结合农林牧渔生产、农业经营活动、农村文化及农家生活,开展的供人们休闲娱乐、体验"三农"生活的新型经营活动。通过农业与旅游业的有机结合,形成多元化的产业形态和多功能的现代产业体系,构建生态环保、高效、低耗的农业新模式。发展集约型效益农业是我国现代农业建设的必由之路。另一方面,休闲农业依托现代高新技术,以生态环保为理念,整体提高农村第一产业发展水平。休闲农业产业园区大力推进绿色种养殖、有机种养殖,使更多的农村种养殖者能够认识到科学种养殖带来的环境效益和个人收益的双赢。另外,提升农产品加工业为主的农村第二产业的科技含量,培育高附加值的绿色生态农产品。休闲农业产业的广阔前景已被普遍认同,因此休闲农业是中国农业与世界农业接轨的一个重要选择。

(三) 休闲农业是推进城乡一体化发展的重要载体

近年来,我国政府将农业供给侧改革作为转化农业、农村、农民"三农"发展动能的主要抓手,进行了很多方面的改革尝试。在现代农业"提质升级"方面,休闲农业集生态农业、循环农业、创意农业和体验农业于一体,以园区和空间创新带动产业优化、链条延伸,有助于实现一、二、三产业的深度融合,打造具有鲜明特色和市场竞争力的"第六产业",实现现有产业及载体(农庄、田园综合体、农场、农业园区、农业特色小镇等)的升级换代。

休闲农业的社会功能体现在4个方面:①促进城乡交流;②推进农村社

会发展；③提升农民生活品质；④缩短城乡差距，有利于社会稳定。休闲农业以农业为依托，以农村为空间，以农民为主体，以城市居民为客源，能够实现"大农业"与"大旅游"的有机结合，使城乡互为资源、互为市场、互为环境，在加快城乡经济文化融合和三次产业联动发展、缩小城乡差别、加快城乡一体化进程方面发挥重要作用。休闲农业的发展可以积极地促进城市居民到农村观光旅游，给城乡居民交流提供平台，拓展农村居民的人际关系，促进城乡居民相互了解和支持。休闲农业是推进城乡一体化发展的重要载体和有效途径。

(四) 休闲农业是促进农业资源要素整合的重要手段

休闲农业在充分挖掘和有效利用土地、生态、劳力、资金等要素进行有效整合，推动农村进一步发展具有其特殊功能。主要表现在以下3个方面：①为多元文化投资提供了有效平台。休闲农业的兴起和发展，使得民间资本和工商资本开始投资到土地征购。②能有效推动土地流转。休闲农业的发展，有力地促进了农村闲置土地，特别是山地的流转。通过实施农业的规模经营，提高了土地资源的利用率，也增加了农户的收入。③开发了人文资源和生态环境资源。休闲农业的兴起，使原先被视为劣势的"穷山恶水"变成"山清水秀"的优势资源。"绿水青山就是金山银山"的科学论断既包含着重要的经济价值和民生价值，也蕴含着深厚的文化价值和生态价值。

休闲农业不仅在过去"吃、住、行、游、购、娱"六大旅游要素的基础上扩展增加了文化、教育、体验、加工、康养等多种新元素，而且将传统的农耕文化资源、民俗艺术资源、城市流行文化资源等充分吸纳、融汇、贯通，建设资源要素无边界的"农业+旅游服务"产业新业态。因此，通过休闲农业旅游项目设计和开发，大大提升了人文历史资源和生态环境资源的外部性价值。

第二节 休闲农业促进农村经济可持续发展

一、发展休闲农业是产业升级换代的客观要求

目前，我国农业经济增长方式正面临着由数量型增长向质量型增长的转变，也可以理解成由资源消耗型向资源节约型、由传统单一生产型向绿色集约高效型的转变。为了实现农业经济增长方式的转变，国家从改进生产力的结构因素和创新生产关系的组织因素2个方面采取各种政策和措施，不断提

高在农业基础设施、农业技术装备、农村人才培养、农业科技推广、农产品市场流通等方面的投入，推动农业生产力发生质的飞跃。然而，长期以来我国农业以小农户为主体的生产经营模式规模小、生产技术水平低、组织化程度低，供给能力偏弱，缺少统一化标准和品牌化包装，使其产品质量差不能适应大市场需要，因此，当前迫切需要转变农业产业发展模式，打破传统农业发展路径依赖，发展农业新产业和新业态，开辟现代农业发展的崭新路径。

休闲农业的产生遵循农业模式的演变规律，适应城市居民消费结构的变化特征，从生产、生活、生态3个方面实现了对于传统农业的升级和替代。

（1）生产方面，休闲农业以特色优势产业为基础，以市场需求为导向，向一、二、三产业融合要效益、向品牌经营要利润、向技术进步要效率，全面推进农业生产节本降耗、提质增效。通过实施生态、有机、无害化的种养结合模式，确保了产品品质，使农产品供给的数量、品种和质量契合消费者需要；通过资本、技术、市场资源的再输入，促进农产品的精深加工，增加拓展产业环节，延长产业链条，增加农产品的附加值。

（2）生活方面，休闲农业把农民从单一依靠土地种植获得收益的生产模式中解脱出来，通过大力发展旅游、餐饮、住宿、购物、交通、文化等行业，创造更多的就业机会；不但在一定程度上缓解农村劳动力的过剩问题，而且吸纳了更多的建设资金，完成了农村水、电、路、通讯等基础设施建设的改造，改善了农民的生活环境。

（3）生态方面，休闲农业主动改善环境卫生、提升环境品质、维护自然生态均衡；支持传统古村落的保护，传承悠久的民俗文化，倡导生态健康的生活方式，从人文情怀和乡土情怀的体验感悟中，吸引不同层面的消费者，增加各种服务性收入。

二、发展休闲农业是农民脱贫致富的有效途径

中国特色社会主义进入新时代，增加农民收入，提高农民的支付能力和消费水平，不仅是扩大内需的短期政策要求，而且是促进农业和农村经济发展的长期政策目标；特别是在我国全面建设小康社会的决胜阶段，打好精准脱贫的攻坚战，提高农村贫困人口的收入水平，是国家农业和农村经济发展的核心任务和决胜目标。休闲农业在助力农村脱贫致富的历史节点上发挥了重要的作用，其充分挖掘农业产业内部的增收潜力，在保护和提高粮食综合生产能力的前提下，调整种植结构和思路，走精细化、绿色化、特色化的道

路;积极发展农业产业化经营,着重在农产品深加工、提升附加值方面下功夫,开辟农民增收新渠道;谋求农业与旅游协同发展的道路,使农民摆脱单纯地依靠数量增长增收的方式,让乡村自然、绿色、质朴的资源要素转变成农民增收的重要筹码。

休闲农业引导农民增收的路径概括分析有以下3个方面。

(1) 休闲农业以产业链延伸带动农民增收。休闲农业以农业龙头企业为带动,支持龙头企业建设稳定的原料生产基地、为农户贷款担保等方式,使其与农户结成捆绑在一起的利益共同体。引导农户自愿以土地经营权入股龙头企业和农民合作社,采取"保底收益+按股分红"等方式,让农户成为能够享受加工销售环节收益的"股东"。支持粮食主产区发展粮食深加工,建设农产品加工技术集成基地,培育一批农产品精深加工领军企业和国内外知名品牌。

(2) 休闲农业以创新产业业态的培育促进农民增收。休闲农业整合区域优势资源要素,建立以特色产业为依托的现代农业示范园区,园区的建设以促进农业提质增效、农民收入增加、居民休闲消费为目标,以美丽田园为底蕴、以农耕文化为灵魂、以特色产品为吸引、以科技创新为亮点,将休闲农业与乡村旅游发展与农耕文化、美丽乡村、生态文明、现代农业和农民创业创新融为一体。

(3) 休闲农业以国家相关扶持政策为依据确保农民增收。近年来,国务院及相关部委积极鼓励发展休闲农业,为了盘活农村闲置资源资产,拉动农村经济发展,吸引更多的人才、资金、技术回流农村,国家和地方政府相继出台了休闲农业的支持政策,包括农村集体产权制度改革、土地政策优惠、资金补贴红利、基础配套设施、技术支持等多种形式。总之,休闲农业作为国家决胜脱贫致富攻坚阶段大力培育的新产业和新业态,正在蓬勃兴起并快速发展成为农民增收的重要支撑产业。

三、发展休闲农业是转变生产方式的重要举措

近年来,我国农业和农村经济发展取得巨大成就,然而在经济发展进入新常态下,农业发展正面临着来自农业自身发展要求及国际竞争压力的严峻挑战,加快转变农业发展方式已成为农业和农村经济亟待解决的首要问题。然而,转变农业发展方式必须认清制约农业发展的根本原因,从源头上着手,彻底改变农业粗放、无序、高耗能、低效率的局面。根据近年来中央一号文件的政策内容解读,以及国务院办公厅《关于加快转变农业发展方式

的意见》精神，借鉴国内社会各界的研究观点，当前制约农业发展的因素主要有3个方面：①土地经营过于分散，阻碍了农业生产的规模化和现代化；②农民缺乏有效组织，导致农业技术推广系统无法发挥作用；③缺乏适应现代农业的市场流通管理系统，造成农民无法融入市场经济体系，在市场竞争中处于被动地位而不能获得应有权益。因此，要转变农业发展方式，就必须解决好制约现代农业发展的生产组织方式和价值增值方式创新的问题。

休闲农业以更高效更高质的生产组织和发展方式，成为未来我国农业发展的主导方向。同时，城市对乡村文化交流和休闲需求的上升为休闲农业的发展带来更多的机遇和更广阔的空间。2017年，中央一号文件首次提出"田园综合体"的概念，不仅为休闲农业的转型升级指明发展方向，也为农业发展方式的转变提供了创新思路。田园综合体是一种新型的组织形式，是一、二、三产业相互融合渗透的新趋势，也是休闲农业发展的创新模式。首先，田园综合体以农民合作社为载体，创新了农业生产组织方式，让农民充分参与使其受益。这种组织模式就是以企业和地方合作的方式，通过跨产业、多功能的综合规划，实现多功能、多业态业务部门间的综合运营，以求达到相关产业综合发展，形成乡村社会产业发展的广阔空间。其次，田园综合体以农业产业链延伸为目标，创新了生产价值增值方式，让农民从每个增值环节中受益。田园综合体以循环农业为基础，兼顾环境保护，以产品创意为关键，强调市场需求，将农业的产前、产中和产后环节连接为完整的产业链条，将农产品与文化、创意和民俗结合起来，促进产业融合；以农事体验为动力，突出文化传承，将农业生产、农耕文化和农家生活转变成商品消费，让城市居民身临其境体验农业、农事、农情，满足愉悦身心的需求，形成新业态。休闲农业在充分发挥农业多功能性的过程中，促进农业生产全环节升级、全链条升值；其作为一种新的农业经济增长方式是生产方式转变的实践表现和有效途径。

四、发展休闲农业是乡村振兴战略的必然选择

实施乡村振兴战略，是解决新时代我国社会主要矛盾、实现"两个一百年"奋斗目标的必然要求，具有重大现实意义。正如社会各界所认识的一样，乡村振兴产业兴旺是重点，生态宜居是关键，文化传承是根基。乡村与城市相比，具有竞争力的要素有3个，即产品、环境和文化。因此，只有从提高产品质量、保护生态环境、弘扬农耕文化上下功夫、做文章，才能把乡村振兴战略落到实处，才能让农民真正从生产实践的参与中受益，才能使农民获得更多的幸福感和安全感。国家制定的《乡村振兴规划2018—2020年》从政策、技术、产业、金融、旅游、教育、人才、特色8个方面，大力支持休闲农业的发展，发展休闲农业是乡村振兴战略的必然选择。

休闲农业具有效益高、观赏性强的特点，是新时代实现农业产业兴旺的首要选择。休闲农业是第一、二、三产业高度融合的新型产业业态，产业链条长，可提供劳动力就业机会多，能有效提升农村产业的劳动生产率、土地产出率、资源利用率，让农业"有干头、有赚头、有奔头、有念头"，可以较好地满足农民"居家致富、创业就业"的新期盼，有利于促进农民增收，繁荣农村经济。一是做"特"第一产业，充分发挥区域资源优势，优化农业产业布局，构建特色优势产业为主，基础产业为辅的发展格局；瞄准国内外消费市场打造知名品牌，提高特色农产品的竞争力，打通农民增收的第一条渠道。二是做"强"第二产业，推动农产品加工产能向主产区聚集发展，支持主产区农产品就地就近加工转化增值；推动初加工、精深加工、综合利用加工和主食加工协调发展，促进加工副产物资源化利用，引导建立低碳、低耗、循环、高效的绿色加工体系，建立绿色加工先行区；三是做"活"第三产业，发展文化旅游产业，充分利用农业景观资源和农业生产条件，建设融观光、休闲、旅游为一体的新型农业生产经营形态，全力打造多亮点、高品味、原生态的旅游景点，唱响地区特色高端旅游品牌。

休闲农业源于农业、建在农村、惠及农民。休闲农业是农村环境改善的实用工具，是农民收入增加的重要砝码，更是美丽乡村建设的核心实力和旅游名片。通过发展休闲农业，引导农业龙头企业和农民合作社的发展，促进农村休闲农业产业聚集；推动农村道路、住宿、餐饮等基础设施的建设，改善农村的村容风貌和公共服务水平；重新发掘与开发农村文化资源价值，不仅促进了特色乡土民俗文化的传承和保护，还推动形成支撑美丽乡村名片的核心产业。

第五章 国外休闲农业发展概况与模式

第一节 国外休闲农业发展概况

一、德国休闲农业

1. 德国休闲农业发展历史

德国的休闲农业大致可分为度假农场、乡村博物馆及市民农园3种类型。其中,度假农场的发展可追溯至1960年,乡村博物馆起源于1973年在奥地利展示的民俗村,而德国休闲农业作为欧美休闲农业中比较有代表性的是市民农园,它起源于中世纪德国的Klien Garden。Klien Garden是当时许多德国人为享受亲自栽培作物的乐趣,在自家庭院中划分的小块园艺用地形式。到19世纪后半叶德国推行"市民农园"体制,这成为德国休闲农业的真正发端。那时,德国政府为每户居民提供一小块荒地,让他们用作自家的小菜园,以实现蔬菜的自给自足,其目的是:树立健康生活理念,让住在狭窄公寓里的都市居民能够获取充足的营养。历经多年的发展,市民农园的主旨已成为为市民提供体验农家生活机会,使久居都市的人享受田园之乐。目前,市民农园呈兴旺发展之势,其产品总产值已占到德国农业总产值的1/3[185-186]。

德国是世界上最早制定市民农园法律的国家之一,1919年便制定了《市民农园法》,并于1983年进行了修订。市民农园广泛地存在于德国的都市或中小城镇中,是由政府或农民将位于都市或近郊的农地出租给城市居民,以种植花草、蔬菜、果树或经营家庭农艺等。其主要目的是让市民体验农业生产经营的过程,获得耕作的乐趣,分享"农耕文化"。市民农园土地来源于两大部分:一部分是镇、县政府提供的共有土地,一部分是居民提供的私有土地。每个市民农园的规模约2hm^2,大约50户市民组成一个集团,共同承租市民农园，每个承租人租地 100m²。租赁者与政府签订为期 25~30 年的试用合同，自行决定如何经营，但其产品不能出售。若承租人不想继续经营，可中途退出或转让，市民农园委员会选出新的承租人继续租赁，新承租人要承担原承租人合理的已投入费用。2006 年，德国市民农园发展势头兴旺，承租者已超过 80 万人，其产品总产值占全国农业总产值的 1/3。

德国休闲农庄就是孩子在农庄与小动物一起休憩和度假。德国的休闲农庄可分为普通农庄、儿童体验农庄、参与型农庄、骑马农庄、酒庄、有机农场、水疗康体农场、度假农场、历史建筑农庄、果园农庄、鱼庄、农庄酒店、干草度假屋和酒店、山区小木屋，一般德国农庄都同时具有几个特色农庄的称号[185]。

2. 德国休闲农业认证制度

德国粮农林部早在 1971 年就开始了针对农场/农家（Bauernhof）发展度假住宿服务（Urlaubsquartier）的可行性进行研究，根据都市居民休闲意向调查的结果，发现农场不仅是周末度假的良好选择，乡村环境更是适合都市居民修养身心的场所。基于此，德国农业协会（Deutsche Landwirtschafts-Gesellschaft e. V., DLG）为保障游客乡村住宿权益、休闲产品选择与安全性，及维护度假期间的休闲品质，向帝国供货条件委员会（Reichs-Ausschuss für Lieferbedingungen, RAL）提出度假农场的认证申请，开启了乡村旅游品质管理制度的开端，迄今推行乡村旅游品质认证已超过 30 年[187]。

德国农业协会于 1972 年向帝国供货条件委员会提出度假农场标章认证，即属于等级认证类，并以 RAL-RG 163/1 作为认证规范的依据，制定出度假农场品质认证计点制度（DLG-Punkt），并由经济部、财政部与粮农林部负责后续认证工作的推行。1993 年实行重大改革，将"度假农场"经营概念扩展并提升为"乡村度假"。因此，自 1994 年起乡村旅游品质认证标章分为度假农场认证标章（DLG-Gütezeichen Urlaub auf dem Bauernhof）与乡村度假检验标志（DLG- Landurlaub Prüfzeichen）两类，而相关检验项目的修订，则是取消一般观光设施的评估，同时增设休养环境（Umgebung für die Erholung）的合格认证。1995 年的修正版本，主要是扩充认证范围与项目，包括露营服务项目、休养坏境合格评鉴、照顾幼童型农场认证，以及在所有服务项目中，增列环境评估指标，以强化乡村旅游贸易的环境意识[187]。

德国农业协会评鉴乡村旅游业者的目的，在于确保游客的休闲度假品质，维护乡村环境与地区特殊性，提供干净的客房与卫生设备，维持农宅/农场秩序，丰富农场内的游戏、运动与休闲机会，保持经营者的亲善服务态度,以提高游客的接受度。目前,乡村旅游认证标章可分为度假农场与乡村度假2大类,前者指正常运营的农场兼休闲度假服务;后者则是将遭弃置的农场转作为度假休闲用途,两者除农场定位不同外,其认证内容则大同小异。这2类乡村旅游类型又可以进一步划分成4种经营类型(度假类型),即简易客房型、度假公寓与度假屋型、露营型、照顾幼童型,上述4种经营类型除共同评鉴项目外,还有不同的检验重点与内容,本研究收集整理了前人总结的不同经营类型乡村度假认证项目,见表5-1。

表5-1 不同经营类型或度假类型的乡村度假认证项目

评鉴范围	简易客房型	度假公寓与度假屋型	露营型	照顾幼童型
一般性设施	●	●	●	●
整体印象	●	●	●	●
卧房设施	●	●		●
卫生设施	●	●	●	●
膳食供应设施	●			●
用餐与交谊设施	●			●
居住与用餐设施		●		
烹饪设施/厨房		●		
其他		●		
露营搭帐场地			●	
露地交谊设施			●	
露地家务设施			●	

共同评鉴项目:使用所有度假类型,包括整体印象、安全性、经营者与服务人员、环境、服务与休闲设施。

参考文献:[187-188]

二、英国休闲农业

1. 英国休闲农业发展历程

英国是现代旅游业的发源地,更是最早提出发展农业休闲旅游产业的国家之一。一方面,高度发达的城市化为农业旅游提供了庞大的目标市场。作为世界上工业化起步最早的国家,在20世纪70年代,英国的城市人口就占全国人口的80%以上。城市人口因长久远离自然,而产生了走进乡村、亲近自然、舒缓心理压力、参与户外活动的共性心理需求,尤其是城里的孩子们由于对农村、农业陌生得很,更渴望体验田园生活;另一方面,经济快速持续增长,也催生了农业旅游。人们的可自由支配收入大幅增加,闲暇时间增多,私人汽车拥有量增多,消费需求层次提高等诸多因素,使得英国农业旅游应运而生并迅速发展起来[189]。

20世纪60—70年代,英国的农业休闲旅游开始出现并得到迅速发展,经过不到20年的时间,到80年代后期,英国的农业旅游景点就已经发展成为与手工艺品中心、主题公园、文化遗产、工厂等旅游景点齐名的时髦景点。根据英国官方的统计,1992年英国共有5552个以人造旅游景点为主的旅游景区,其中农场景点186个、葡萄园81个、乡村公园209个,占英国人造景点的1/10[190]。目前,全英近1/4的农场直接开展农业旅游。农业旅游的经营者绝大部分为农场主。每个农场景点都为游客提供参与乡村生产生活、体验农场景色氛围的机会。农场内一般设有一个农业展览馆并配以导游和解说词介绍农业工作情况,备有农场特有的手工艺品,提供餐饮、住宿服务。多数景点有儿童娱乐项目。虽然农业旅游的收入可能要大于农业生产的收入,但农业生产主体地位并没有被削弱,农业旅游始终是农场经营多样化的一个方面。从农场的经营规模、经营效益以及市场需求特点出发,各景点都坚持小型化经营的取向及私营化的管理方式。由于农业旅游者90%以上是本地区居民,所以各景点普遍运用本土化的市场战略,扩大市场,以实现利润最大化。最为重要的是,英国的农业旅游与文化旅游紧密结合起来,使游人在领略风景如画的田园风光中体味几千年历史积淀下来的民族文化[191]。

进入21世纪后,英国为鼓励发展农村经济采取积极有效的管理措施。2001年英国政府成立新的环境、食品与乡村事务部(Department for Environment, Food and Rural Affairs, DEFRA)。DEFRA以保护英国的自然环境、促进农村繁荣发展为目标,实施了一系列有关农村管理、有机耕作和经济多样化的措施,并基于相应的资金支持,有效地改善了英国的农村生态景观和基础设施。2011年,DEFRA发布关于旅游业的调查报告,2004—2010年,英国农业休闲旅游业的企业数量和就业人数分别增长了23.2%和29.9%,远高于同期城市旅游企业和就业的增长速度,农业休闲旅游企业的营业额增长了28.2%[192]。同时,从事农业休闲旅游的企业占英国农村地区的企业总数的比例超过了10%,就业人数达到12.6%,农业休闲旅游营业额占农村地区企业营业额的比例维持在7%左右。这些数据表明,农业休闲旅游不仅成为英国旅游业的重要组成部分,而且是促进英国农村经济和就业发展的重要手段。

2. 英国休闲农业发展的特征

英国已经成为世界上休闲农业最为发达的国家之一，休闲农业发展有以下特征。

（1）旅游项目丰富，注重身心体验。表现在4个方面：①游客"干农活"。英国农场主尽可能将生产活动让城里人亲身体验，让他们感受英国乡村的田园风光和风土人情。②娱乐活动多。英国各个乡村根据自身资源特色，因地制宜，举办各种乡村集市或游艺会等休闲活动，很多乡村集市举办各类竞赛和演示，也有适合小孩玩乐的游乐设施，北部乡村的娱乐休闲活动往往和山地运动结合，以此来带动乡村旅游。③吃住超便利。英国B&B（Bed&Breakfast）小旅馆随处可见，特别是在乡村，另外饭店或客房旅馆也较多。B&B小旅馆由当地人自己经营，交通便捷且收费相对低廉，已成为英国的一大特色。④商品特色化。借助乡村展会等推出特色商品以满足游客的消费需求。商品有农场自产特产，也有手工艺品和纪念品。

（2）突出英国品牌，彰显本底特色。表现在3个方面：①规模普遍小。英国各景点经营面积大小有差异，20~200英亩（8.1~81hm^2）不等，规模不大。旅游景点雇佣的员工人数一般少于10人，对景点的投资也不多。这种对景点规模的控制保证了英国农业休闲旅游项目的个性化和游客的体验质量。英国乡村旅游能够提供选择的旅游项目和主题很多，即使规模小，也可消化众多的市场需求。②主体私营化。以农场为主体的乡村旅游是在私营农场的基础上发展而来，农场主在从事农业生产时开展多种旅游经营。③市场本土化。游客对乡村旅游景点的选择性不强，只要有相应的人文风情就可满足休闲放松的需要，故无需跨区旅游。英国的乡村旅游目标市场明确，本土化运营。本地居民占休闲农业旅游主要目标市场的90%以上，大多数游客是来自本地区距离目的地2~3小时车程内的居民，而且家庭游客数占全部游客数的2/3。

（3）品牌经营管理，表现英伦风情。英国的休闲农业品牌经营管理独具匠心，非常能够体现英伦风情，表现在3个方面：①浓情田园风。2012年的伦敦奥运会，英国选定"农家乐"作为开幕式的主旋律，营造的田园风彰显了英国的本质，也是英国的灵魂——乡村文化。人们对田园生活的极度渴望促使英国乡村旅游大打田园牌。②复古城堡风。英国妥善保留的城堡式建筑、传统的民居和遗址等为英国的乡村旅游增色不少。③有机生态风。英国的现代农业和乡村旅游共同结合发展，保护农村生态环境、农场环境。

英国追求农业旅游上生态和经济的双方良性循环,协调农业发展与环境之间、资源利用与保护之间的矛盾,协同推进生态农业和乡村旅游的发展[193-194]。

三、美国休闲农业

1. 美国休闲农业发展历程

美国休闲农业的兴起可追溯至19世纪上流阶层的乡村旅游。随着城市人口的增长,城市居民收入的增加,城乡差距逐渐加大。美国人对于农村田园风光的追求和向往促使休闲农业逐渐发展起来。1880年北达科他州的休闲牧场被认为是最早的休闲农业的雏形。1925年,地区许多休闲牧场成立协会,加强与铁路公司联系和整体推介休闲农业品牌。直到1945年,东部许多的富裕家庭前往西部的蒙大拿州或怀俄明州度长假,之后这种贵族化的度假方式慢慢普及,逐渐成为中产阶层一种大众化的休闲形式[186]。

1970—1980年,美国的休闲农场迅速发展起来,美国东部的休闲农场达到500处以上。1995年美国农村客栈总收入为40亿美元。1997年美国有1 800万人前往乡村、农场度假,仅在美国东部便有1 500个观光农场,在西部还有为数众多的专门用于旅游的牧场。据统计,2004年约5万家农场从农业旅游中获得总数约9.55亿美元的额外收入,其中骑马和农场度假最为普遍,面积在400hm²以上的农场旅游收入最高[195]。

美国休闲农业得以发展的主要原因有2个:①政府建立完善的法律制度,加大农业投入。起初为解决第二次世界大战后食物生产过剩的局面,由美国农业部(USDA)协助进行农地转移计划,政府在经费和技术上协助农民转移农地非农业使用,其中一部分转移为野生动物保护。美国州立政府采取一系列扶持政策,通过引导和法律保障促进了休闲农业的发展。美国休闲农业的主要立法包括1862年的《宅地法》(Homestead Act of 1862)、1890年的《农业学院法案》(Agriculture College Act of 1890)、1914年的《史密斯—利弗合作推广法》、1935年的《班克黑德—琼斯法》和1937年的《农业法》等。②保护乡村旅游资源,合理进行产品开发。

美国的休闲农业旅游资源既包括丰富的自然景观资源,也包括多元化的人文景观资源,归纳起来可以分为3类:①文化遗产类,包括土著文化遗产、历史文化遗产、战争遗址、名人故居、工业革命遗迹等;②自然生态类,包括美国国家公园、野生动物园、风景名胜区等;③体验教育类,包括特色农业活动节事、农产品展示项目等[196]。

2. 美国休闲农业的典型模式

（1）市民农园模式。美国的市民农园已有百年历史，对美国社会、经济和文化的发展影响深远；不仅具有生产、生态和景观功能，而且有较高社会文化价值；有多种营建模式，管理体系较为完善；用地属性多为共有，以种植食用植物为主；重视节约管理和有机种植；亦有诸如租约等弊端影响其长远发展。美国市民农园的特点是在农场经营的基础上引入居民社区，农场与社区单位对点互助，使农民的农业经济收益与城市居民的身心健康挂钩，即参与进来的居民与农民共同分担成本、风险和赢利。农园尽全力为市民提供安全、新鲜、高品质且低于市场零售价格的农产品，市民为农园提供固定的销售渠道，双方互利共赢，在农产品生产与消费之间架起一座连通的桥梁。这种合作关系极大地加强了城乡居民与从业者间的关系，优化了区域食品的有效供给，并推动当地农业平稳发展[197]。

市民农园具备5大功能，即体验农耕乐趣、提供健康食物、开展休闲社交、美化绿色环境、提供退休人员或老年人消磨时间场所。生活生态型模式产生于特殊的社会人文环境，是发挥农业旅游生态功能、满足现代都市居民回归自然、放松身心的高层次旅游需求的有效途径。市民农园在北美发展很快，到19世纪90年代中期已有600多个。这种市民农园极大地加强了农民和消费者的关系，促进了当地农业和农村经济的快速发展[186]。

（2）民俗节庆型模式。民俗节庆型模式是将农耕文化、民俗风情融入传统节日或主题庆典中，通过农业节庆活动推动旅游、会展、贸易及文化等行业发展，促进经济增长并创造社会文化价值。美国南瓜节、草莓节和樱桃节是民俗节庆型农业旅游的典型。旧金山半月湾南瓜艺术节是世界著名的农业旅游节庆活动之一，每年接待游客数十万，与南瓜、万圣节相关的艺术品摊位250个左右，给当地带来约1 000万美元的直接经济收益[198]。美国比较有名的民俗节庆有北卡罗来纳州草莓节、田纳西州草莓节、加州草莓节、佛罗里达草莓节等，这些节庆旅游历史悠久、形式多样，包括草莓采摘品尝、副产品加工制作、草莓小姐选举及专门为儿童和残疾人设计的娱乐项目。民俗节庆型农业旅游活动使休闲农场、旅游企业与文化传播和娱乐企业形成紧密合作的战略联盟，通过多元化、多渠道的旅游产品营销和开发，带动主导产业加工销售快速发展，拉动了当地农民就业，促进了地区间的经济与民俗文化的交流。

四、法国休闲农业

1. 法国休闲农业的发展

法国最早的农家旅舍建于1951年,政府在1952年开始向经营家庭农舍的农民实行补贴等扶持政策并加强管理,银行也于同期向家庭农舍提供优惠贷款。在此背景下,1955年法国的家庭农舍联合会应运而生,从而标志着休闲农业旅游开始形成。19世纪70年代,法国兴起了以农庄旅游为主要形式并采用专业化经营的休闲农业浪潮。这些农场基本上是专业化经营,主要有9种形态,即农场客栈、点心农场、农产品农场、骑马农场、教学农场、探索农场、狩猎农场、民宿农场及露营农场。每一种农场的经营理念、接待对象及特点见表5-2。

表5-2　法国休闲农场9种形态模式

项目	农产类型	主要特征
1	农场客栈	以经营饭店餐饮业为主业,是现有农场动物与植物生产的延伸经营。农场客栈宪章中对餐饮限定,使用当地农产品相关烹调法。
2	点心农场	以经营农场资产点心为主,不能贩卖正餐,也不能在正餐使用时间将点心当成正餐贩卖。
3	农产品农场	持有"农产品农场"资格的农业生产者,所生产农产品主要原料需以本身农场养殖的动植物为主,次要原料可以来自农场外的产区。
4	骑马农场	以骑马和餐饮住宿为核心的农场。
5	教学农场	以接待学生,配合学习活动,给学生提供接触农业、了解农业、学习农业的机会的农场。
6	探索农场	展示农场内种植的植物、养殖的禽畜,并把当地的自然文化、人文知识融入其中一起展示。
7	狩猎农场	提供运动、文化、泛狩猎(猎狗的训练、使用捕兽器狩猎、狩猎照相)等活动。
8	民宿农场	以自营方式提供消费者住宿和休闲的农场。主要提供短期或周末时间在农场的休闲生活。
9	露营农场	以露营住宿,体验自然为核心的农场。度假者可以在农场里支帐篷,也可以开来拖车或帐篷车。

参考资料:[199]

截至2005年,法国已有1.77万农民经营休闲农业,超过5 800户农民加入全国性的联合经营组织;2007年有2.92亿人次前往乡村进行休闲,占全国旅游总人数的33.4%;农业旅游收入约244.6亿欧元,相当于全国旅游收入的1/5[198]。另有法国有机生态署近日正式公布的数据显示,2015年法国有机生态农场数量大幅增长，增幅达200个/月，有机生态农场28884个，占法国农场的6.5%，占法国农业就业人口的10%，半数有机生态农场全部或部分在农场直销产品，有机生态产品直销增长20%[200]。

2. 法国休闲农业的组织模式

法国休闲农业的发展除得益于法国良好的自然条件外，以农业合作社为特色的农业组织方式在生产中发挥了重大作用。法国从12世纪左右，开始出现农业合作社思想的萌芽。从20世纪60年代起，法国先后颁布《农业指导法》《合作社调整法》《农业合作社条例》。1985年以后，法国农业合作社发展进一步强化了原材料提供和销售功能，至此法国农业进入成熟发展期。截至目前，法国90%以上的农场主加入了农业合作社，其年营业额达1650亿欧元。法国农业合作社已形成了完整的农业产业链一体化网络，其中很多农业合作社以及农业合作社性质的联合组织甚至逐渐发展成为世界知名的大型农业和食品企业集团，如法国种业巨头利马格兰集团[201]。

法国农业生产的主体是从小农经济发展而来的、适应法国国情的中等规模的家庭农场，其生产方式形成了农业合作社与家庭农场之间既独立又合作的双层经营结构。农户家庭成员主要负责农作物的生产、游客的服务等，关于农产品的销售问题，可以加入专门从事农作物生产和销售的农村农业合作社。农业合作社由许多的农户自愿参加形成，并由其选举出农会主席及常务委员会成员，他们要负责日常农户的农作物销售管理工作，每一年要聚集所有股东开会商讨农作管理及销售情况。入会的法国农户每年将农产品提供给农会，由农会按照统一的价格收购并负责销售，如果实际销售价格高出农户提供给农会的价格，农会要将其差价补还给农户，如果实际价格更低，则由农会自行负责。这样农户与合作社之间就实现了农工商一条龙、产供销一体化经营的模式。其中，家庭农场负责农业种植和生产，而合作社则主要负责在产前、产中提供农业生产服务，产后负责运输与销售。这些做法都是为了更好地保护农户的利益，阻挡市场所带来的风险[202]。

法国休闲农业的发展还得益于非政府组织机构的联合。1998年，法国农会常务委员会（APCA）设立了农业与旅游接待服务处，并联合全国青年农民工中心、互助联盟等组织，建立了一批组织网络，以方便连接全法国各大农场片区。另外，银行对法国农户的扶持也显而易见，如法国银行对农业信贷的利率在逐年下降。在法国，与政府农业部相比较起来，农会与农业合作社更加受到农户们的青睐，农会将所有的农场主们紧密地联系在一起，真正自己做了主人。可见，非政府组织机构联合已经成为法国农场强有力的促销策略。

五、日本都市农业

1. 日本都市农业发展历程

日本的休闲农业是定位于"特大国际化大都市局部地区"的都市农业,是为城市居民提供"食"与"绿"两方面的生活服务,即为市民提供生活所需的各种新鲜的农副产品,以及营造生存所需的绿色生态环境[195]。日本是世界上最早出现都市农业及开展研究的国家。"都市农业"名词的定义最早是由日本学者青鹿四郎于1935年在其发表的著作《农业经济地理》一书中给出的,他认为"所谓都市农业是指分布在都市工商业区、住宅区等区域内,或者是分布在都市外围的特殊形态的农业。这些区域内的农业组织依附于都市经济,直接受都市经济势力的影响。主要经营奶、鸡、鱼、温室、鲜菜、果树等生产,专业化生产程度较高,同时又包括稻、麦、畜牧、水产等复合经营。都市农业的范围一般是都市面积的2~3倍,集约化生产程度很高。"[203]

日本都市农业的发展是由经济的高速增长和政府的一系列改革政策推动的。20世纪50—70年代,日本进入工业黄金时期,经济的快速发展,大量的农民涌入城市,农业劳动力的转移量年均达42.9万人。农村人口的大量减少使城乡差距进一步扩大,农村土地普遍出现过疏化现象。随着乡村人口老龄化问题的日益严重,乡村的农业生产功能更加难以维持。为了解决乡村农业经济衰落的问题,日本政府实施一系列政策措施,发展都市农业就是重要举措之一。日本政府采取的主要措施如下。

(1) 实施"划线"行动。1968年日本政府颁布了新《都市规划法》,将都市和都市外围的农村地区划分为都市开发建设优先地区和需要控制开发的地区。这项制度的实施使得日本形成了以东京、大阪、名古屋三大都市为中心的首都圈、近畿圈、中京圈三大都市圈,为都市农业的发展提供了农用地及基础保障[203]。

(2) 实施农地改革政策。日本政府农地改革的重点开始由鼓励农地集中占有转向分散占有,由所有制转向使用制度,在农地小规模家庭占有的基础上发展协作企业,鼓励农地的所有权和使用权分离。20世纪70年代起,日本政府出台一系列法令,鼓励农田的租赁,有效避开土地集中的困难,以及土地分散影响农业发展的问题。这些法律法规主要包括:以土地租佃为中心,促进土地经营权流动;以农协为主,帮助"核心农户"妥善经营耕地[204-205]。这种以土地租赁为主的经营模式获得了很大成功。

2. 日本都市农业的特点与类型

日本的都市农业发展初期阶段,尽管都市农业生产区毗邻大城市郊区,地理位置优越,可以比远郊区农业更直接、更快捷地获得市场销售信息资源,以及更多的来自政府层面的支持,地理区位及外部环境优势明显;然而,紧密依附于都市经济发展的特点,也使得都市农业发展存在着一定的弊端。这就是都市农业极易受到大城市本身的灌溉水质、气候条件等自然因素,以及建设开发、生活垃圾、环境污染等城市内部人为因素的影响,而且这种影响对于都市农业的破坏性更强。

随着农业科技水平的提高,以及城市居民环保意识的增强,人们对于都市农业发展各种干扰因素的规避能力和手段不断加强,对都市农业的特征也有了更深入的认识。国内学术界方志权、俞菊生、曾书琴等人的研究较有代表性,日本都市农业借助于三大都市圈的发展呈现出以下 6 个特点:①耕地零碎呈点状和片状分布,农业集约化程度较高;②农民兼业化程度很高,不动产收入已成为收入主体;③蔬菜生产占主导地位,农作物种类丰富;④设施农业技术先进,成为主要产业类型;⑤观光农业发展迅速,成为增收新亮点;⑥畜牧业规模减小,逐渐萎缩[203][206-207]。

日本都市农业主要有 6 种类型:①市民农园,是指由土地所有者提供的、让市民承租的,以休闲、体验方式参与农业生产的农园,是休闲农业的重要组成形式,又可分为家庭农园、学童农园、高龄农园、残疾人农园等不同类型;②银发族农园,专门为 65 岁以上的退休老人开辟的度假养生村或观光休憩点,以解决高龄化社会日益增多的老人对于健康生活、追求精神享受的需求;③农业公园,依托原有土地的地形与原有农产品种类而建成的专业性的农业公园,也可以以花卉、果树或园艺类为主体,建造不同主体的公园;④民宿农庄,是一种私人经营的小型家庭旅馆,可能设于一些完全没有开设酒店的小镇,亦可能设于城市内;部分民宿为家庭式经营,把家中部分房间供住客租用;⑤观光农业,主要包括观光农园、观光渔村、民俗农庄及教育农园等多种类型,围绕"一村一景观""一村一品"的目标建设并进行旅游开发;⑥体验农业,是日本都市农业的特色之一,通过体验营销的方式,让消费者参与到整体营销环节中,与产品和农场之间进行更为深度的互动、沟通和使用,以使感受者获得更深层次的农耕教育和文化熏陶,特别是对于青少年参与体验农业生产活动具有重要意义[208-209]。

第二节　国外休闲农业典型模式经验

国外休闲农园型农业旅游模式从 19 世纪 30 年代起源，直到 20 世纪 80 年代进入成熟期，已成为世界各国农业发展主要的替代产业和接续产业形态。历史发展和实践经验证明，休闲农园模式对于缩小城乡差距、解决农民就地安置、提高农民收入、促进低碳农业发展、改善生态环境有明显成效。

一、休闲农园模式主要类型

（一）生活生态型模式：市民农园

生活生态型模式是指以满足城市居民农耕体验需求为中心，强调农业旅游生产、生活、生态功能均衡协调，以美国、德国市民农园为代表。市民农园就是由一群人在同一地块上开展耕种的社区活动场所。市民农园作为城市农业的重要形式之一，已成为协调城市人地关系的一种有效途径。美国的市民农园已有百年历史，对美国社会、经济和文化的发展影响深远；不仅具有生产、生态和景观功能，而且有较高的社会文化价值；有多种营建模式，管理体系较为完善；用地属性多为共有，以种植食用植物为主；重视节约管理和有机种植；亦有诸如租约等弊端影响其长远发展。德国市民农园与其工业化和城市化发展密切相关，可以说市民农园既是一种农业旅游发展模式，同时也是一种城市规划管理模式。市民农园具备五大功能：体验农耕乐趣、提供健康食物、开展休闲社交、美化绿色环境及提供退休人员或老年人消磨时间场所。生活生态型模式产生于特殊的社会人文环境，是发挥农业旅游生态功能、满足现代都市居民回归自然、放松身心的高层次旅游需求的有效途径。

（二）产业协同型模式：乡村庄园

产业协同型模式是指以产业化程度极高的优势农业为依托，通过拓展农业观光、休闲、度假和体验等功能，开发农业旅游产品组合，带动农副产品加工、餐饮服务等相关产业发展，促使农业向第二、三产业延伸，实现农业与旅游业的协同发展，以澳大利亚葡萄酒庄园旅游模式为典型。澳大利亚以葡萄庄园的生产设施、田园风光、特色饮食、葡萄酒酿造工艺生产线、葡萄酒历史文化为吸引物，开发体验旅游和文化旅游多元旅游产品组合。通过成立维多利亚葡萄酒业旅游委员会、南澳葡萄酒业旅游委员会促进葡萄酒业与旅游业协同发展，吸纳乡村地区剩余劳动力，创造产业经济乘数效应。2009

年,澳大利亚葡萄酒旅游吸引了66万国际游客和410万本国游客,创汇达48.9亿澳元。产业协同型的农业旅游发展模式最主要的特征是"以农促旅,以旅带农",是基于本国特色农业产业与旅游业的结合。

(三) 科技依托型模式:农业科技园

科技依托型模式是指在农业资源相对匮乏的国家,发挥科技研发推广优势以促进农业旅游发展,以新加坡的农业科技园为代表。新加坡全国可耕地面积仅5 900hm^2,占国土面积的9.5%,科技农业成为新加坡农业发展的最重要途径。20世纪80年代起,新加坡政府大力发展农业科技园,园区内建设了生态走廊、蔬菜园、花卉园、热作园、鳄鱼场、海洋养殖场等,逐渐形成了独特的旅游吸引力。现今,新加坡的农业科技园已成为集农产品生产、销售、观赏于一体的综合性农业公园,园区展示国内外先进农业科技成果。科技依托型模式以农业科技研发作为特色旅游资源,在城市中心或近郊因地制宜、选址布局,结合农业生产,以科技园、科普基地、博物馆、展览中心等景点形式,集中展示现代农业技术,发挥了独特的科普教育作用。科技依托型模式的主体一般是具有较强技术和科研能力的农业龙头企业。

(四) 民俗节庆型模式:农业节庆旅游

民俗节庆型模式是将农耕文化、民俗风情融入传统节日或主题庆典中,通过农业节庆活动推动旅游、会展、贸易及文化等行业发展。美国南瓜节、草莓节和樱桃节是民俗节庆型农业旅游的典型。旧金山半月湾南瓜艺术节是世界著名的农业旅游节庆活动之一,北卡罗来纳州草莓节、田纳西州草莓节、加州草莓节、佛罗里达草莓节等节庆旅游历史悠久、形式多样。农场、旅游企业、零售企业、娱乐企业紧密合作,形成战略联盟,带动草莓加工销售,拉动农民就业,提高区域旅游知名度。民俗节庆型模式挖掘农业和农村的历史人文内涵,以传统节庆为中心开展农业旅游整合营销活动,进行农业旅游主题展示、广告策划、公关和网络营销等传播活动,推动地方农业经济增值,发挥农业旅游的产业乘数效应。该模式适用于具有浓郁旅游人文资源且经济发达的地区,运用现代营销管理技术推动农业旅游的创新与发展。

(五) 居民参与型模式:农业旅游度假村

居民参与型模式是指在农业资源丰富、人口众多的发展中国家和地区,以发展农业旅游促进农民就业增收,提高农民文化素质并改善农村基础设施建设。印度尼西亚东爪哇省的玛尔戈乌托莫阿格罗度假村就是该模式的典型代表。度假村成立于1976年,经典的旅游项目包括在乡村花园内参观胡椒、豆蔻、咖啡、雪茄等热带作物种植和加工过程,夜间在沙滩边观看海龟产卵等。玛尔戈乌托酒店有服务员工近百人,其中绝大部分是当地村民。村民广泛参与旅游活动不仅获得良好的收入,同时也在与旅游者的交流互动中传播了乡村文化,提高了游客满意度,改善了当地社区福利水平。居民参与型模式多见于以农业为支柱产业的发展中国家,以乡村生态景观和生活情景为独特的旅游资源,通过农业旅游度假村开发、乡村特色纪念品加工销售、农家餐饮住宿经营,为农村居民创造就业和增收机会,从而缩小城乡收入差距,促进城乡文化交融。

二、典型休闲农园模式介绍

(一)德国"小果菜园"模式介绍

德国"小果菜园"经营模式的发展已有200多年的历史。在第一次工业化浪潮时期,许多厌倦都市生活的德国市民,自发地来到郊区开发"小果菜园",建设小木屋。随着数量的增多,德国政府开始积极地加以引导,并于1814年出台《小果菜园协会法》予以规范管理,逐渐发展成为一种非常先进的时尚的生活方式。这种模式很快发展到欧洲的各个国家,并有15个国家的"小果菜园"协会于1926年在卢森堡成立国际联合组织,至今仍在为敦促欧盟的立法机关重视"小果菜园"而进行不懈的努力[188]。

"小果菜园"园主的法定名称叫做"小果菜园丁",是种植蔬菜瓜果的爱好者,而非农业生产者。"小果菜园"有2条发展脉络:①富人的休闲园林,德国的有钱人在城市郊区置地建园,种花养草,修身养性。②工人运动,在德国19世纪工业革命兴起时,很多农村劳动力涌入城市成为工人。工会发起工人运动,与资本家协商租赁一些土地给工人种植蔬菜瓜果,每年收取低额租金和管理费。这样使得只有富人才能享用的园林以更简单、更适用的形式走进普通市民的生活。后来,一位叫施雷贝尔的医生兼教育家发现,工人家庭孩子体质较差的原因是缺乏游乐空间,无法接触新鲜空气和阳光。施雷贝尔倾其一生来倡导"儿童果菜园"运动。如今,德国80%以上的"小果菜园"要归功于"工人运动"和"儿童果菜园"。

"小果菜园"仅适用于园丁私人种植非盈利的蔬菜、瓜果、花卉及修建小木屋休闲居住;"小果菜园"的面积不得超过400m²、小木屋的占地面积不得超过24m²并对木屋的高度和钢筋混凝土的使用进行了最严格的限制,以防止对土地的永久性破坏和确保果菜园的"小型化",进而能使更多的市民共享绿色资源。德国的"小果菜园"发展到今天,已有大约100多万个,总面积超出5.3万hm²。它既满足了现代社会市民低碳生态、回归自然的要求,又承担着环境绿化的任务。"小果菜园"在德国良性、永续的发展,也影响了世界,并在许多具有先进生活理念的国家,得到了积极广泛的传承和发扬。能够拥有一处"乡村小木屋",已成为西方社会名流的时尚象征[188]。

(二)英国 Eden 伊甸园开发模式

英国 Eden 伊甸园是一种以科技观光为引领,以四季花卉为特色,以考察、科普为主导的科普观光型开发模式。英国 Eden 植物园位于英格兰岛西南端的康沃尔郡内,占地面积 12hm^2,是目前世界上最大的单体温室植物园,设有热带温室、地中海温室和露天植物区。1994 年英国人提姆·史密特首次提出要在一个已经受到工业污染和破坏的地区重建一个自然生态区的想法,植物园从 1995 年开始筹备,2000 年在英国南部康沃尔郡废弃的矿山上兴建的伊甸园的项目成为全球最大的生态温室,于 2001 年 3 月 17 日向公众开放。目前,园区汇集了几乎全球所有的植物,超过 4500 种、13.5 万棵花草树木,不仅是一个"植物展示+科研教育+特色活动"的植物乐园、科学博物馆和休闲娱乐场所,还是一个开展生态教育的天然课堂。Eden 伊甸园自 2001 年对外开放以来,已经接纳访客超过 900 万人[193]。

Eden 伊甸园的创意理念是将教育融入生活,打造 Eden 期望能帮助人们在互联网时代重建与他人与自然的连接,并且在迅速发展的当下,用一种创新的方式来探索人与自然的关系。Eden 伊甸园的展馆内种植 10 万种以上的植物,是全球最大的植物保育场;馆内设计"潮湿热带馆""温暖气候馆""凉爽气候馆"三大主题馆;三大展区共 6 个"大温室",分别展示 6 个不同国家的植物。最具特色的是创意建筑——伊甸园,其由 4 座穹顶状建筑连接组成,整体外观如蜂巢的巨型球体,被世人称为"吹气泡泡的建筑",堪称世界第八大奇迹。园区开发的特色旅游项目包括 3 种类型:①体验类:话剧、研讨会、艺术类、园艺论坛、音乐节和儿童节目;②观赏类:两大温室、三大展览馆;③教育类:每年 1 月和 9 月向不同年龄段的学生提供学习课堂[194]。

Eden 伊甸园为吸引不同的消费人群,精心设计了不同主题和内容的创意旅游产品。①为了吸引青少年前来参观,Eden 伊甸园每年都会组织形式多样的公众活动,主题多和生活有关。如 2014 年举办的"揭开巧克力"活动,亲历玛雅人与西班牙殖民者进行可可豆交易的场景,参观 17 世纪的咖啡/巧克力屋,并亲自动手制作巧克力,由此了解热带雨林中可可豆的来历。Eden 伊甸园常借助讲故事的方式来传递教育的内容,将枯燥的知识融入愉快的娱乐之中,深受游客喜爱。②为了吸引不同人群来植物园,Eden 伊甸园根据该人群的特征和兴趣，开设了艺术展、马拉松和健康瑜伽等活动，并将环境教育的内容低调植入其中。Eden 伊甸园甚至邀请流行乐手在公园内举办演唱会，参访者可以凭演唱会门票免费参观植物园，吸引了更多人游园。③Eden 伊甸园也是重要的学校户外教学的场所，每年为近 5 万名学生提供参访和教育活动。Eden 根据英国国家课程标准，开发了 31 个工作坊，如进化和历史主题的活动很受学生欢迎。Eden 植物园的教育团队也为 30 所学校提供到校教育服务。2015 年，Eden 伊甸园与康沃尔大学和普利茅斯大学开展学位合作，提供园艺学、活动管理和表演、讲故事与解说 3 门学科课程，有超过 150 多名学生申请[193]。

Eden 伊甸园模式的最大成功之处是非常注重园区内生活垃圾和废弃物的处置。他们每年坚持开展环境影响监测工作，使用节能技术降低碳排放。园区内全采用 LED 照明系统，对公园内的垃圾进行分类回收和堆肥处理，对于乘坐公共交通工具前来的访客，给予门票优惠等。作为一家教育机构，Eden 不但扮演着"传播启示"的老师角色，同时也是"身体力行"的实践者。从建筑选材、设计到管理运营，均考虑到回归自然、关爱地球的理念。这也正是英国 Eden 伊甸园模式的成功之处。

（三）日本千叶县和乡园农业产业一体化模式

千叶县和乡园是由农事组合法人和乡园和株式会社和乡两部分组成的农业产业化组织。千叶县和乡园是日本农业产业一体化模式的典型代表，从 1998 年成立起采取"公司（和乡株式会社）+农事组合法人（和乡园）+农户"的产业一体化运作模式。和乡园种植基地占地面积 10 000m^2，具有代表性的是旗下的小见川农场；株式会社和乡下属有栽培管理中心、饲料加工厂、冷冻加工中心、农产品配送中心、农产品直销店、海外事业部等。和乡园整个种植过程采用农业清洁生产技术，推行有机肥农作，将农药用量减到最低，同时加强农业废弃物的资源回收利用，在整个生产过程中竭力打造生态循环型产业链条。

（1）农产品生产阶段。对耕地进行细致的土壤分析，制定详细的施肥计划，通过科学耕作减少对环境的不良影响。和乡园与 GAP（Good Agricultural Practice）合作建立示范农场，关注新鲜果蔬从农场到餐桌的食品链整个流程，为保证食品安全和环境友好不懈努力。

（2）农产品加工配送阶段。实行精细加工包装全程冷链运输，和乡生产能力每年 1 000 吨（原材料），IQF（Individually Quick Frozen 单件速冻）400kg/h，BQF（Block Quick Frozen 整批速冻）200kg/h。

(3) 农产品销售阶段。和乡园避开传统"农户—农协—批发市场—中间商—超市—消费者"漫长的销售渠道，直接配送到普通超市、生协超市、餐馆及速食店等，以风土村为代表，包括当地新鲜农产品的直销和农家乐、农田体验项目等。

(4) 资源回收阶段。日本政府出资3亿日元帮助和乡园建立饲料加工和沼气生产中心，将农产品筛选、加工、配送、销售甚至消费者使用过程中产生的残渣和废弃物及时回收，统一严格处理，实现土壤改良和资源循环双重功效。

日本千叶县和乡园创新农事组合法人发展模式，提高了农业产业化中龙头企业的生产能力和带动能力，培育集栽培管理、加工配送、销售网点、饲料加工等系列功能于一体的龙头企业，同时做大做强品牌，培养品牌影响力。此外，和乡园采用"千产千销、地产地销"以及食育的做法，建立农产品直销网络的同时，通过设立农家乐、体验田等形式，不断扩大农民专业合作社服务范围，充分发挥宣传作用，培养良好消费习惯。

第六章　我国休闲农业发展历程与模式

第一节　我国休闲农业发展历程

一、现代农业发展历程

(一) 农业发展模式的演变历程

根据不同时期农业生产力状况、生产力各要素的配置方式以及生产方式的不同，考虑到农业演进与其他产业发展的相互影响，可把农业发展划分为原始农业、传统农业和现代农业3个阶段，如图6-1所示。农业发展模式相应的也经历了原始农业、传统农业、现代农业、生态农业的4次类型转变。

第一阶段为原始农业，距今7 000年前，是自然状态下的农业，该阶段的人类开始摆脱茹毛饮血，以刀耕火种为基本生产方式，运用木、石等简单工具，火与水等生产手段在一定程度上得以应用。土地利用率和农业劳动生产率低下。各生产力要素处于自然状态，人类对农业生态系统的干预能力很小。

第二阶段为传统农业，公元前6—前5世纪开始，至20世纪初，基本上是自给自足的农业。该阶段基本特征有二：一是使用的生产工具有了进步，在冶铁术和畜力使用的基础上发明耕犁，极大地提高了生产效率；二是利用和改造自然的能力有了进步，改变了只靠自然力去恢复地力的状况，创造了人工施用有机肥来提高土壤肥力，发明了用良种来改善农作物和牲畜性状的技术。我国封建社会传统农业得到较快发展，逐步形成精耕细作的优良传统。

第三阶段为现代农业，20世纪初至今，以"石油农业"为代表，伴随着现代工业技术向农业生产领域的渗透，从以手工劳动为主的传统农业向以

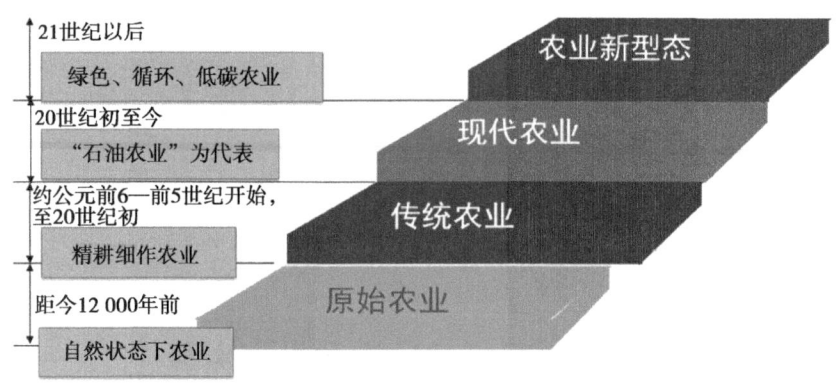

图 6-1 世界农业发展历程的演变规律

机械化、产业化为主的现代农业转变,农业生产力水平有了大幅度提高,世界农业生产取得前所未有的成就。然而"石油农业"也相应地带来了资源过度开发、农业面源污染、全球性的生态危机等一系列问题,农业发展陷入新的困境,探索新的农业发展模式路径成为人们亟待解决的问题[210-211]。

(二)国外现代农业发展模式特点

纵观世界发达国家现代农业的发展道路,主要有3种模式:①以美国为代表的地广人稀、机械化主导型发展模式;②以日本为代表的地少人多、劳动和技术密集型发展模式;③以英、法、德等为代表的西欧国家机械化与科学化并进发展模式,见表6-1。

世界农业现代化的历史经验表明,推动现代农业发展主要动力有4个方面:①市场力量。现代农业的发展客观上要求有一个统一、开放、有序的市场体系。②农业技术进步。农业科技成果是农业现代化发展的巨大推动力,对农业生产的贡献率一般在20%以上,有的甚至高达80%、90%。③以合作社为主要载体的农业社会化服务体系。农业社会化服务的主要方式有公司农场、公司+农户、合作社等多种组织形式。④政府对农业的宏观调控。政府运用法律、经济和行政手段对农业进行宏观调控,实现农业经济稳定增长[212-215]。

表 6-1 发达国家现代农业发展模式基本特征

项目/国家		美国	日本	英国	法国
科学技术进步	机械化	1940年基本实现农业机械化，一直到20世纪50—60年代	1967年基本实现农业机械化，20世纪80年代进入全面机械化阶段	第二次世界大战后，1948年英国全面实现农业机械化	1930年以后推进农业机械化，1955年基本实现农业机械化
	化学化	实现了以化肥和农药的广泛应用为特征的农业化学化	作物配方施肥技术、化肥农药使用日趋高效低毒化	作物病虫害防治技术、化肥农药高效低毒使用	化肥、农药普遍使用，现已采取多种措施取代化学化方式
	良种化	畜禽品种良种化程度很高，牛胚胎移植每年20多万头	温室育苗技术、植物组织培养技术等新兴生物技术广泛应用	生物基因工程培育高产作物良种等	基因技术、生物杂交技术等发展迅猛，小麦、大麦种子的改良成效显著
现代农业模式		农业机械化和土地大规模经营模式（家庭农场、合股农场、公司农场三类）	技术创新和资本大量投入模式（政府强力主导、技术大量引进）	政府引导和科技成果转化型模式（法律保护、惠农政策、国际市场）	农业机械化和农业专业化生产的模式（各类农业专业合作社）
农业保障机制与政策		直接投资改善农业生产条件；农产品价格补贴和保险补贴；优惠税收政策；谷物储备计划、生产控制、贸易和信贷支持	农地政策体系；农业补贴政策；农业科技政策；农业合作组织；农业贸易政策；农业资源与环境保护政策等	农业立法经历了曲折发展过程；制定保护农产品价格政策；利用共同农业政策促进农业发展；用农业政策实现宏观调控	"以工养农"政策，推动土地集中，发展农业合作社，加大农业投资，推行农场经营规模化、生产方式机械化的政策

二、农业现代化新内涵与特征

（一）农业现代化新内涵

学术界对此进行了较长时期的讨论，代表性的学术观点有转变论、过程论、制度论和可持续发展论。总之，中国农业现代化应从世界各国农业现代化所应有的"共性"和我国农业现代化的"个性"上去把握。一方面，要借鉴国外农业现代化的成功经验、依据国际公认的现代农业的标准来定位我国的农业现代化；另一方面，要充分考虑我国的国情、国力、农情、农力，走出一条在发展阶段、推进策略、制度改革等方面具有"中国特色"的农业现代化道路[216]。

中国特色农业现代化道路，也就是我们所说的中国现代农业的发展道路可以概括为：以保障农产品供给、增加农民收入、促进可持续发展为目标，以提高劳动生产率、资源产出率和产品商品率为途径，以现代科技和装备为支撑，在家庭承包经营的基础上，发挥市场机制和政府调控的作用，建成农工贸紧密衔接、产供销融为一体、多元化的产业形态和多功能的产业体系。这是在总结国内外实现农业现代化的经验、结合我国农业发展现状和基本国情、概括许多专家学者观点的基础上得出的结论。

(二) 农业现代化主要特征

生态文明型农业现代化主要体现为以下4个新型"农业"。

1. 生产效益型的集约农业

集约农业是把一定数量的劳动力和生产资料，集中投入较少的土地上，采用集约经营方式进行生产的农业，从单位面积的土地上获得更多的农产品，不断提高土地生产率和劳动生产率。它同粗放农业相对应。由粗放经营向集约经营转化，是农业生产发展的客观规律。集约农业具体表现为大力进行农田基本建设，发展灌溉，增施肥料，改造中低产田，采用农业新技术，推广优良品种，扩大经营规模，实行机械化作业等。

2. 资源节约型的循环农业

循环农业，运用物质循环再生原理和物质多层次利用技术，在农业系统中推进各种农业资源往复多层与高效流动的活动，一个生产环节的产出是另一个生产环节的投入，使得系统中的废弃物多次循环利用，从而提高能量的转换率和资源利用率，实现节能减排与增收的目的。循环农业是实现较少废弃物的生产和提高资源利用效率的农业生产方式，具有种植业内部物质循环利用模式、养殖业内部物质循环利用模式、种养加工三结合的物质循环利用模式。

3. 环境友好型的生态农业

生态农业是按照生态学原理和经济学原理，运用现代科学技术成果和现代管理手段，以及传统农业的有效经验建立起来的，能获得较高的经济效益、生态效益和社会效益的现代化农业。它要求把发展粮食与多种经济作物生产，发展大田种植与林、牧、副、渔业，发展大农业与第二、三产业结合起来，利用传统农业精华和现代科技成果，通过人工设计生态工程、协调发展与环境之间、资源利用与保护之间的矛盾，形成生态上与经济上两个良性循环，经济、生态、社会效益的统一，是一种环境友好型的农业。

4. 产品安全型的绿色农业

绿色农业是关注农业环境保护、农产品质量安全的农业生产，是绿色食品、无公害农产品和有机食品生产加工的总称。发展绿色农业要逐步采用高新农业技术，形成现代化的农业生产体系、流通体系和营销体系，在生产过程中保证农产品质量安全，战略转移的关键是规模和技术，手段和设施的现代化走向是开拓国内外大市场，目标是实现农业可持续发展和推进农业现代化，满足乡居民的对农产品质量安全的需要。

三、我国休闲农业发展的历程

（一）休闲农业发展阶段

休闲观光农业兴起和发展，按照建设生态文明型现代农业的要求，将现有农业资源进行整合、优化、拓展和提升，实行区域化布局、设施化种养、规模化经营、标准化生产、特色化定位、功能化配置、企业化管理、市场化营销。休闲农业作为一种农业产业新业态，既优化了农业资源要素，提高了农业土地集约利用水平，又拓展了农业多种功能，提升了农业产业化发展层次，增强市场竞争力，实现了能动力推动现代农业的新发展。

据统计，截至2016年，全国休闲农业和乡村旅游各类经营主体达到30万家，休闲农业和乡村旅游业共接待游客近21亿人次，营业收入超过5 700亿元，从业人员845万，带动672万户农民增收，整个产业增长形式迅猛。休闲农业和乡村旅游贯穿农村一、二、三产业，融合生产、生活和生态功能，紧密连结农业生产、农产品加工业、农村服务业，是一种新型的产业形态和消费业态。

本研究借鉴郭焕成、任国柱、吕明伟、刘军萍等学者关于我国休闲农业发展阶段的研究成果，结合当前休闲农业发展的现状，认为休闲农业的发展经历了4个阶段[217-219]。

第一阶段：休闲农业开始兴起阶段（1980—1990年）。这个时期正处于我国改革开放的初期，靠近城市和景区的少数农村根据当地特有的旅游资源，自发地开展了形式多样的农业观光、举办农业节庆活动等，呈现单一的农村观光特点。例如，1982年贵州省开发了石头寨民族风情旅游；1984年珠海市白藤湖开办农民度假村；1986年贵州省"雷山郎德寨"开发为民族风情旅游点；1987年四川省成都市郫县农科村建立了中国第一家"农家乐"；1988年深圳市举办了首届荔枝节、开办了采摘园。这些旅游活动的出现，有力地带动了当地农民脱贫致富。

第二阶段：休闲农业探索发展阶段（1990—2000年）。这个时期我国的经济由计划经济向社会主义市场经济体制转变，随着社会生产力的重大发展,我国城乡居民的经济生活发生了历史性的变化。城市居民收入水平的提高,消费结构的转变,使得人们在解决了温饱问题之后,产生了观光、休闲、度假、旅游的新需求。与此同时,农业和农村经济为了适应城市化和工业化的快速发展,需要调整和优化产业结构,合理分配生产要素,实现农民的扩大就业和收入增加。在这样的社会背景下,主要是靠近大、中城市郊区的一些农村和农户利用当地特有的农业资源环境和特色农产品,开办了观光为主的观光休闲农业园,开展采摘、钓鱼、种菜、野餐等多种旅游活动。休闲农业体现了观光与休闲相结合的产业特点。

这个时期,国家开始重视引导并扶持休闲农业的发展,如 1998 年国家旅游局推出"华夏城乡游",提出"吃农家饭、住农家院、做农家活、看农家景、享农家乐"的口号;1999 年国家旅游局推出"生态旅游年";2000 年,国务院办公厅发布的《关于进一步发展假日旅游若干意见的通知》明确了"黄金周"概念,并指出"要积极发展城市郊区和重点景区周围的农业旅游、森林旅游和度假休闲旅游"。在休闲农业的探索发展时期出现的比较成功的休闲农业模式有北京锦秀大地农业科技观光园、上海孙桥现代农业科技观光园、河北北戴河集发生态农业观光园、福建武夷山观光茶园等。

第三阶段:休闲农业规范经营阶段(2000—2010 年)。这个时期我国经济增长放缓,由高速向中低速,经济发展步入工业化中期阶段。随着我国全面建设小康社会步伐的加快,我国的旅游发展也从"观光时代"向"休闲度假时代"转变,人们更加注重文化精神的消费与追求,这种变化带动了休闲农业和乡村旅游的发展,休闲消费成为我国旅游业新的增长点。这个时期,国家出台了一系列环境保护政策,从生态环境建设和自然资源保育角度为休闲农业发展奠定了基础,例如,2000 年国务院发布《全国生态环境保护纲要》;2007 年环保部发布《国家重点生态功能保护区规划纲要》;2008 年环保部编制《全国生态脆弱区保护规划纲要》;2008 年环保部下发《关于加强土壤污染防治工作的意见》;2010 年环保部下发《农村生活污染防治技术政策》;2010 年中央一号文件《关于加大统筹城乡发展力度进一步夯实农业农村发展基础的若干意见》明确提出"积极发展休闲农业、乡村旅游、森林旅游和农村服务业,拓展农村非农就业空间"。这一阶段,我国休闲农业已初具规模,集中体现拓展农业综合功能的特点。

第四阶段:休闲农业转型升级阶段(2011 年至今)。这个时期是我国全面建设小康社会的关键时期,是深化改革开放、加快转变经济发展方式的攻坚时期。我国的经济发展进入新常态，我国社会主要矛盾已经转化为人民日益增长的美好生活需要和不平衡不充分的发展之间的矛盾。随着我国经济已由高速增长阶段转向高质量发展阶段，现代农业发展也面临着转变发展方式、优化调整产业结构、转换增长动力的攻关期。由前述国家对于休闲农业的支持政策可见，休闲农业已经被提高到农业产业化发展新业态的战略高度，并成为"十三五"期间乡村振兴战略的重点扶持对象和转变农业经济发展动能的排头兵。因此，休闲农业旅游项目的开发要向着资源差异化、产品多元化、景观特色化、品质高端化、服务人性化、管理规范化、技术智能化的方向发展；将休闲农业打造成为产业经济和体验经济的复合体，农业经济增长新动能的助推器。

(二) 休闲农业产业发展方向

休闲农业产业的特征是挖掘产业生产功能以外的核心竞争力产品，也就是在继续传承农业产业传统的生产经济价值的同时，深度开发并实现农业产业生态服务价值，并打造挖掘农业人文景观的休憩娱乐价值。休闲农业是农业生态系统生态服务功能的开发，而不是农业生产农耕文化的开发。休闲农业是实现农业生态系统的外部经济价值，也就是让正外部性在市场经济中得以实现，弥补农民的经济损失。未来休闲农业的发展一定要走集聚化、集约化和永续发展的道路。

1. 遵循区域增长级理论，实现休闲农业集聚发展

增长级理论认为，一个国家要实现平衡发展只是一种理想，在现实中是不可能的，经济增长通常是从一个或数个"增长中心"逐渐向其他部门或地区传导。因此，应选择特定的地理空间作为增长级，以带动经济发展[220]。增长级理论应用于休闲农业发展，就是要努力打造休闲农业产业发展核心区，建设集产品生产和休闲旅游功能于一体的现代农业产业园区。

本研究认为，现代农业产业园区是休闲农业产业的重要载体和体现形式，遵循农业部和财政部创建国家现代农业产业园工作部署，一要进一步整合休闲农业资源，形成由政府统筹，教育、农业、科技、财政、人力社保等部门共同参与的休闲农业和乡村旅游管理体制；二要构建由农业生产、加工、研发、示范、服务、旅游、餐饮、教育等部门相互融合的休闲农业发展创新机制，激发农业产业链、价值链的重构和功能升级；三要吸引和集聚土地、资本、科技、人才、信息等现代要素流向现代农业园区，加快农村土地制度、产品质量、人居环境、基础设施、公共服务、人才队伍等各项改革举

措落地，降低农业经营主体的从业风险，鼓励更多的企业、农户、农民合作社参与农业产业集群化建设。

2. 根据农业区位理论，实现休闲农业集约发展

农业区位理论认为，市场（城市）周围土地的利用类型以及农业集约化程度都是随着距离带的远近发生变化的，若以城市为中心，划出若干不同半径的圆周，从而形成不同半径的若干个距离带（同心圈），在不同的同心圈里，根据产品性质、运输成本等因素生产不同的农产品，这种同心圈被称作"杜能圈"。杜能学说不仅阐明市场距离对于农业生产集约程度和土地利用类型的影响，更确立农业生产方式的空间配置原则，即以城市为中心，由里向外依次为自由式农业、林业、轮作式农业、谷草式农业、三圃式农业、畜牧业这样的同心圆结构[220]。根据农业区位理论可知，农业区位就是农业与地理环境（包括自然环境和社会环境）各种因素的相互联系，不同的区位因素决定了不同农畜产品种植及养殖的空间分布和产业带的区域布局，不同的农业产业布局又决定着休闲农业的布局和选址。因此，休闲农业项目的布局要充分考虑各地区特色及优势农产品的区位选择、农业集约化，发挥区位比较优势。根据这一理论，观光花园、观光菜园、观光垂钓园等应布置在距离市区较近的地区，森林公园、观光果园等休闲农业旅游项目和设施应布局在远离城市的圈层，自然风景区、名胜古迹遗址等原生态旅游区通常分布在距离乡村较远的地区[220]。

3. 根据生命周期理论，实现休闲农业永续发展

旅游地生命周期理论认为，任何一个旅游地的发展过程一般都包括探查、参与、发展、巩固、停滞、衰落或复苏6个阶段。旅游地生命周期理论应用于城市旅游目的地研究，能够为城市旅游的长期繁荣提供宏观指引，有助于旅游地政府部门制定合理的产业政策，也有助于旅游投资者做出正确的决策[221]。休闲农业项目的发展也要经历不同生命周期阶段，在不同的发展阶段，其开发重点不同，采取的支持政策也不同。首先，对于决策者来说，清楚地认识休闲农业旅游项目所处的阶段特征，可以更好地引导、控制、管理项目的发展进程，如在巩固阶段以前，可以通过大量的资金、信息、技术、人才及基础设施的投入和建设，扶持项目的发展，扩大旅游市场的占有率；在巩固阶段以后，应该减少建设的投入，要重视旅游地环境的保护，以及开发增加新的吸引物，以促进休闲农业项目的持续发展。其次，对于经营者来说，了解并认识到旅游地发展动态变化过程，可以有效地指导经营者采取不同的营销策略来应对挑战。总之，休闲农业作为新兴的旅游产业，受到

经济效益、社会效应和环境效应的综合影响,科学评价并分析各生命周期影响因素对于旅游地生存发展的作用力和作用方向关系,探索促进休闲农业旅游永续发展的政策保障机制是未来战略性管理的重点,也是学术界亟待解决的热点问题。

第二节 我国休闲农业模式分类

一、休闲农业模式分类思路

(一) 休闲农业主要业态

从大农业的视角来考量休闲农业的发展内涵,其主旨是实现3个方面的融合创新:①实现一、二、三产业的融合创新,就是将种养业、加工业与服务业融合起来,形成体验经济,通过多元化经营,实现农业产业链延伸,提高农业的附加值;②实现"农、旅、文"三种产业业态的融合创新,就是以农业产业为基础,以休闲旅游为手段,以文化产业为灵魂,打造全新的特色综合业态——田园综合体和农业综合体;③实现乡村意境与审美体验的融合创新,以乡村意境寄托乡情、乡愁,以审美体验满足市场竞争,通过新乡土风情旅游产品的打造实现休闲农业的转型升级。

由于休闲农业产业链条由种植业、畜牧业、林业、渔业、农产品加工业、农业服务业6个产业部门构成,农产品加工业和农业服务业是农业产业链的必经节点及必要环节;同时,适应我国经济发展新常态下加快转变农业生产发展方式、培育农业经济发展新动能的现实需求,结合当前全国各地开展休闲农业模式的实践经验,本研究认为休闲农业的主要业态可以分为2大类,即以主导产业为链核的功能型休闲农业和以技术创新为特色的综合型休闲农业,具体又分为7种形态,即休闲种植业、休闲林业、休闲农牧业、休闲渔业、会展农业、创意农业、智慧农业。

1. 以主导产业为链核的功能型休闲农业

(1) 休闲种植业。休闲种植业指具有观光休闲功能的现代化种植业。它以现代农业示范园区为依托,利用现代农业技术,开发具有较高观赏价值的作物品种园地,或利用现代化农业栽培手段,向游客展示最新成果,向人们宣传推广农作物栽培、管理、保护等科学知识的一种产业形态。如引进优质蔬菜、绿色食品、高产瓜果、观赏花卉作物,组建多姿多趣的农业观光园、自摘果园、农俗园、农果品尝中心、科普教育园等[222]。

（2）休闲林业。休闲林业是指开发和利用人工森林与自然森林所具有的多种旅游功能和观光价值，将与林业相关的一产（植树育林护林）、二产（木材加工、食品加工、手工艺品）、三产（观光度假、绿色餐饮、康养健身、文娱体育、科普研修等）相融合，提高森林资源的生态服务价值和游憩娱乐价值，为游客观光、野营、探险、避暑、科考、森林浴等提供空间场所的现代林业经济产业形态[225]。

（3）休闲农牧业。休闲农牧业是利用农牧业景观资源和农牧业生产条件，发展观光、休闲、旅游的一种新型农牧业生产经营形态，也是深度开发农牧业资源潜力，调整农牧业结构，改善农牧业环境，增加农牧民收入的新途径。休闲农牧业是农牧业和旅游业相结合的一种新型的交叉型产业[223]。

（4）休闲渔业。休闲渔业就是利用渔村设备、渔村空间、渔业生产的场地、渔法渔具、渔业产品、渔业经营活动、自然生物、渔业自然环境及渔村人文资源，经过规划设计，以发挥渔业与渔村休闲旅游功能，提高人们对渔村与渔业的体验，提升旅游品质，并提高渔民收益，促进渔村发展。简单地说，休闲渔业就是利用人们的休闲时间、空间来充实渔业的内容和发展空间的产业[224]。

综上所述，以种植业、林业、畜牧业、渔业为链核的休闲农业业态包括休闲种植业、休闲林业、休闲农牧业和休闲渔业4种，每种业态依托的农业产业基地（现代农业示范园区）和多功能体现形式（旅游产品设计）总结见表6-2。

表6-2　休闲农业各业态的产业基地及多功能体现形式

主导产业	产业基地	多功能体现形式
休闲种植业	蔬菜种植基地	蔬菜观赏园、瓜菜采摘园、亲子种植园、蔬菜博览园
	花卉培育基地	花卉观赏园、花卉艺术中心、插花俱乐部、花卉物语
	经济作物种植基地	油菜花海、向日葵乐园、茶叶采摘园、麻类观赏园、桑蚕观光园、橡胶体验园、金棕榈世界、可可飘香等
	中药材繁育基地	中药材观赏园、药材体验园、百草博览园
休闲林业	果树种植基地	亚热带水果观光采摘园、热带水果观光采摘园
	园艺苗木基地	叶拓小屋、盆景赏析园、园林驿站、多肉创意馆、栽培体验园、园艺布景墙、树叶贴画、根雕收藏馆等
	天然林保护区	森林小屋、林中观景台、鸟类乐园、寻宝足迹、草原游乐、骑射体验、坡地滑草、林间露营、林果采摘等

（续表）

主导产业	产业基地	多功能体现形式
休闲农牧业	特种动物养殖基地	肉用型观赏园：野兔、獭兔、梅花鹿、蛇、肉狗 药用型观赏园：穿山甲、刺猬、 毛皮型观赏园：水貂、狐狸、水獭、貉、海狸鼠 玩赏型观赏园：猫、猩猩、猴、松鼠
	小型家畜饲养基地	家畜饲养观赏园：小香猪、小型猎犬、小型肉牛等
	飞禽类养殖场	肉用型养殖园：野鸡、鹧鸪、驼鸟、肉鸽、火鸡 药用型养殖园：乌骨鸡、鸽、野鸭、黑凤鸡 玩赏型养殖园：孔雀、锦鸡、鸳鸯、鹦鹉、八哥 特用型养殖园：信鸽、鹰等
	昆虫类养殖场	药用型养殖园：蚂蚁、蜘蛛、蚂蟥、地鳖虫等 肉用型养殖园：蜗牛等 特用型养殖园：苍蝇、蚯蚓、黄粉虫
休闲渔业	淡水鱼养殖场	观赏捕鱼、渔舟唱晚、水中垂钓、品尝河鲜、参与捕捞、水生植物园观光长廊、湖边篝火晚会
	观赏鱼培育基地	温带淡水观赏鱼、热带淡水观赏鱼、热带海水观赏鱼
	珍稀水产养殖场	肉用型的有牛蛙、蟹、鳗鱼、黄鳝、虾、大黄鱼、鳜鱼等；药用型的有甲鱼、龟、泥鳅等；玩赏型的有金鱼、热带鱼等

2. 以技术创新为特色的综合型休闲农业

（1）会展农业。会展农业是会展业向农业拓展与都市农业相互融合而形成的新兴业态，是文化创意产业与农业融合的重要类型之一，包括与农业和农产品相关的各种会议、论坛、博览会、交易会、节庆活动等。会展农业是现代农业的高端产业形态，是农业发展到一定阶段的必然产物，除了具有农产品展览展示和交易功能外，还常兼具吃、玩、赏、教等多项功能，在现代农业发展中发挥着越来越明显的作用[226]。

（2）创意农业。创意农业起源于20世纪90年代后期，由于农业技术的创新发展，以及农业功能的拓展，观光农业、休闲农业、精致农业和生态农业等相继发展起来，人们借助创意产业的思维逻辑和发展理念，有效地将科技和人文要素融入农业生产，进一步拓展农业功能，整合相关资源，把传统农业发展为融生产、生活、生态为一体的现代农业，从而创造财富和增加就业机会[227]。

（3）智慧农业。智慧农业就是将物联网技术运用到传统农业中去，运用传感器和软件通过移动平台或者电脑平台对农业生产进行控制，使传统农业更具有"智慧"。除了精准感知、控制与决策管理外，从广泛意义上讲，智慧农业还包括农业电子商务、食品溯源防伪、农业休闲旅游、农业信息服务等方面的内容。智慧农业是农业中的智慧经济,或智慧经济形态在农业中的具体表现[228]。

(二) 休闲农业模式分类思路

休闲农业实现了农业产业功能链的融合、延伸与拓展,是农业由单一的食物供给功能,向生态、观光、度假、教育等领域拓展,并与文化创意、休闲旅游等行业融合,发展出休闲农业、创意农业、会展农业、智慧农业等新兴业态。农业产业链是现代农业的核心产业组织形态,也是农业产业竞争的本质体现。农业产业链的网络形式是休闲农业模式体系构成的关键要素及重要内容,对于深入剖析典型模式,总结规律性特征具有重要作用。休闲农业模式类型是在一定地域空间范围内,某种产业链网络形式(即产业组合),运用先进的技术支撑体系,并在合理有效的农业产业链组织方式下运作而成的闭合圈式的产业形态,其关系式如图6-2所示。

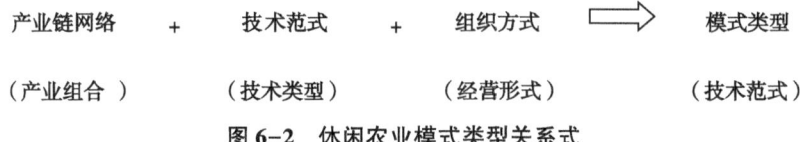

图 6-2 休闲农业模式类型关系式

因此,根据休闲农业产业链的网络形式构成对休闲农业模式进行分类,相比国内大多数研究从农业多功能性角度对休闲农业模式进行分类的思路更有创新性。本研究借鉴前述休闲农业产业链网络形式类型划分的研究思路,以4类主导产业为链核的休闲农业模式为基础,将主导产业与从属产业进行理论上的排列组合,从而得到15种不同的产业链形态,见表6-3。

表 6-3 休闲农业模式类型及产业链构成

模式类型	产业链构成
休闲种植业	①种植业+加工业+农业服务业 ②种植业+畜牧业+加工业+农业服务业 ③种植业+渔业+加工业+农业服务业 ④种植业+林业+加工业+农业服务业 ⑤种植业+畜牧业+渔业+加工业+农业服务业 ⑥种植业+畜牧业+林业+加工业+农业服务业 ⑦种植业+渔业+林业+加工业+农业服务业 ⑧种植业+畜牧业+渔业+林业+加工业+农业服务业

（续表）

模式类型	产业链构成
休闲农牧业	⑨畜牧业+加工业+农业服务业
	⑩畜牧业+渔业+加工业+农业服务业
	⑪畜牧业+林业+加工业+农业服务业
	⑫畜牧业+渔业+林业+加工业+农业服务业
休闲渔业	⑬渔业+加工业+农业服务业
	⑭渔业+林业+加工业+农业服务业
休闲林业	⑮林业+加工业+农业服务业

二、基于产业形态特征的模式类型

由表6-2可知，休闲农业依托的产业形态包括种植业、林果业、畜牧业、渔业、加工业。本研究认为，可以将休闲农业按照产业形态内容分为5大类，即休闲农业园区、生态观光牧场、休闲渔业园区、农产品加工园区和生态旅游村落。

1. 休闲农业园区

休闲农业园区以特色农产品种植生产基地为依托，根据不同地域特点、资源禀赋、发展基础、功能定位和比较优势，为提高农业的质量和效益，倾力打造"特而精"的农业产业方向。利用现有的农村基础设施和地理空间优势、生产场地、农副产品、农业经营过程、自然生态环境等资源，经过规划和设计，发挥农业观光与劳作体验相结合的优势，增进旅游者对农村活动、农业生产过程和农民生活的体验。游客在休闲农业园区内不仅可以进行观光、学习、采摘、劳作、了解农业生活、放松心情、享受乡土情趣，还可进行住宿、休闲、游乐。

休闲农业园区是最典型和普遍的观光体验型休闲农业形态，根据种植业不同的产业类型，又可以进一步细分为设施蔬菜、精品花卉、特色果园、绿化园艺、道地中药材等观光体验园区。休闲农业园区的主要服务功能及价值构成如图6-3所示。

2. 生态观光牧场

生态观光牧场是依托牧场建设的，集现代畜牧养殖示范、科普宣传、休闲观光体验于一体的新型牧场，是一种具有生态性的绿色产业。发展观光牧

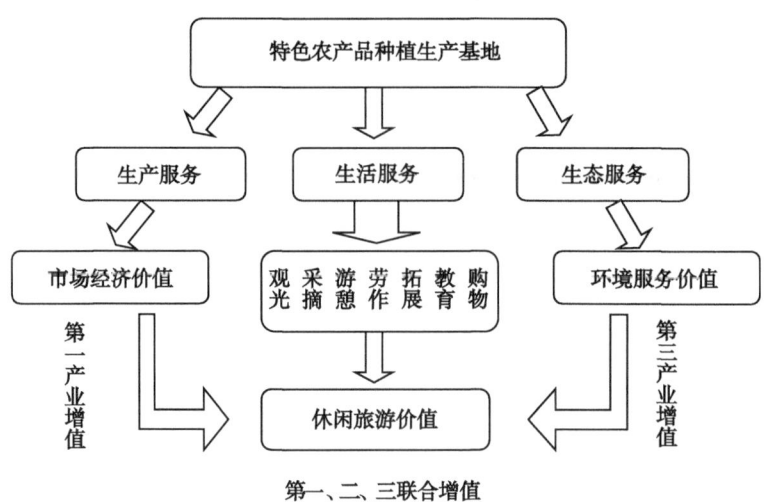

图 6-3 观光体验型休闲农业园区结构及功能示意

场可融合乳业和旅游业的优势，使牧场改变单一的生产模式，综合利用自身环境资源，融入体验、休闲、旅游元素，构建特色经营模式，实现转型升级。生态旅游牧场通过建设透明牧场、挤奶参观厅、奶牛科普馆，汇集产品展示、休闲购物、牛奶文化于一体的游客体验中心，展示奶牛养殖和挤奶全过程，传播奶牛文化和牛奶知识。生态旅游牧场既宣传了乳企品牌，又满足了城市居民的旅游需求，还促进牧场加强管理和注重环保，一举多得。

生态观光牧场集自然景观和人文景观为一体，满足了人们旅游多样化的需求，它正渐渐显现出蓬勃的生命力。当前，国内比较成熟的生态观光牧场模式包括体验模式、学习模式、主题公园模式、全产业链模式和农产品安全模式。生态观光牧场的主要服务功能及项目设计如图 6-4 所示。

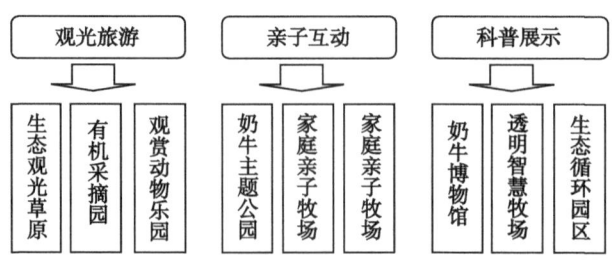

图 6-4 生态观光牧场主要服务功能及项目设计

3. 休闲渔业园区

休闲渔业简单说是以休闲娱乐和体育运动为目的的渔业活动，其内涵是利用渔村设备、渔村空间、渔业生产场地、渔法渔具、渔业产品、渔业经营活动、水生生物、渔业自然环境及渔村人文资源，经过规划设计，以发挥渔业与渔村休闲旅游功能，增进人们对渔村与渔业的体验，提升旅游品质，并提高渔民收益，促进渔村发展的休闲农业形态。休闲渔业是把旅游业、观光业、水族观赏等休闲活动与现代渔业生产方式有机结合起来，实现第一产业与第三产业的优化配置，提高渔民收入，发展渔区经济为最终目的的一种新型渔业。

我国休闲渔业的形态可以分为4类：①生产经营型，主要是以垂钓、观赏捕鱼等为标志的生产经营形式；②饮食服务型，主要是以渔业为依托的农家乐、避暑山庄、都市鱼庄等；③游览观光型，主要是以走进海洋、江河、湖库等自然环境，结合旅游景点、综合开发渔业资源；④科普教育型，主要是以水产品种、习性等知识性教育和科普为目的的展示形式。休闲渔业园区的主要服务功能及项目设计如图6-5所示。

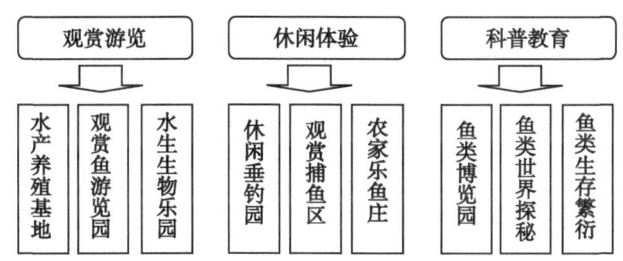

图6-5 休闲渔业园区主要服务功能及项目设计

4. 农产品加工园区

根据国务院办公厅《关于进一步促进农产品加工业发展的意见》，推进多种业态的发展，创新农产品加工业模式和业态。将农产品加工业纳入"互联网+"现代农业行动，利用大数据、物联网、云计算、移动互联网等新一代信息技术，培育发展网络化、智能化、精细化现代加工新模式。引导农产品加工业与休闲、旅游、文化、教育、科普、养生养老等产业深度融合。积极发展电子商务、农商直供、加工体验、中央厨房等新业态。

未来农产品加工园区的建设，要以推动农产品加工业转型升级为主线，以促进农民持续增收为目标，通过龙头企业引领、特色资源带动、产业融合发展、科技创新支撑等方式，尽快在优势农产品主产区形成布局合理、特色鲜明、产业集聚、功能配套的农产品加工集聚区,为加快推进供给侧结构性改革、实现农业农村现代化提供重要支撑。现代农产品加工园区服务功能及相关项目设计如图6-6所示。

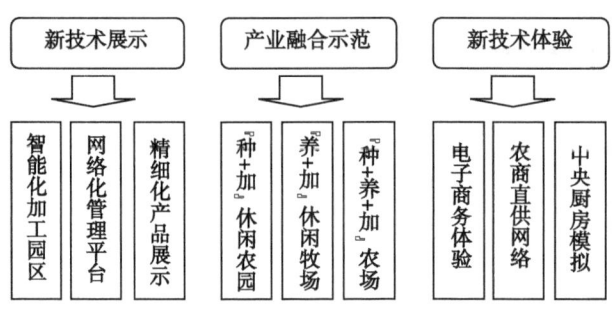

图6-6 农产品加工园区主要服务功能及项目设计

5. 生态旅游村落

村落旅游是存在于中尺度地理空间上的一种特殊景观,是由历史遗留下来的古民居建筑群、艺术表现、自然环境、人类活动以及一种抽象的文化内涵、风格、古韵氛围等组成的综合景观体。近年来,以访古探幽、原生态生活为目的的村落旅游随着农业旅游的兴起而逐渐崛起。我国古村落、原始村落数量众多,分布地域广阔,历史文化价值极高;古朴的民俗风情与清新幽静的田园风光交相掩映,表现出独具特色的旅游观赏价值。古村落文化底蕴深厚,古代祠堂、园林、书院、牌坊、碑林等公共设施及纪念性建筑,无一不体现着古村落先人勤劳和智慧的结晶;古村落文化景观独特,村落的"一砖一瓦""一墙一阁""一桥一水""一花一木"都讲述着古村落悠久而传奇的故事,寄托着主人美好的心愿和期盼。因此,从旅游角度来看,古村落景观较好地满足当代都市人对于宝贵历史文化资源的探究和感知,满足有识之士对于古民居、民宅、民风、民情的敬仰和传承。

近年来,随着古村落旅游发展进程的加快,古村落的数量和分布越来越少,资源的稀缺性日益凸显,自然性破坏、开发性破坏及生活性破坏问题都需要研究。未来要实现古村落旅游的可持续发展,就要处理好发展和保护两者之间的关系。各地应根据所处的地理区位,依托各自的资源优势,确立不同的开发思路,通过采取切实有效的举措,来规范管理、打造精品、塑造品牌,走可持续发展的道路,古村落旅游才不会是昙花一现。国内对于古村落旅游开发模式的分类研究不多,叶洋洋采用文献量化及统计的方法对国内目前古村落旅游开发模式进行研究[229],得出了国内对古村落及其旅游开发模式的4种常见分类方法，即按照开发经营主体、产品形式、聚落空间作用和区域的不同进行划分。本研究总结了生态村落的主要旅游资源的构成情况，如图6-7所示。

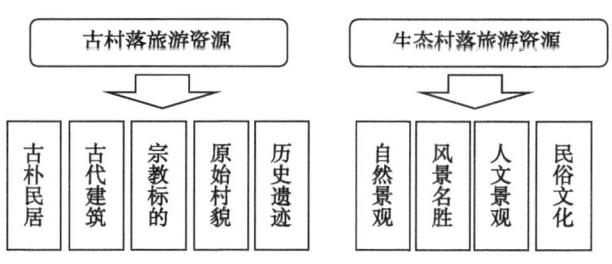

图6-7　生态村落旅游资源构成

三、基于空间功能特征的模式类型

（一）根据休闲农业自然地理空间分布分类

1. 都市型休闲农业

都市型休闲农业主要是指比邻大城市周边郊区，将大、中城市居民作为主要客源群体，为这些游客提供农业旅游服务，吸引城郊居民到乡村休闲旅游的一种形式。都市休闲农业具有地理区位、消费群体、人才技术、基础设施、资金投入等优势，是我国休闲农业发展的先行区和主要类型，在全国休闲农业提升发展中发挥着引领示范作用。城市雄厚的社会经济实力、集聚的居民消费群体，直接驱动都市休闲农业实现率先发展，促进了都市区域农村产业结构优化、农民增收致富、城乡融合发展，都市休闲农业也为完善城市功能、满足居民现代生活需求发挥了重要作用。与此同时，都市休闲农业发展还存在许多问题。

从宏观层面看，一是对发展都市休闲农业的重要性认识不足，特别是城市管理部门长期以来对农业农村了解较少，对休闲农业在促进都市可持续发展和统筹城乡发展方面的作用认识不足，城市的优势还没有充分利用和发挥出来；二是城乡二元结构的影响仍然存在，管理体系分割，未形成城乡统筹发展的体制机制，城乡要素自由流动受到制约，没有把城乡两方面的积极性全部调动起来。从经营层面看，大量都市休闲农业项目存在职业人才缺乏、经营理念落后、管理水平不高、基础设施不配套等问题。许多开发项目不注重规划设计，品牌意识不强，发展模式雷同，经营效益不佳，亟须改进和提升。

2. 田园型休闲农业

田园型休闲农业是指以远离城市的特色农业产业生产基地及旅游景区为依托开展农业旅游项目，绝大部分产业基地及旅游景区都处于乡村的包围之中，乡村与休闲农业园区的距离并不远。田园型休闲农业模式主要有田园农业旅游模式、民俗风情旅游模式、农家乐旅游模式和科普教育旅游模式4种类型。田园型休闲农业以农村田园景观、农业生产活动、特色农产品和著名景区为旅游吸引物，开发农业游、林果游、花卉游、渔业游、牧业游等不同特色的主题旅游活动，满足游客体验农业、回归自然的心理需求。

田园型休闲农业在不断深入发展和提升的过程中，有望实现从传统乡村向田园综合体的转变，即从简单的农作物生产功能到集生产、加工、销售、展示为一体的复合功能；从农业模式转成"农业+"的模式；从农业产业链转变为综合的产业链，产业链从生产端向体验端转移；从早期的田园产出不高到拓展新的价值空间，实现经济价值、生态价值和生活价值。现阶段，田园综合体建设存在3个突出问题：①由于市场化的程度不高，产业发展较为单一，服务水平还未得到相应提高；②农业技术面广量大，需要雄厚的产业技术作为支撑，现有的产业技术面临短缺；③对周边农业、农村主导产业带动有限，只能作为产业间歇期的有效补充。

3. 生态型休闲农业

生态型休闲农业是指在远离城郊的偏远地区，以保存完整的原始自然景观与人文景观，以及古村落和古遗迹为吸引物的休闲农业旅游模式。这种类型的农业旅游大多位于偏远山区，虽然交通极为不便，也存在一些安全风险，但是对于热衷原生态旅游、探秘寻踪的"驴友"来说仍是独一无二的旅游胜地。这些未经人为开发的自然生态旅游区，景区内具备了有山有水以及农村食宿条件，景区内植被茂盛能使人受到新鲜空气的熏陶，能使人欣赏到美丽的景色，最重要的是保持了自然生态的原汁原味。

从长远发展角度来看，生态型休闲农业的生命力可能更为持久，未来的发展必须解决好以下3个问题：①尽量保持原生态景观，景观选择要有所取舍。生态旅游以特定的动物、植物、群落和整个生态环境为观赏对象，其前提是生态保护，即观赏对象不应受到损害。因此，必须对独特的景观、敏感性强的景观、脆弱的景观景物，加强原生原态的保护。②确定合理的环境容量，培养人们的环保意识。旅游经营者应强调以"质量"，而不是以人数的扩大来增加旅游收入，强调在享受自然文化资源的同时对其保护做出贡献。③解决景区基础设施简陋、设备不足的问题。尤其是卫生设备、饮水设备、服务设备的档次偏低；此外，由于乡村的通达性较差，亟需完善对于突发事件的安全应急系统建设。

(二) 根据休闲农业产业的多功能性进行分类

目前，国内的休闲农业类型大多是从农业和旅游业的双重属性出发，基于休闲农业的多功能性进行分类。本研究进一步总结并凝练前人的研究成果，认为休闲农业可以分为观光娱乐型、康体养生型、科普教育型和创意体验型4种类型。

1. 观光娱乐型

观光娱乐型休闲农业模式是以农村田园景观、农业生产活动和特色农产品为旅游吸引物，开发农业游、林果游、花卉游、渔业游、牧业游等不同特色的主题旅游活动，满足游客体验农业、回归自然的心理需求。观光娱乐型休闲农业强化生产过程的生态性、趣味性、艺术性、生产丰富多彩的绿色保健食品，为游人提供观赏和研究良好生产、生活环境的场所，形成林果粮间作、农林牧结合、农牧渔共生的生态农业景观。当前，常见的观光娱乐型休闲农业模式如图6-8所示。

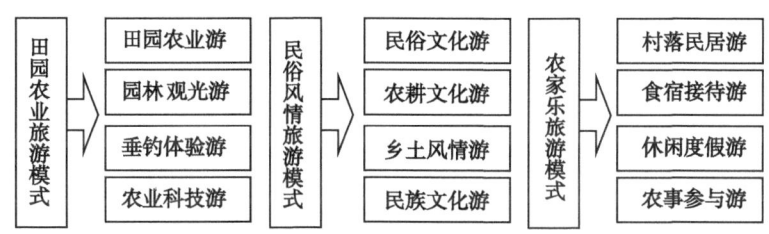

图6-8 观光娱乐型休闲农业模式类型

2. 康体养生型

康体养生旅游是加强身、心、灵全方位健康而进行的旅游，是健康服务和旅游融合发展的新业态。康体养生型旅游的内涵是依托各地旅游和养生资源，将休闲度假和养生保健、修身养性有机结合，拓展养生保健服务模式，针对不同人群需求特点，打造居住型养生、环境养生、文化养生、调补养生、美食养生、美容养生、运动养生、生态养生以及抗衰老服务和健康养老等一系列旅游产品。近年来，无论从中央到地方政府，与康养相关的政策频出，致力于推进健康中国、健康产业的监督、管理与发展，为康养型休闲农业的发展提供支持、引导和推动作用。目前，国家着力打造以健康产业为核心，将健康、养生、养老、休闲、旅游等多元化功能融为一体的特色康养小镇。本研究参考相关研究成果，结合资源依托和功能主题的不同，将康体养生型旅游划分为健康服务体验型、养生资源共享型、养生文化带动型3大类，其下又可以演化为多种发展模式。康体养生型休闲农业模式如图6-9所示。

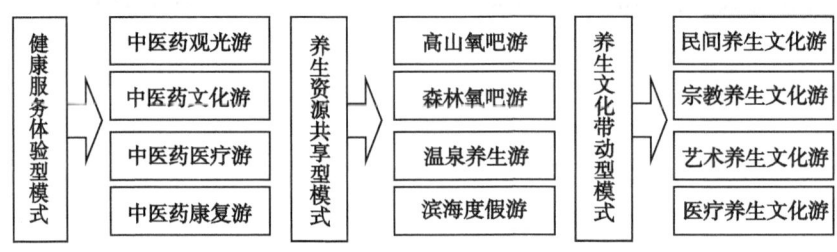

图6-9　康体养生型休闲农业模式类型

3. 科普教育型

科普教育型休闲农业是指利用农业生产、生态环境、动物植物、农村生活文化等资源来设计体验活动的休闲农业基地，以休闲的形式和轻松心态来完成农业科学技术和知识的普及。科普教育主题的休闲农业，主要以展示农业科学知识（如动物、植物生长过程），农耕历史文化，生态、环保等自然知识和设计动手生产、体验活动为主题元素。主要以儿童、青少年学生及对农业知识、科学自然知识感兴趣的城市游客为主要服务对象，兼顾了知识传播与休闲娱乐双重功能，是今后休闲农业的发展趋势。目前，大多数休闲农庄都建设了面向儿童和青少年的亲子学习区和科普教育区。本研究认为根据科普教育主体的不同，可分为生物认知主题教育、农耕文明主题教育、乡土文化主题教育、农业科技主题教育和爱国主义主题教育5种类型，各个类型的旅游产品主题与内涵如图6-10所示。

4. 创意体验型

创意体验型农业是指有效地将科技和人文要素融入农业生产，进一步拓展农业功能、整合资源，把传统农业发展为融生产、生活、生态于一体的现代农业。创意农业融入了文化艺术、科技元素，把传统开发与文化开发结合起来，赋予了丰富的内涵与附加值。将传统的农业产品透过"创意"工具，转化为更具审美价值形态、健康生态理念、文化创造内涵的全新农产品。创意农业通过特色农业开发、农业景观设计、农业休闲旅游、农村基础设施跟进建设等一系列创新，提高了农业的效益，增加了农民的收入，提升了农民的文化水平，改善了农村生态和生活环境。

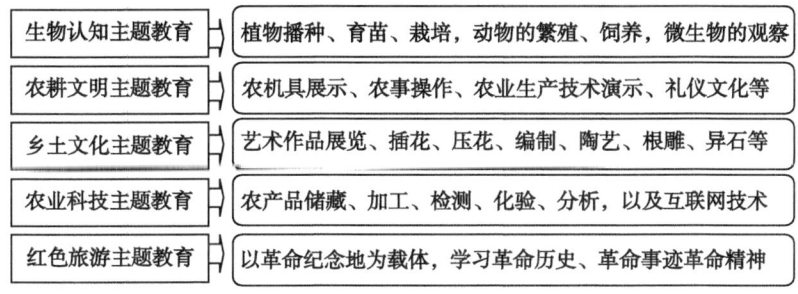

图 6-10 科普教育型休闲农业模式主题与内涵

创意农业是一个国家与地区农业发展水平的重要体现，是现代农业文明的重要标志。这是将传统产业与现代创意文化有机融合的新型盈利模式，其为农业旅游发展的高级阶段，能够带来更多的经济附加值。借鉴国外发展创意农业的成功经验，当前我国普遍存在的创意农业有科技创意、文化创意、服务创意、生态创意和融合创意 5 种类型，每种类型创意活动主体与内涵如图 6-11 所示。

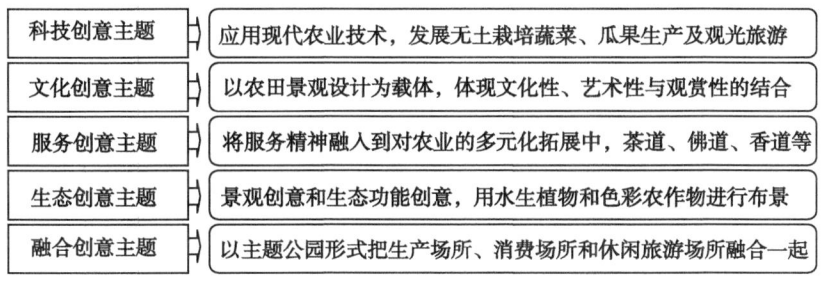

图 6-11 创意体验型休闲农业模式主题与内涵

第三节 我国休闲农业典型模式

一、北京市休闲农业模式

北京市是全国的政治、经济、文化中心，集古都悠久的历史文化、璀璨的华夏文明、古朴的京腔京韵、时尚的现代气息于一体。位于北京城市周边的郊区农村，发展都市休闲农业具有十分优越的条件和巨大的市场潜力。《北京市"十一五"时期新农村建设发展规划》首次提出建设 5 个农业发展圈：①城市发展圈，由城区和部分城近郊区组成；②近郊农业发展圈，由六环路以内城乡结合地区组成；③平原农业发展圈，由远郊平原地区及浅山区组成；④山区生态涵养发展圈，由北部、西部和西南部山区组成；⑤环京外埠合作农业发展圈，由北京周边津、冀部分地区组成。这5个农业圈清晰地划出了都市农业圈的空间格局及范围。

北京的都市农业主要有4种类型[230]。

（1）主导产业型。为确保北京市的肉、蛋、奶、果、菜的自给率、合格率和应急保障能力而发展的设施蔬菜、畜禽养殖、果树栽培等规模产业园及种养基地。

（2）观光体验型。以农业生产景观为依托，发挥农业的观光、休闲、娱乐、体验、旅游等多种功能，主要形式有休闲农场、观光农业园、农家乐、采摘园等。

（3）科普示范型。以现代农业科技示范园为依托，建成集科研、成果展示、科普教育、人才培训等多功能于一体的农业园区。

（4）文化创意型。以自然资源、产业特色、历史文化为基础，以文化创意理念、高科技应用为手段，形成的以文化为吸引物多业态融合的新型旅游产品。

二、上海市休闲农业模式

随着上海国际大都市的迅速崛起，都市型农业被政府确定为上海发展现代农业的首要目标和主要方向，并确定重点打造绿色、生态、装备、服务4大农业模式。上海市大力开发和培育观光旅游业，重点发展3个物流园区，即外高桥物流园区、浦东空港物流园区、西北综合物流园区。大力发展应用微生物产业，在全国率先实现食药用菌工厂化、机械化和标准化生产。上海建立和完善基本农田保护制度和本底产鲜活农产品最低保有量制度；支持合作社、专业服务公司、专业技术协会、农民经纪人以及农业龙头企业等提供多种形式的生产经营服务，完善农产品市场体系，加强农产品产销对接。

上海的都市农业主要有4种类型[231]。

（1）设施农业生产型。以设施化+生态技术为主要特征，为上海等城市提供较高档的反季节蔬果，并提供良好的生态环境和休闲、旅游场所。

（2）集约科技型。以集约化+生态技术为主要特征，建成集科技成果示范及展示、科普教育、观光体验于一体的现代农业园区。

（3）产业化基地型。依托龙头企业打造专业化产业基地，打造集观摩、实践、休闲于一体的,包涵产、加、销完整产业链的休闲旅游产品。其中,崇明前卫村、孙桥现代农业园区等,建设形成以农业高新技术成果为依托,通过生产高附加值农产品获得高经济效益的农业产业化模式。

(4) 市场化技术型。通过大力建设各种生产示范基地、休闲公园和农业园区等,将市场化贯穿于农业产前、产中和产后的整个链条中。如新桥的花卉生产基地是以市场带动的生态农业区之一。

三、武汉市休闲农业模式

随着武汉市向现代化、国际型大都市的迈进,武汉农业由城郊型向都市农业转型。按照不同的区域功能各异、整体功能完善的要求,武汉都市农业划分为3个圈层:①外环以内,主要体现生态、生活功能。其功能定位为生态、园艺、观光农业,以保证直接为改善中心城区生态环境和居民生活环境服务。②外环以外到各郊区城关镇,主要体现生产功能,其功能定位为设施农业、加工农业和创汇农业。考虑到区域优势较高的土地级差地租,以发展附加值较高的设施农业为主,实施保护性栽培、人工可控性和气候环境可调节性的工厂化生产,生产应时性的蔬菜、瓜果、花卉、苗木、食用菌等,以满足市场要求和创汇需要。③各郊区城关镇以外(包括汉南区),主要体现生产、生态功能。其功能定位为以建设优势农产品基地为主,同时兼顾旅游休闲农业的发展,积极发展绿色农业、庄园农业,营造大武汉的"后花园"[232]。

现阶段,为配合武汉市建立全国资源节约型和环境友好型("两型社会")社会的战略要求,都市农业发展的主要途径就是积极发展生态农业、循环农业、高效农业、观光休闲农业、文化科普农业,使武汉都市农业在生态、节约、环保、循环、持续、效益方面协调发展;它们的内在要求和联系是:生态、节约、环保、循环、持续、效益。武汉在发展良性现代都市农业方面探索并总结出了7种模式:①农村土地综合利用模式;②水资源优化利用模式;③农业区域资源综合利用模式;④农产品加工利用模式;⑤农业科技信息资源整合模式;⑥农业废弃物综合利用模式;⑦农村工业和生活垃圾利用模式。

四、成都市休闲农业模式

成都是全国有名的"休闲之都",是全国"农家乐发源地",是"全国统筹城乡综合配套改革试验区"试点,充分利用自身拥有的资源优势、政策优势、市场优势,重点发展以果为媒、以花为介,以及把自然风光与农耕民俗文化、历史文化、花文化等相结合的休闲观光产业已成为成都市经济增长的一个新的亮点。成都市政府对观光农业的发展科学定位,经过近几十年的探索发展,成功打造出了"三圣花乡""郫县友爱镇农科村"等全国有名的农业旅游景点,尤其是"农家乐"发展规模及水平均走在全国的前列,开创性走出都市型观光农业发展之路。

三圣乡创造性探索出"五朵金花"都市观光型农业发展模式,该模式主要具备以下运作特点[233]。

(1) 统筹规划布局,因地制宜打造风格各异、特色鲜明、错位发展的"五朵金花"。

(2) 科学打造景区,着力打造湿地、绿地、原生态植被、农业文明记忆馆及举办梅花节等自然人文景观。

(3) 挖掘文化内涵,以文化润色农业,以文化提升经营;打造出春有"花香农居"、夏有"荷塘月色"、秋有"东篱菊园"、冬有"幸福梅林"的四季花卉主题。

(4) 创建知名品牌,三圣乡观光农业的发展按照"一村一品"的原则,不断推出农业新品牌;"五朵金花"一花一特色,月月有花开,期期有主题。目前,"五朵金花"已获得国家级 AAAA 级风景区称号。

(5) 拓宽融资渠道,三圣乡观光农业景区主要采用政府投入引导、社会投入为主体、集体资产投入为辅助的多渠道融资方式。观光农业项目投资的主体是社会资金,其中以有实力的大型企业为主,社会资金在"五朵金花"景区上的总投资达 1.67 亿元。

(6) 实行多种经营。三圣乡观光农业景区主要存在农户自家经营型、联合经营型、现代企业经营型 3 种经营方式。随着观光农业发展阶段的不断提升,以龙头企业经营为主的观光农业经营方式逐步成为未来的发展方向。

五、深圳市休闲农业模式

深圳市是全国较早实现城乡一体化的地区,为了破解农业资源少于保障大量农产品供应和安全这一难题,一方面充分利用宝贵农业资源,把农业发展目标定位在建设亚太地区具有重要影响的生物育种创新基地和总部集聚区,培育现代种业,抢占农业生物育种制高点;另一方面实施"走出去"战略,拓展农业发展空间,鼓励引导企业在异地建立供应深圳市场为主的农业生产基地,完善监管体制建设,保障市民吃上安全健康农产品;努力探索出一条依靠现代生物工程技术发展生物育种产业、实现现代农业转型发展的新路子。

深圳市都市农业发展创新模式包括以下2个方面。

（1）建设"一区多园"形式的国家农业科技园区。"一区"是建立以生物育种为核心的国家农业科技园区，"多园"是在国家农业科技园区内建设多个生物育种科技园。首期重点建设7个科技园。

（2）以农业科技园区为载体，加强农田保护盒城市生态环境建设。着力将3万亩基本农田改造成为环境优美的国家级现代农业生物育种创新示范区和菜篮子产品生产基地；安排专项资金加快推进基本农田改造，已建设了一批具有科普教育、观光休闲、农事体验等功能的休闲农业园区，满足市民休闲娱乐、科技教育等需求。目前，深圳拥有西部海上田园、西丽果场、光明农场、青青世界、碧岭现代农业科技园等多个知名农业休闲景区。其中，西部海上田园、光明农场成为全国农业旅游示范点，成为深圳旅游发展一张靓丽名片[234]。

第七章 休闲农业发展政策与保障体系

政策在推进传统产业提质增效、转型升级的时代进程中发挥着不可替代的作用。近年来,国务院及相关部委积极鼓励发展休闲农业,明确发展休闲农业作为促进农业提质增效、带动农民就业增收、传承中华农耕文明、建设美丽乡村、推动城乡一体化发展新兴产业的战略高度;对休闲农业发展出台了很多扶持政策。本章从休闲农业的用地政策、土地流转政策、金融支持政策、生产保障体系4个方面进行总结和分析,希望能够为决策部门进一步加强政策创设,为地方政府和农业经营者吃透政策、用好政策提供参考和借鉴。

一、用地政策

(一)休闲农业的用地政策

2016年中央一号文件《关于落实发展新理念加快农业现代化 实现全面小康目标的若干意见》明确:支持有条件的地方通过盘活农村闲置房屋、集体建设用地、"四荒地"、可用林场和水面等资产资源发展休闲农业和乡村旅游。将休闲农业和乡村旅游项目建设用地纳入土地利用总体规划和年度计划合理安排[235]。

2016年国务院办公厅《关于推进农村一二三产业融合发展的指导意见》提出:对社会资本投资建设连片面积达到一定规模的高标准农田、生态公益林等,允许在符合土地管理法律法规和土地利用总体规划、依法办理建设用地审批手续、坚持节约集约用地的前提下,利用一定比例的土地开展观光和休闲度假旅游、加工流通等经营活动[132]。

2015年农业部等11部门《关于积极开发农业多种功能大力促进休闲农业发展的通知》明确指出:在实行最严格的耕地保护制度的前提下,对农民就业增收带动作用大、发展前景好的休闲农业项目用地,各地要将其列入土地利用总体规划和年度计划优先安排。支持农民发展农家乐,闲置宅基地整理结余的建设用地可用于休闲农业。鼓励利用村内的集体建设用地发展休闲农业，支持有条件的农村开展城乡建设用地增减挂钩试点，发展休闲农业。鼓励利用"四荒地"（荒山、荒沟、荒丘、荒滩）发展休闲农业，对中西部少数民族地区和集中连片特困地区利用"四荒地"发展休闲农业，其建设用地指标给予倾斜。加快制定乡村居民利用自有住宅或者其他条件依法从事旅游经营的管理办法[236]。

2015年国土资源部、住房和城乡建设部、国家旅游局《关于支持旅游业发展用地政策的意见》针对旅游业发展用地进行了具体阐述，要求要积极保障旅游业发展用地供应，有效落实旅游重点项目新增建设用地；支持使用未利用地、废弃地、边远海岛等土地建设旅游项目；依法实行用地分类管理制度；多方式供应建设用地；加大旅游厕所用地保障力度[237]。

2014年国土资源部、农业部《关于进一步支持设施农业健康发展的通知》将设施农用地具体划分为生产设施用地、附属设施用地以及配套设施用地。明确规定：生产设施、附属设施和配套设施用地直接用于或者服务于农业生产，其性质属于农用地，按农用地管理，不需办理农用地转用审批手续[238]。

（二）休闲农业的用地限制

根据上述主要休闲用地政策，可用于发展休闲农业的土地主要包括以下四大类[239]。①农民自有住宅，闲置宅基地。支持城乡居民利用自有住宅或其他条件依法从事旅游经营，支持农民发展农家乐等旅游活动。②农村集体建设用地。支持农村集体经济组织自用及以入股、联营等合法方式使用集体建设用地来发展乡村旅游。③"四荒地"。鼓励利用"四荒地"发展休闲农业，对中西部少数民族地区和集中连片特困地区利用"四荒地"发展休闲农业，其建设用地指标给予倾斜。④城乡建设用地增减挂钩。休闲农业项目建设确有必要占用耕地时先行在异地垦地，数量和质量验收合格后，再用作建设用地。

休闲农业的用地限制，通常包括以下3种类型。

（1）不得占用基本农田。基本农田的底线不能碰，主要包括5个不准：①不准占用基本农田进行植树造林、发展林果业和搞林粮间作以及超标准建设农田林网；②不准以农业结构调整为名，在基本农田内挖塘养鱼、建设用于畜禽养殖的建筑物等严重破坏耕作层的生产经营活动；③不准违法占用基本农田进行绿色通道和城市绿化隔离带建设；④不准以退耕还林为名违反土地利用总体规划，将基本农田纳入退耕范围；⑤不准非农建设项目占用基本农田（法律规定的国家重点建设项目除外）。

（2）不得超越土地利用规划。休闲农业开发必须要明确当地土地规划中其园区所占土地的用途，符合规划使用条件的要积极争取土地建设使用指标，以满足休闲农业园区对建设用地的要求。因此，没有事先编制土地利用规划的休闲农业开发项目一律不予批准。

（3）严禁扩大设施农业用地范围。以农业为依托的休闲观光度假场所、各类庄园、酒庄、农家乐，各类农业园区中涉及建设永久性餐饮、住宿、会议、大型停车场、工厂化农产品加工、展销等用地，必须依法依规按建设用地进行管理，而非按农用地管理。这就要求休闲农业经营者必须履行严格的审批手续，生产成本和工作量的增加可能会限制一些项目的发展。

（三）可用于发展休闲农业的其他用地

除了上述4类土地可用于发展休闲农业以外，还有一些土地通过合理的途径也可以用于休闲农业的建设用地[239]。

（1）关闭矿区的地面遗留的原有建设用地，可直接转为旅游设施建设用地；矿区已经占有的尾矿池、弃石堆场或其他弃用地可在恢复生态的同时，按一定比例（10%~20%）转为旅游设施用地，其余为工矿遗址景观用地。

（2）生态涵养区村落搬迁出的宅基地、新农村建设农户上楼遗留的宅基地，可因地制宜转为旅游设施建设用地。

（3）在大面积的森林（超过$10hm^2$）绿地作为生态旅游资源时，允许有3%~5%用地转为旅游设施用地。

（4）其他荒地（非林地、非耕地、无其他生态价值的荒地），经相关部门确认，原则上允许作为旅游设施用地。

二、土地流转政策

休闲农业项目的开发和建设需要一定规模的建设用地，那么如何才能获得建设园区所需的大量土地呢？这就涉及土地流转的问题。国家为了引导农村土地经营权有序流转，盘活农村资源资产，提高农民土地流转的积极性和土地流转效率，根据一定时期内的特定政治和经济任务，在土地资源开发、利用、治理、保护和管理方面规定了行动准则。本研究整理归纳了近年来农村土地流转的一些新政策，从而全面了解国家在培育休闲农业新产业发展过程中，配合农村土地制度改革所做的具体工作。

(一) 政策梳理

2014年11月，中共中央办公厅、国务院办公厅印发了《关于引导农村土地经营权有序流转发展农业适度规模经营的意见》，提出总体要求坚持农村土地集体所有，实现所有权、承包区、经营权三权分置，引导土地承包经营权有序流转[240]。

2015年中央一号文件，中共中央、国务院下发了《关于加大改革创新力度加快农业现代化建设的若干意见》，强调要加快构建新型农业经营体系，坚持农民家庭经营主体地位。引导土地经营权规范有序流转，创新土地流转和规模经营方式，积极发展多种形式适度规模经营，提高农民组织化程度[131]。

2015年8月，国务院印发《关于开展农村承包土地的经营权和农民住房财产权抵押贷款试点的指导意见》，指出要以落实农村土地的用益物权、赋予农民更多财产权利为出发点，稳妥有序开展"两权"抵押贷款业务，有效盘活农村资源、资金、资产，增加农业生产中长期和规模化经营的资金投入[241]。

2015年11月，中共中央办公厅、国务院办公厅下发了《深化农村改革综合性实施方案》，提出引导农村集体所有的荒山、荒沟、荒丘、荒滩使用权有序流转。在农村耕地实行所有权、承包权、经营权"三权分置"的基础上，按照依法自愿有偿原则，引导农民以多种方式流转承包土地的经营权[242]。

2016年中央一号文件，强调要稳妥有序推进农村承包土地的经营权和农民住房财产权抵押贷款试点，积极发展林权抵押贷款。引导农户自愿以土地经营权等入股龙头企业和农民合作社。支持有条件的地方通过盘活农村闲置房屋、集体建设用地、"四荒地"、可用林场和水面等资产资源发展休闲农业和乡村旅游[235]。

(二) 农村土地经营权流转形式

为了引导农村土地（指承包耕地）经营权有序流转、发展农业适度规模经营，国家鼓励承包农户依法采取转包、出租、互换、转让及入股等方式流转承包地。鼓励农民在自愿前提下采取互换并地方式解决承包地细碎化问题，具体形式如下[243-244]。

1. 转租（包）

转租是指承租方将部分或全部承租经营土地在一定期限内的使用权转给同一集体经济组织的其他农户从事农业生产经营。转租后原土地承租关系不变，原承租方继续履行原土地承租合同规定的权利和义务。接租方按转租时约定的条件对转租方（原承租方）承担责任。此种方式适用于作为集体经济组织成员的农民。

2. 出租

出租是指承包方将部分或全部土地承包经营权以一定期限租赁给他人（包括个人、集体、企业或其他组织）从事农业生产经营，出租人向承租人收取租金。出租后原土地承包关系不变，原承包方继续履行原土地承包合同规定的权利和义务。承租人按出租时约定的条件对出租人（承包方）承担责任。

3. 互换

互换是指承包方之间出于各自需要或者方便耕种管理的目的，通过自愿平等协商，对属于同一集体经济组织的承包地块进行交扔，同时交换相应土地的承包经营权。互换后，原土地承包合同规定的权利义务可由原承包者承担，也可随互换而转移。此种方式同样适用于作为集体经济组织成员的农民。

4. 入股

入股，亦称"股田制"或股份合作经营，是指在坚持承包户自愿的基础上，将承包土地经营权作价入股，建立股份公司。在土地入股过程中，实行农村土地经营的双向选择（农民自愿参与土地经营），农民凭借土地承包权可拥有公司股份，并可按股分红。农民既是公司经营的参与者，也是利益的所有者，是当前农村土地使用权流转机制的新突破。

5. 转让

转让是指土地所有人将土地所有权有偿或无偿地转移给他人。有偿的是买卖，无偿的是赠与或遗赠。土地转让行为只能发生在土地私有制的社会里，我国土地为公有制，因而不允许土地转让。但是土地的使用权可以依法转让，受让人仅对土地享有使用权，而所有权仍属于国家或集体。

在上述基本流转模式中，以转让、出租、抵押以及入股模式最为常见。

三、金融支持政策

（一）农业投融资改革体制改革政策

为了鼓励各地整合财政资金，将中央有关乡村建设资金向休闲农业发展项目和集聚区建设领域倾斜，深化农业投融资体制改革，加强农业领域政府与社会资本合作，多渠道增加农业投入，促进休闲农业持续健康发展。

2015年农业部等11部门《关于积极开发农业多种功能大力促进休闲农业发展的通知》要求，在财税支持方面，要乡村建设资金适当向休闲农业集聚区倾斜；鼓励各地加大对休闲农业创业发展和基础设施建设的支持力度；扶持一批休闲农业聚集村；落实税收优惠政策。在融资渠道方面，鼓励担保机构加大对休闲农业的服务力度，搭建银企对接平台；探索休闲农业多元化投融资机制；探索以旅游资源、扶贫资金等入股方式[236]。

2016年人民银行会同相关部门联合印发《农村承包土地的经营权抵押贷款试点暂行办法》和《农民住房财产权抵押贷款试点暂行办法》。"两个办法"从贷款对象、贷款管理、风险补偿、配套支持措施、试点监测评估等多方面，对金融机构、试点地区和相关部门推进落实"两权"抵押贷款试点明确了政策要求[245]。

2016年中央一号文件明确提出，强化规划引导，采取以奖代补、先建后补、财政贴息、设立产业投资基金等方式扶持休闲农业与乡村旅游业发展；引导和支持社会资本开发农民参与度高、受益面广的休闲旅游项目；通过政府与社会资本合作、贴息、设立基金等方式，带动社会资本投向农村新产业新业态[235]。

2016年国家发改委和农业部出台《关于推进农业领域政府和社会资本合作的指导意见》，鼓励社会资本参与现代农业示范区、农业物联网与信息化、农产品批发市场、旅游休闲农业发展；着力提高农业PPP项目投融资效率，鼓励金融机构通过债权、股权、资产支持计划等多种方式，支持农业PPP项目；探索优化准公益性与公益性农业项目的多种付费模式；建立分工明确的风险防控机制[246]。

2016年农业部办公厅、中国农业银行办公室发出《关于金融支持农村一二三产业融合发展试点示范项目的通知》，提出有针对性地支持一批农村产业融合发展主体；各级农业银行要根据产业融合发展项目的要求，稳步增加贷款投放规模，将"百亿百家"行动、"万社促进计划"等金融服务和"城镇化贷款""农家乐贷款""农民工返乡创业贷款"等金融产品积极用于农村产业融合发展项目支持[247]。

2017年国土资源部、财政部印发《关于新增建设用地土地有偿使用费转列一般公共预算后加强土地整治工作保障的通知》，提出为完善财政支农政策，推进土地整治和高标准农田建设，新增费转列一般公共预算后，中央财政将设立"土地整治工作专项"，对地方开展的高标准农田建设、土地整治重大工程和灾毁耕地复垦等土地整治工作予以重点支持[248]。

2017年国务院办公厅发布《关于创新农村基础设施投融资体制机制的指导意见》,发挥政府投资的引导和撬动作用,采取直接投资、投资补助、资本金注入、财政贴息、以奖代补、先建后补、无偿提供建筑材料等多种方式支持农村基础设施建设。鼓励地方政府和社会资本设立农村基础设施建设投资基金;建立规范的地方政府举债融资机制,推动地方融资平台转型改制和市场化融资,重点向农村基础设施建设倾斜[249]。

2017财政部和农业部联合印发《关于深入推进农业领域政府和社会资本合作的实施意见》,进一步明确了6大重点农业PPP项目投资领域,包括农业绿色发展、高标准农田建设、现代农业产业园、田园综合体、农产品物流与交易平台及"互联网+"现代农业;并联合组织开展国家农业PPP示范区创建工作,推动形成一批可复制、可推广的成功模式[250]。

(二) 休闲农业补贴方面的政策

关于休闲农业的补贴政策在本书第三章已经进行了总结,本研究参考农业部等国家层面的政策文件,借鉴一些权威分析机构的分析结果,针对2018年国家休闲农业补贴的新政策、可申报补贴的项目进行归纳总结,见表7-1。其中,蔬菜种植、水果产业、茶叶产业等,可以申报农业部的园艺作物标准园建设项目,每个项目补贴50万~100万元,要求设施200亩以上,陆地1 000亩以上。林业产业可以申报林业局的名优经济林示范项目,每个项目200万元以上;林下经济项目可以申报成为国家林下经济示范基地、国家绿色特色产业示范基地,一般补贴在10万~30万元。观光类农庄可以向旅游局申请旅游专项资金、旅游扶贫资金等。在贫困村建设的项目,还可以申请旅游局贫困村旅游扶贫项目资金。自由基地发展餐饮的农庄还可以申请三品一标的认证及相关补贴[251]。

表7-1 2018年休闲农业相关领域申报补贴项目一览

序号	项目名称	支持范围	受理部门	补助额度及申报时间
1	资源节约与环境保护中央预算内投资备选项目	节能、节水、循环经济、资源综合利用、污染防治	发改委	项目总投资10%左右;申报时间6个月
2	生物质能综合利用示范项目	生物质成型燃料,畜禽养殖场沼气发电场等	发改委	项目总投资10%左右;申报时间6个月
3	现代农业园区试点申报立项目	优势特色产业引领区、现代技术与装备集成区、一二三产业融合发展区等	农业部	省级1 000万~2 000万元、国家级1亿~2亿元;6个月

（续表）

序号	项目名称	支持范围	受理部门	补助额度及申报时间
4	扶持"菜篮子"产品生产项目	重点扶持蔬菜，适当兼顾果、茶，每个设施基地200亩以上，每个露地基地1 000亩以上	农业部（各县农委、农业局）	5 000元/亩，300万以内；申报时间7~8个月
5	农业综合开发农业部专项（良种繁育、优势特色种植项目）	重点扶持：良种繁育类项目、优势特色种养示范类项目	财政部	100万~500万；申报时间：12月之前
6	农业综合开发林业专项	扶持没有其他林业资金投入渠道的木本油料、国家储备林、林下经济、特色经济林等示范项目	财政部	120万
7	一县一特产业发展试点项目	农业基础设施、良种繁育、农业污染物防治、废弃物综合利用和社会化服务体系等项目；新产品新技术推广应用、农产品精深加工等	财政部	300万~500万元；申报时间：10月
8	龙头企业带动产业发展试点项目	同上	财政部	500万~800万元；申报时间：10月
9	农业综合开发专项——园艺类良种繁育及生产示范基地项目	种植、养殖基地和设施农业项目；棉花、果蔬、茶叶、食用菌、花卉、蚕桑、畜禽等农产品加工项目；储藏保鲜、产地批发市场等流通设施项目	农业综合开发办公室	300万元；申报时间：6~8月底
10	现代农业示范项目	农业可持续发展型示范项目；农业高新技术综合应用型示范项目；农业结构调整型示范项目；外向型农业示范项目	发改委	200万~2亿；申报时间：6月
11	农业综合开发产业化经营项目	种植、养殖基地和设施农业项目；棉花、果蔬、茶叶、食用菌、花卉、蚕桑、畜禽等农产品加工项目；储藏保鲜、产地批发市场等流通设施项目	农业综合开发办公室	300万元；申报时间：6月底
12	一二三产业融合试点项目	新型农业经营主体发展加工流通和直供直销；大型原料基地与加工流通企业协同升级；休闲农业经营主体与农户联合建设公共服务设施；农村产业融合发展先导区建设	农业部	项目总投资的30%；申报时间：5月

(续表)

序号	项目名称	支持范围	受理部门	补助额度及申报时间
13	田园综合体专项补贴	符合以下7个条件示范园区：功能定位准确、基础条件较优、生态环境友好、政策措施有力、投融资机制明确、带动作用显著、运行管理顺畅	财政部	国家级：每年6 000万～8 000万，连续3年；省级：每年3 000万～6 000万，根据具体情况而定。

四、生产保障体系

党的"十九大"做出"实施乡村振兴战略"的重大决策部署，2018年9月中共中央、国务院《乡村振兴战略规划（2018—2022年）》的印发确保了乡村振兴战略落实落地。国家明确提出"构建现代农业产业体系、生产体系、经营体系"是乡村振兴建设现代农业经济体系的重要任务。休闲农业作为国家重点培育的农业农村发展的新动能产业，准确把握现阶段农业经营规模不断扩张、产业深度融合及传承优秀农耕文化的时代特征，进一步夯实现代农业的生产保障体系，促进农业农村现代化加快发展。

本研究认为，休闲农业的生产保障体系包括3部分：宏观层面的决策体系、中观层面的生产体系和微观层面的技术体系。整个生产体系的架构树状图如图7-1所示。

1. 宏观层面的决策体系

宏观层面决策体系位于顶层，从资源配置、产业融合、功能定位、景观设计和政策调控5个方面引导和扶持休闲农业产业的转型升级。

2. 中观层面的生产体系

宏观层面决策体系的5个指导领域分别对应着中观层面的5个生产支撑体系：①资源配置领域，就是为了满足人类的需求，实现资源的最佳利用，通过政策手段将自然资源系统进行合理地改造、设计、组合与布局，也包括劳动力、生产资料、技术、信息等要素。②产业融合领域，就是指第一、二、三产业或同一产业不同行业相互渗透、相互交叉，最终融合为一体，逐步形成新产业的动态发展过程。休闲农业的产业融合实际上是第一产业和二、三产业之间的产业渗透和产业交叉；即通过信息技术产业和传统农业在边界处的产业融合，以及农业和加工业与服务业间功能的互补和延伸，实现产业融合。③功能定位领域，休闲农业最基本的功能定位是生产功能、休闲

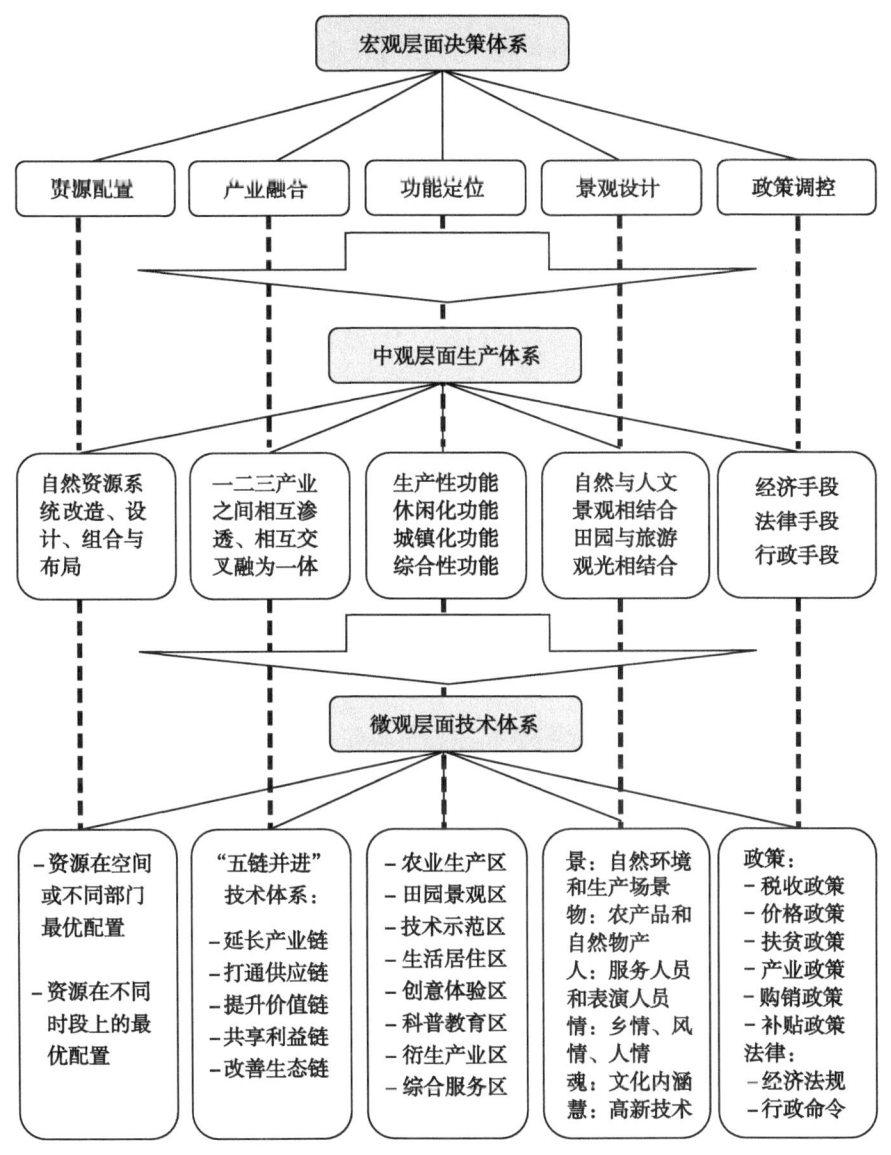

图 7-1 休闲农业生产体系架构树状图

化功能、城镇化功能和综合性功能,这 4 个基本功能定位为构建田园综合体模式奠定基础。④景观设计领域,休闲农业的观光旅游特性集中体现在景观设计的规划之中,其景观设计要坚持自然与人文景观相结合、田园与旅游观光相结合的原则,充分体现旅游资源的游憩价值。⑤政策调控领域,主要包括经济手段、法律手段和行政手段进行休闲农业生产经营活动的引导、调控和管理。

3. 微观层面技术体系

微观层面的技术体系对应着中观层面的生产体系,本研究将5个生产体系领域进一步细化,并进行技术特征的归类和定性描述。①自然资源系统的合理配置,包括资源在空间或不同部门间的最优配置和资源在不同时段上的最优配置。②一、二、三产业深度融合,构建"五链并进"技术体系,即延长产业链、打通供应链、提升价值链、共享利益链、改善生态链。③构建田园综合体新模式,包括建设8个休闲农业功能区,即农业生产区、田园景观区、技术示范区、生活居住区、创意体验区、科普教育区、衍生产业区、综合服务区。④设计独具特色旅游景观,集"景、物、人、情、魂、慧"6大亮点于一体。⑤建立健全经济政策手段,包括税收政策、价格政策、扶贫政策、产业政策、产品购销政策、补贴政策等。

第八章　休闲农业发展实践专题研究

第一节　北京房山休闲农园发展模式

房山区自2012年被农业部批准为全国现代农业示范区以来，以农业科技服务、农业生态保障及农业金融服务等保障体系建设为支撑，极力打造都市型现代农业创新发展亮点，休闲农园型农业旅游模式已成为房山区城市发展的新名片和都市现代农业跨越式提升的新手段。房山区力争用3~5年时间打造全区休闲农业发展4大亮点，即酒庄葡萄酒产业集聚示范区、生态休闲农业示范区、农产品质量安全示范区和高端食用菌新产业集聚示范区。其中，生态休闲农业示范区和葡萄酒酒庄产业集聚示范区又是亮点之精华。

近年来，房山区大力推进平原造林工程，提高生态环境养育水平；加大水域环境治理和中小河道治理，营造山清、水秀、岸绿的生态水环境。全区沿着重点交通路线和乡村旅游黄金线，发展景观农业，着力构建"三线五区"和"五田六园"的景观农业建设布局。"三线"，即琉璃河高速出口至十渡旅游黄金线、长周路交通线、北沟108国道三条观光旅游线。"五区"，即韩村河"天开花海"、长沟"水岸花田"、琉璃河"古桥荷苑"、十渡"绿野花海"、周口店"迎风花谷"5个规模休闲区。"五田"，即粮田、梯田、稻田、花田、药田。"六园"，即科普园、休闲观光园、采摘园、体验园、茶园、农业科技园。在平原区集中打造一批标准园、精品园和示范园，将农田建成"安全美丽田园"；南部山区以"山水文化、旅游经济"为主题，北部山区以"红色文化、绿色经济"为主题，加速实现高端资本要素与山区优势资源有效对接。此外，抓好一个国家级最美乡村创建试点，创建一个市级乡村旅游示范镇、两个市级最美乡村。同时，开展好区级5个最美乡村、5条最美乡村路、5块最美农田的创建活动，进一步改善全区农村生态环境，提升乡村建设和休闲旅游服务水平。2014年度评选结果见表8-1。

表 8-1　2014 年房山区"最美乡村、最美乡村路、最美农田"评选结果

	最美乡村	最美乡村路	最美农田
1	长沟镇北甘池村	史家营乡百花山最美山花路	窦店镇窦店村二农场最美粮田
2	周口店镇南韩继村	琉璃河镇花海梨园路	大安山乡西苑村最美梯田
3	窦店镇刘平庄村	韩村河镇岳圣路	十渡镇西河村最美稻田
4	张坊镇穆家口村	青龙湖镇沙马路	霞云岭乡庄户台村最美药田
5	佛子庄乡西安村	周口店镇观光探古寻幽路	石楼镇坨头村最美水田

一、休闲农园取得成效

1. 休闲农园建设规模不断壮大

截至 2013 年，房山区已建成韩村河"天开花海"、长沟"水岸花田"等 5 个规模花海景观观赏区，建有休闲、垂钓、采摘等各类农业观光园 105 个，从业农民 5 900 人；发展民俗旅游村 60 个，民俗旅游接待 4 686 户。其中，市级民俗旅游村 26 个，市级民俗户 1 293 户，国家级乡村旅游示范点 2 个，市级休闲农业示范乡镇 3 个。全区农业旅游业实现收入 2.6 亿元，接待市民 320 万人次。

2. 休闲农园的品牌质量不断提升

房山区积极开展北京市星级休闲园区评定工作，参加中国美丽田园推介活动，其中张坊镇云泽农业山庄被评为北京市五星级休闲农业观光园，房山区长沟向日葵园、琉璃河梨园被评为中国美丽田园。创新节庆农业特色品牌运作模式，成功打造长走大会、旅游观光季、收获节等节庆休闲品牌；发展坡峰岭休闲园、湿地休闲园等知名休闲点；推出"稻田蟹、荷塘鱼、生态藕"创意农产品，在全市享有广泛知名度。

3. 休闲农园的景观格局已具雏型

房山区沿着重点交通路线和乡村旅游黄金线，发展景观农业，着力构建"三线五区"和"五田六园"的景观农业建设布局。"三线"，即琉璃河高速出口至十渡旅游黄金线、长周路交通线、北沟 108 国道三条观光旅游线。"五区"，即韩村河"天开花海"、长沟"水岸花田"、琉璃河"古桥荷苑"、十渡"绿野花海"、周口店"迎风花谷"五个规模休闲区。"五田"，即粮田、梯田、稻田、花田、药田。"六园"，即科普园、休闲观光园、采摘园、体验园、茶园、农业科技园。

二、休闲农园典型案例

房山区通过发展景观农业,把一大批质朴的农园打造成了乡村旅游黄金线上别具吸引力的景点,韩村河镇龙门口村的尚大—沃联福农场和窦店镇芦村的芦西园以独特的发展定位和经营理念,成为其中的典型代表。

1. 尚大—沃联福农场

建于2007年,位于北京市房山区韩村河镇龙门口村龙门口水库西岸,总占地面积400亩,是国内首家生态环境教育体验式基地。园区拥有林地、山地平原等多样的地貌类型,农场拥有绿色蔬菜、生态果树、露天垂钓、DIY农庄、有机农家饭等项目,适宜开展生态环境教育、农耕文化教育、亲子教育、自然科学教育、休闲观光农业等旅游项目。

2. 芦西园休闲体验基地

由北京泰华芦村种植专业合作社于2009年建立,位于房山区窦店镇芦村河西。合作社蔬菜园区种植面积80hm^2,拥有380余栋中高档日光温室,蔬菜种植区周年种植黄瓜、西红柿、茄子等大众型蔬菜10余种,樱桃番茄、迷你黄瓜等特色型蔬菜20余种,以及草莓、甜瓜、葡萄等特色水果。合作社以种植、养殖产业为基础,形成集种植、加工、观光、教育、生活服务五大功能于一体的都市型现代化农业基地。

三、休闲农园发展存在问题

房山区休闲农园发展已经取得显著成效,然而结合创建全国休闲农业与乡村旅游示范点、全市休闲农业园星级评定标准,休闲农园的发展与国内典型相比,还有一定的差距,主要表现在以下4个方面。

1. 政策资金扶持力度不够

发展休闲农园型农业旅游,不管是硬件基础设施建设,还是软件环境方面的专业服务人才引进,都需要大量的资金投入和政策支持。例如,搞好住宿设施、饮食设施、卫生设施、安全设施等建设需要大量资金的投入,专业人才的培养和引进也同样需要大量的资金投入。房山区政府对休闲农业的扶持资金和政策不能如期全部到位,而经营者缺乏相应的融资渠道,使得休闲农业发展多为规模小、品牌单一、档次低,特别是高品位、高档次、多功能、知识型的较少,多数休闲农业区设施简陋、内容不够丰富,社会影响力不大,缺乏吸引力,招商引资困难,严重制约着休闲农园的发展。

2. 项目雷同，缺乏特色

现有的休闲农业园产品单一，缺乏精品，不能适应现代旅游市场的需求，难以提高重游率。观光农业园的格局类似，许多休闲农业经营者都是利用现有的池塘、果园、农田、养殖场，稍加装修和美化，修建人工景观搞旅游开发。这种典型的低层次开发，降低休闲旅游产品的品位和特色，可供游人参与的农业生产活动和娱乐活动较少，对本地的民俗、文化内涵开发不充分，缺乏知识性和趣味性。同时还存在投资少、规模小，地区分布较分散等问题。

3. 缺乏对农民利益的兼顾

休闲农园开发目的是为建设新农村服务，但由于缺少对农民利益的充分尊重，利益主要集中在政府或开发商手中，开发过程中如土地流转问题、合作方式问题、农民就业问题等矛盾日益突出。另外，缺少对农民专业技术的培训，农民的现代服务意识和技能较差。多数休闲农园旅游景点地处城郊农村，相关管理部门在旅游项目开发前后缺少对从业农民职业规范指导、培训和管理，从而影响了整个行业服务的水平。

4. 政策法规及行业标准不足

各乡镇发展休闲农业热情高涨，但保障行业健康发展的政策法规并不健全，尤其是没有制定统一的休闲农业行业管理标准。休闲农业经营管理涉及农业、旅游、工商、环保、质检以及公安等多个部门，管理规范尤其重要。从休闲农业的注册登记、农业生产、旅游管理、总体规划、监督检查以及环境保护和治安管理等方面看，迫切需要政府主管部门发挥政府的经济调控职能，培育规范的休闲农业市场，避免客观上存在的"谁都管，又谁都不管"的混乱局面。总之，管理体制不顺是制约其发展的最大障碍。

四、休闲农园发展模式路径选择

房山区应牢固树立都市型休闲农业为传统农业接续产业和新业态的发展理念，以各乡镇沟域建设及休闲观光旅游产品开发为依托，以高标准、大规模、多客源、多功能的休闲农园开发建设为着力点，充分发挥旅游资源禀赋优势，综合考虑客源市场、空间区位及交通条件，实现"多点开花""串珠成线"的休闲农业发展新格局。

（一）休闲农园的发展思路

1. 进一步整合农业旅游资源及空间格局

目前，房山区旅游资源的跨乡镇整合以及对社会经济资源的整合方面仍存在差距。旅游资源开发局限于传统意义上的自然景观，未能将特色农业、特色工艺等社会经济资源纳入旅游开发范畴，因而特色不明显、亮点不突出。因此，应以快速路网为联络线形成的珠链式城市发展环，在每个乡镇范围内形成点线相连、连线成片的休闲农园整体空间格局，特别是对于具备旅游资源价值的农业点建立有力的旅游营销市场，创建特色旅游品牌，建立稳固的消费群体市场。

2. 提升文化创意及多业融合的科技手段

大多数休闲农园处在低层次的开发、经营水平上，以农家乐、采摘游为主，存在重模仿、轻研发，以及主题创意和文化特色缺乏等问题，旅游活动的知识性、趣味性没有得到充分体现。因此，应努力摸索农业高新技术产业化运行新模式，包括以研究开发资金高额投入为动力的企业行为主体转化模式；以科研机构成果转化及与企业联合开发为重点的转化模式；以科研机构自办科技企业为特征的转化模式；以都市高新技术开发、推广示范为依托的高新技术农业产业园模式。

3. 进一步完善休闲农业发展基础保障制度

房山区已制定休闲农业与乡村旅游示范点（乡镇）认定管理办法（试行），但是指导都市休闲农业发展的规范性文件仍不完善，特别缺少鼓励社会资金参与都市休闲农业开发及个人投资的优惠政策。因此，认真推动落实现有扶持政策，争取用水用电享受农业收费标准等政策，多方增加休闲农业投入，鼓励中小休闲农业企业和经营户以互助联保方式实现小额融资，鼓励农民以资产、资金、技术等要素入股参与经营；加快构建网络营销、网络预订和网上支付等公共服务平台，全面提升行业的信息化服务水平；制定发布全区休闲农业统一标识，并推广使用；鼓励社会资本参与休闲农业推介平台建设，总结推广各地发展经验和先进典型。

（二）休闲农园的路径选择

房山区在农业现代化快速发展的新时期，以调（调结构）转（转方式）节（节约水）增（增效益）为抓手，推进休闲农业与乡村旅游持续发展，提升文化品位、增强经济效益、彰显生态文明，全方位服务于新城新业新生活。未来休闲农园发展将以生活生态型、产业协同型、科技依托型和民俗参与型4个类型为主，大力推广休闲菜园、四季花园、葡萄酒庄园、食用菌示范园、教育科普园、养生药园、历史遗址公园、民俗体验园、观光采摘园、农业嘉年华10种休闲产品形态，各类园区布局及建设内容见表8-2。

表 8-2　房山区休闲农园旅游模式类型与建设重点

类型	农园类别	区域布局	建设内容
生活生态型	①休闲菜园	琉璃河镇、窦店镇、石楼镇、长阳镇	建设系列主题场馆，体验种植、收割、采摘、品尝蔬菜的乐趣，了解农耕历史文化、菜文化、现代农业的种植技术、种植模式、农产品加工等相关知识。
	②四季花园	韩村河镇、长沟镇、周口店镇、良乡镇、长阳镇、大石窝镇、十渡镇	以四季花开民俗谚语为品牌核心，打造房山特色四季花园，量身定制城市观光旅游精品名片。
产业协同型	③葡萄酒庄园	城关街道、青龙湖镇、长阳镇、琉璃河镇、良乡镇、张坊镇	立足精品酒庄酒市场定位，细分市场产品运作；立足大众佐餐酒市场定位，开发庄园旅游产品。包括葡萄采摘、田园欣赏、文化长廊、养生体验等。
	④食用菌示范园	京张公路沿途辐射石楼、琉璃河镇；京石高速两侧；沿小清河流域	筹建食用菌主题园，以菌为媒，营造食用菌产业文化品牌；统一食用菌品牌，以天瑞永和出口企业为龙头，主攻亚洲市场；建设区域菌袋生产基地。
科技依托型	⑤教育科普园	良乡镇、韩村河镇、长阳镇、青龙湖镇、张坊镇、十渡镇	建设热带果树科普园及乡土植物科普园，重点栽种房山特有的野生植物；自然灾害科普教育馆，融自然灾害、人为灾害的预防知识与自救常识为一体。
	⑥养生药园	长沟镇、史家营乡、蒲洼乡、霞云岭乡	打造集科技农业、名贵中药材种植、田园风情生态休闲旅游体验的养生观赏基地，开发养生授课、名医问诊、养生茶和药膳养生餐等旅游产品。
民俗参与型	⑦历史遗址公园	大石窝镇、佛子庄乡、周口店镇	大石窝镇加快云居仙谷沟域建设；佛子庄乡发展上水文化养生沟域建设；周口店镇发展文化旅游，包括参观遗址、模拟考古；发展红螺谷沟域等。
	⑧民俗体验园	蒲洼乡、南窖乡、张坊镇、大石窝镇、十渡镇、霞云岭乡、史家营乡、大安山乡、河北镇	蒲洼生态休闲沟域，南窖燕山绿谷·丰饶之角沟域，张坊仙栖谷沟域，大石窝云居仙谷沟域，十渡绿野花谷沟域，霞云岭乡的九寨十八台沟域，史家营百花山沟域，大安山"北京鸽乡"沟域，河北镇石花洞沟域等特色旅游模式。
	⑨观光采摘园	长阳镇、琉璃河镇、霞云岭乡、张坊镇、周口店镇、青龙湖镇	着力打造以主要果树树种为主，辅以其他不同成熟期果品的特色观光采摘园；引进具有较高观赏性和可采摘性强的地被植物，吸引游客专程前往。
	⑩农业嘉年华	长阳镇、良乡镇、青龙湖镇	借鉴各区县开展农业嘉年华的经验，以"魅力房山·幸福体验""多彩农业·理想家园"为两大特色旅游主题，精心设计打造集农业创意景观、科普教育示范、农耕文明体验、古玩精品鉴赏、乡土美食品尝、历史遗迹挖掘、农趣娱乐互动、新科技新体验等休闲娱乐项目。

五、休闲农园发展制度保障

(一) 推进农村土地制度的改革

房山区 2006 年出台了《北京市房山区农村土地承包经营权流转管理办法（试行）》，对土地承包经营权流转做了详细规定。为保障休闲农业稳定发展仍需不断深化农村土地制度改革，其改革重点应围绕 5 个方面：①全面开展农村土地承包经营权的确权登记颁证工作，实行土地统一登记发证制度；②逐步扩大建设用地流转范围，采取自下而上、局部试点、分区突破的方式，实现规范和高效利用农村集体土地；③制定有效的土地收益政策，将土地增值的一部分收益转移到农民手中，确保农民土地增值收益权不受损失，以实现社会公平；④建立规范的耕地补偿制度，提高对农民的征地补偿标准，完善对被征地农民合理、规范、多元保障机制；⑤构建农村产权流转市场体系和融资服务体系，为实现农村产权依法有序自由流动搭建平台。

(二) 完善基础性保障支撑制度

房山区都市休闲农业发展将步入快速发展阶段，亟待健全基础性保障支撑制度。①优化财政扶持政策与保障机制。建立形成以政府财政投资为导向、以金融机构融资为主体，兼有休闲农业投资基金、民间投资和资本市场融资为补充的多渠道、多维度的融资平台。地方行政部门围绕解决影响都市休闲农业发展的难点、热点问题制定扶持政策，提高政策的含金量。②强化龙头企业（项目）的辐射带动机制。加快建设休闲农业企业孵化器，创新性企业力求将农业与农村经济、农业研究与开发推广、近期与远期、科研院所与项目区、高新技术与传统技术的有机结合，充分发挥高新技术组装、中试、辐射、扩散、转化的基本功能。③建立线性链条各环节的利益共享机制。政府应引导休闲农业企业与其他相关行业或企业通过在空间上集聚、相互协作形成链式的产业组织模式；将休闲农业打造成为京郊现代农业产业发展的崭新业态。

(三) 健全旅游人才的培养机制

具体从以下 3 个方面着手：①拓宽渠道全方位培养人才。加强旅游院校与旅游企业合作，在人才招聘、员工培训、师资培养、信息交流等方面达成双赢，以缓解人才的供需矛盾。②成立专门的旅游人才市场。针对旅游行业特点开展招聘业务，开通旅游人才招聘网，为旅游人才交流、教育培训、人力资源开发提供交流平台。③开展具有针对性的专业技能培训。主管旅游部门的干部，提高自身的业务素质，培养分析和解决问题的洞察力；乡镇、村一级的领导，学习旅游基础知识及经济、法律、美学等方面的知识；农民从业人员，学习基本知识、技能、经营理念、安全、卫生常识、文明举止等，通过培训缩小城乡居民在发展理念、生活习惯、等方面的差距，使房山区休闲农业旅游在标准引领下呈现别样风采。

(四) 培育农业生产新型经营主体

具体从以下3个方面着手：①发展家庭农场（规模大户），推进农业生产经营专业化。倡导从事农业的劳动力转变生产经营方式，进行专业化分工和规模化发展，培植一批种植大户、养殖大户、家庭农场，推动农业专业化生产、规模化经营、集约化发展，不断提高农业劳动生产率和农业生产效益。②扶持农民合作社，推进农业生产经营合作化。鼓励合作社按产业链、产品、品牌等组建联合社，着力打造从事休闲农园旅游生产经营的大社强社；支持合作社兴办加工流通项目，扩大产销对接；鼓励有条件的合作社兴办资金互助社，拓展服务功能。③培养新型农民，推进农业生产经营职业化。新型农民是新型农业经营主体的主力军。开展多形式、经常性的职业培训，选择一批素质较高的农民，通过扩大经营规模，加强专业知识培训，使专业种养大户转变为以经营休闲农园旅游开发为主的企业家和经理人。鼓励引导工商资本从事农业，投资创办家庭农场。鼓励大中专院校毕业生投资创办农业实体，吸引和支持高素质人才从事休闲农园经营和管理，为休闲农业的发展注入持久动力。

第二节　北京通州宋庄镇休闲农业发展模式

宋庄镇是通州区的北部重镇，处于京东经济发展的纽带地位。宋庄镇悠久的历史、淳朴的人文生态环境、百花齐放的文化艺术资源，具有集运动、娱乐、休闲度假于一体的旅游资源优势。宋庄镇是经国务院发展改革委员会批准的全国重点小城镇试点镇和环境建设样板乡镇。近年来，镇政府在建设"经济强镇""旅游大镇"和"文化重镇"的过程中，以休闲观光农业为产业突破口，以文化创意产业为主要特征，以优美宜居社区建设为目标，努力打造享誉世界的品牌宋庄。

一、发展优势及存在问题

(一) 发展现状

宋庄镇旅游业从2000年开始进入快速发展时期，国内国际游客数量以及旅游收入都稳步增长。镇政府先后投入 8 000 余万元对具备旅游资源的村进行基础设施改造建设，完善旅游点的道路、上水、下水和绿化，开通公交线路，为加快旅游业的发展创造有利的条件。近年来，宋庄镇形成了具有地方特色和一定规模的旅游休闲项目，如运河苑温泉度假村、伯爵园高尔夫球俱乐部、通顺赛马场、翟里果品观光采摘园、利富达爱人俱乐部等；特别是建设了一批典型文化创意产业项目，如小堡画家村、宋庄美术馆、东区艺术中心、上上美术馆、前哨画廊、三辰卡通动漫基地、韩燕画廊等。这些特色旅游项目的出现，为新时期宋庄镇休闲观光农业实现跨越式发展奠定了坚实的基础。

（二）发展优势

1. 自然生态旅游资源

（1）水系发达，地热资源丰富。宋庄镇的地上水、地下水和地热水资源都很丰富，是通州区重要的水源保护地。镇的西面是北京的母亲河——温榆河，河的东面有丰富的地热资源，镇的中部有小中河、中坝河；镇的东面是潮白河，河的西面也有丰富的地热资源。沿河地带分布着四个绿色运动休闲平台：东南角有大运河高尔夫，西面沿温榆河道有温榆河高尔夫，北部中部有通顺赛马场和伯爵高尔夫。目前，建成的莱克西施绿色俱乐部是占地 2 000 亩的综合型高尔夫俱乐部；运河苑度假村更是集商务、康乐、休闲、度假、美食、旅游六位一体的四星级酒店。

（2）林木覆盖，环境优美。宋庄镇 2006 年新增绿化美化面积 9.3 hm^2，三年来共栽植花草、树木 283 万棵，提高林木覆盖率 3.2 个百份点。同时新增绿化美化面积 79.3 hm^2，全镇林木覆盖率现已达 34%，小城镇中心区林木覆盖率为 51.2%，远远超过全国 16.6% 的水平。优美的生态环境催生了当地旅游体育产业的发展。其中，北京华骏育马有限公司为亚洲最大的专业从事纯血马饲养、繁殖和训练的大型育马企业。旅游体育产业将会逐渐发展成为镇域重要的经济增长点之一。

2. 人文生态旅游资源

（1）文化艺术，装点小镇。宋庄镇是北京有名的文化艺术小镇，这里聚集各类艺术家 500 多名，已经成长为北京乃至全国规模最大、国际知名度最高的艺术家群落，画家村已成为独特的区域品牌，并被确定为通州新城的五大文化创意产业中心。从 2005 年起，一年一度的"中国·宋庄文化艺术节"不但使艺术家们的作品远渡重洋、声名鹊起，也为促进地区投资招商活动搭建交流平台，特别是多种文化元素的注入，使以画家村为核心的文化创意产业中心区发展成为宋庄镇独特的旅游资源。

（2）民俗旅游，内容丰富。宋庄地区有许多赋有通州特色的岁时节令习俗（传统民间节日，如元宵节的灯笼、踩高跷、跑旱船、耍龙灯、舞狮子、观焰火等活动）、游艺竞技民俗（武术、放风筝等）、饮食习俗等正在进行深度开发和大力宣传。这些老北京原汁原味的习俗与现代新村美景相映成辉，给游客留下深刻印象，为乡村旅游开发增添了一道靓丽的风景。

3. 旅游开发的优势条件

（1）交通及区位优势。宋庄镇境内的主要铁路干线有京承铁路、京秦铁路；主要高速公路及主干路有京哈高速公路、六环路、机场第二通道、京平高速公路、东部发展带联络线、通顺路、壁富路等。此外，轨道交通 M6 支线、S6 号线均通达宋庄地区并设有换乘车站，为宋庄与周边地区的联系提供了良好的交通条件。宋庄镇临接"三区（顺义区、朝阳区、通州区）、两城（顺义新城和通州新城）、一港（航空港）、一市（三河市）"的区位优势，使本地区依托外部优势资源发展的关联度明显提高，为休闲观光农业走出北京，打开国内外旅游市场提供便利。

（2）主导产业优势。主要表现在：①特色果品产业突出。宋庄镇从地理位置到土壤结构都适宜落叶果树生长，所产出的名果层出不穷，并以优质大桃和梨为主栽品种。近年来，宋庄镇以开发果品资源，提高精品梨的知名度，开发旅游观光农业市场为目标，打造宋庄精品梨园采摘节，渐渐成为京东郊区农业生态休闲游的名牌项目。②苗木花卉优势明显。宋庄镇素有"京东苗木花卉第一镇"的美誉，生产的苗木花卉现已出口到韩国、日本、香港等国家和地区。目前，苗木花卉种植面积达 $866.7hm^2$，主要分布在通顺路沿线，温榆河以东地区，已初步形成了绿色观光旅游带的区域特点。③特种养殖前景广阔。宋庄镇的养殖业已经逐步实现了由城郊型向都市型的战略转型，为开发集垂钓、捕捉、喂养、参观、科普于一体的休闲观光农业提供了条件。尤其是特种犬养殖已成为一门新兴产业，不但打通了农民增收致富的新途径，还为发展宠物观光旅游带来了新的契机。

(三) 存在问题

1. 开发模式单一，特色不突出

近年来，宋庄镇结合农业发展现状，挖掘当地旅游资源，在现有的种植、养殖基地的基础上，开发出一些以参与体验型和文化娱乐型为主的富有地方特色的观光农业模式，并形成了"梨园采摘节""宋庄文化艺术节"等几个主打旅游品牌。但总体来说，农业观光园品种单一、缺乏特色，景观风格与农村环境不协调。农业观光园应充分体现构成要素的多样性，宋庄镇优美的田园风光构成了观光农业的基底，由于缺少园林要素的加入，各种农业资源未能通过最优化的配置形式，予以更充分地展示和利用。

2. 休闲游景观没有形成有机串联整体

宋庄镇依托交通主干路网，建设温榆河、潮白河等一批都市型农业走廊工程，打造白庙大桃、翟里梨等一批"一村一品"专业村。各村的农业观光园都设有农业生产区和展示区，虽已发展成一定的规模，但果园之间联系并不紧密，布局较为松散，技术参差不齐，难以形成产业集聚效应。各村的休闲农业项目设计与其他景区之间缺少内在的联系，其中以田园风光和人类活动为特征的自然景观，以人工建筑和配套设施为主导的人文景观、以地方风俗和历史文化为特色的文化景观，没能有机地融合为一体，形成一条相互串联的主线。

3. 经营服务档次不高，农业休闲产业附加值低

宋庄镇大部分民俗旅游较多地采取"户经营、村服务"的形式，以农户为经营主体，由社区经济组织提供相应的服务。其做法使农户得到了实惠，达到了农民增收的效果；但是随着休闲农业的客流规模扩大、活动内容增多和逗留时间加长，部分地区农户接待能力不足的矛盾逐渐显现出来。尤其是在旅游旺季、节假日、双休日等客流骤增的时候，交通、就餐、住宿、娱乐等接待能力明显不足，甚至出现拥挤、降低服务质量等情况，影响了休闲观光农业的发展。

二、发展思路及目标

(一) 发展思路

未来宋庄镇休闲观光农业发展应充分依托林木花卉产业、精品果蔬业、文化创意产业和特犬养殖业这四大主导产业，通过农业与旅游业的兼容、田园风光与旅游景点的呼应、生产活动与旅游功能的耦合以及物质价值和文化价值的互动，努力发展成为集科学生产性、情趣生活性、休闲观赏性、娱乐健身性、社会文化性和自然生态性特色于一体的新型农业产业形态。

具体发展思路是要结合5大农业示范区的总体产业布局，建设"三带、六区"型休闲观光农业新格局。"三带"是指温榆河休闲观光带、潮白河生态观光带和六环路观赏林带；"六区"是指花卉苗木观赏区、精品瓜菜生态旅游区、现代农业展示示范区、文化创意产业示范区、特犬养殖综合服务区、循环农业发展示范区。

（二）发展目标

总体目标是要打造"水系镶嵌两翼、瓜果香飘千里"的品牌宋庄。一是建立与周围人居环境相协调的，兼具多功能性的观光农业园，突出"乡趣、野趣、情趣"的乡土气息；加强自然资源的融合，引进园林设计要素，营造出供人们欣赏的自然美景。二是突破旅游景观建设的行政区划界限，在空间结构上做到点、线、面相结合，在内容上强调自然、人文和文化景观相结合，尤其是宋庄创意文化有机结合，形成以交通干线、河流、林带等为"脉"，串联各观光旅游项目及景区的观光农业产业空间新形态。三是提升休闲观光农业的社会服务能力，将农户分散接待服务与适度规模服务相结合，在改善农户分散接待能力与质量的同时，适当发展一些具有一定规模的集中接待服务设施，形成分散与集中的优势互补。

三、重点建设内容与区域布局

（一）"三带"建设内容与布局

1. 温榆河休闲观光带

温榆河休闲观光带建设布局在沿河堤一线滨河路两侧的生态廊道上，沿途主要经过管头、吴各庄、葛渠、尹各庄、富豪5个村。休闲观光带建设的总体思路是按照温榆河绿色生态走廊建设的要求，充分挖掘沿河文化底蕴，保持温榆河天然河流的特点，按照"水清、流畅、岸绿、部分通航"的标准，将其沿岸建设成为北京市第二道绿化隔离地区的重要绿色休闲观光带。整个休闲观光带又分为上游观赏林带和中游观光林带两段。

（1）上游观赏林带。上游观赏林带包括流经管头、吴各庄、葛渠3个村的河流地段，观赏林带要以涵养水源、保护生态、美化环境为目标，以绿色林网、城镇绿地建设为重点，以城镇河流、主干道路为脉络，打造具有欧陆风情的绿色观赏带和城镇生态公园。

重点建设内容：将乔、灌木与绿篱、草结合，树木与草坪结合，喜阴性植物与喜阳性植物结合，常绿与落叶结合，针叶与阔叶结合，观叶观花与观果结合，视觉效果与嗅觉效果结合，观赏效果与经济效果结合，通过因地制宜、合理配置，创造上佳的绿化景观。森林公园以开阔林地和自然景观为主体，配备必要的服务设施和建筑小品，成为人们回归自然、休闲、旅游、科考和森林浴的理想场所。

（2）中游观光林带。中游观光林带包括流经尹各庄、富豪2个村的河流地段，观光林带要将新农村建设的新民居与乡村旅游开发相结合，实现农村居住的特色化及乡村旅游的功能化，建设宋庄镇独具特色的新农村观光景区。

重点建设内容：借助温榆河畔低密度生态别墅区的风光景致、建筑特色和名人效应，修建环绕中央别墅区的旅游参观道路，沿途辅助人工绿化林和野生灌木群，形成梳齿形绿化渗透的景观层次。别墅区外围的村落，除了适当保留当地民居的文化符号、装饰风格以外，主要融入古运河畔渔民的生活传统，对房屋建筑外观、空间结构等进行创新，形成与水岸别墅区环境相融合的新型民居建筑群落，显示宋庄镇新农村建设的崭新风貌，为乡村旅游增添一道靓丽的风景。

2. 潮白河生态观光带

潮白河生态观光带建设布局在潮白河流经的港北、西赵、关辛庄、高各庄、郝各庄、南马庄、小杨各庄、白庙村、北刘、摇不动、师姑庄11个村。潮白河生态观光带建设总体思路是保留河床、漫滩、植被原有的形态体系，保护现有的自然生态景观，大力栽种常绿阔叶林和彩叶树种，适当增加人文游憩设施建设，将游憩设施与林带种植相结合，营造人工堤岸形态；将分段蓄水与分期开发相结合，为游客提供清新舒适的绿色休息区。整个生态观光带又分为上游湿地景观带、科普长廊观光带和中游森林观光带。

（1）上游湿地景观带。上游湿地景观带位于潮白河分段蓄水的净水源头，包括流经港北、西赵、关辛庄、高各庄、郝各庄、南马庄6个村的河流地段。人工湿地景观带建设将为广大市民提供一次难得的生态环保教育机会，使人们亲身感受到水源的来之不易和保持河流自然生态净化功能的重要性。人们在接受教育的同时，欣赏到潮白河源头的美景，也带动了附近村庄旅游服务业的发展。

重点建设内容：①水禽岛，使游客近距离地接触水禽、认识水鸟、参观拍照并亲手喂食，游人可以自己动手制作一些羽毛类工艺品；②水生植物园，采用丛植、片植的手法，将水边常见的菖蒲、芦苇、旱伞草、蝴蝶花、垂柳、睡莲、香蒲等集中种植，营造独具水岸风情的水生植物园；③水岸奇石馆，主要将潮白河内挖掘出的各种石头进行打磨加工和处理，赋予其别具内涵的名称和艺术想象，成为独立小品；④童趣镶画园，专为少年儿童开设的采（彩）石绘画项目，孩子们可以自己到浅水塘中采集小石子，也可挑选彩色石子绘成五彩斑斓的石画，镶在水泥砖上，留作永久纪念。

（2）科普长廊观光带。科普长廊观光带位于潮白河分段蓄水的净水辅助河段，同时也是引温入潮的第一入水口，包括流经关辛庄、高各庄、郝各庄、南马庄4个村。科普长廊观光带的建设将侧重于从农业科普、水利常识、生态保护等方面吸引游客驻足，为广大市民提供一个在休闲娱乐中学习体验、亲身劳作的机会。

重点建设内容：①潮白河足迹，以潮白河及周边村落历史的演变，沧海桑田的变迁为主题，建设集教育、科普、休憩功能于一体的河道生态走廊；②水岸农家院，将河畔农家最朴实而简单的劳作场景、生活环境、饮食服饰等进行深度挖掘，包装成吸引城里人驻足观光及留宿的农家小院；③河塘月色亭，突出水岸背景林的营造，在宽阔的水面上点缀若干伞状白色凉亭，月色之下犹如顶顶撑开的小帆，河塘月色的美景便一览无余；④雕塑娱乐园，通过石雕、木雕、根雕、沙雕等各类艺术品的集中展示，为艺术家提供切磋与交流的平台，为市民提供与自然和谐共处的教育互动。

（3）森林观光带。森林观光带位于小杨各庄以南，包括流经翟里、小杨各庄、白庙村、北刘、摇不动、师姑庄6个村的河流地段。森林观光带建设主要目的是要保护白庙村等村的潮白河子堤不发生水土流失，并及时为子堤提供防护林带植被；建设要追求"回归自然、返璞归真"的自然味和原生态味，使游客在与大自然融为一体的过程中，体验"天人合一"的幽、雅享受。

重点建设内容：①森林公园，以生态林地为主，使森林景观与丛林步道、茶亭小酌、木桥溪流、奇石花海等人文景观巧妙搭配，为人们营造休闲、观光、旅游、科考、健身的理想场所。②药用植物养生园，主要是为高新区的同仁制药培育药用植物种植基地。园内设有中药区主要种植珍贵的药用植物包括银杏、杜仲、紫荆、商陆、连翘、藿香等，采用半开放的形式供游人参观；还建有中药陈列馆、中药膳食馆、中药汤浴馆等设施，使人们不但可增进中药常识，也可品尝药膳食补、洗洗功效独特的中药汤浴。③高档次旅游度假村，在白庙村的东部，借助运河苑度假村的牌子，建设2~3家高档次的旅游度假村，打造潮白河畔悠闲舒适、安全健康、旅游度假、会议活动、洽谈商务的新社区。

3. 六环路观赏林带

六环路观赏林带布局在六环路沿线的交通廊道上，沿途大致经过王辛庄、小营、大庞村、沟渠庄、疃里、六合村6个村的公路地带。六环路观赏林带建设的总体思路是高速公路和城区组团之间建设高水平的绿化带，既要发挥生态廊道作用，又要营造出绿化带不同层次、颜色及形状的景观效果。此外，依托公路两侧的速生林资源，大力发展林下经济，主动尝试"林菌结合""林药结合""林草结合"等模式；同时，开辟绿色休闲娱乐区。

（1）观赏林带。观赏林带主要营造兼具生态保护和观光功能的防护林、风景林，树种主要选择楸树、合欢、杨树、水杉、五角枫、国槐等，隔离带可栽种木槿、紫薇、红叶李、碧桃、紫荆等花灌木与观赏乔木搭配，并适当引进欧洲红花七叶树、日本紫藤、美国红枫等彩叶树种。

（2）林下产业带。具体包括：①"林菌结合"模式。在小营、大庞村2个村以林地资源为依托，以科技为支撑，充分利用林下土地资源和林荫空间，选择适合林下生长的微生物（菌类）和动植物种类，进行合理种植、养殖，以构建稳定的生态系统，达到林地生物的多样性，使农民在种植速生林的同时，得到更多的收益。②"林药结合"模式。在大庞庄、沟渠庄2个村选择以收获茎、叶、花、果等地上部分为主，一年种植可多年受益的中药材，如金银花、玫瑰花、药木瓜等，也可选择种植后需多年才能收获、或种后不必连年翻耕，地面绿色植被保持时间较长的中药材，如牡丹、芍药、留兰香、薄荷等。③"林草结合"模式。在疃里、六合村六环路沿线的速生林下种植紫花苜蓿、白三叶、红三叶等耐旱型、喜凉型且具有固氮作用的牧草，同时搭配林间种植菊花、二月兰、紫叶苏、薄荷等绿肥，促进全镇林下经济的发展。

（二）"五区"建设内容与布局

1. 花卉苗木观赏区

花卉苗木观赏区分布在壁富路两侧、小中河西岸、徐尹路两侧的片状区域，包括草寺村、寨里、尹各庄和富豪3个村。花卉苗木观赏区主要是为满足宋庄镇花卉苗木产业向大基地、大市场、大流通方向发展的要求，在温榆河休闲观光带建设集花卉产销、科研、信息交流、观光旅游为一体的大型开发示范项目，形成观叶植物、绿化苗木、盆景、盆花、鲜切花、草皮等全面发展的生产格局。

重点建设内容：①花卉盆景观赏园。开发兼具观赏性和食用性的花卉品种，如月季、栀子花、菊花、鸡冠花等。花卉是植物的精英，具有很高的营养价值和保健功能，是一种值得开发利用的食品资源。鲜花食品也是出口创汇的新品种，商机无限。②热带花卉观光园。在富豪村西北、尹各庄村西南部地块上适当发展温室热带花卉，可选择栽种具有一定耐寒性的花卉，如金盏菊、紫罗兰等，也可以选择不耐寒的花卉，如蝴蝶兰、一品红、仙客来、马蹄莲等。③功能花卉博览园。在富豪村南部，居住区的外围可建设功能性花卉博览园，满足城市人居家生活既美观又健康的时尚。可选具有净化空气和吸收有害气体，除尘杀菌且有助于睡眠的功能性花卉品种，如常春藤、吊兰、绿萝、石竹、龙舌兰、花叶芋等。

2. 精品瓜菜生态旅游区

精品瓜菜生态旅游区分布在中心镇六环路以西、通顺路以东的带状区域，包括窑上、岗子、草寺村、徐辛庄、沟渠庄及双阜头6个村成方连片的基本农田。瓜菜采摘体验区是要依托瓜菜产业的发展优势，将自然景观、农田景观和科技农业景观融为一体，营造兼具生产、采摘、观光、休闲等多种功能的人文景观。同时发挥交通便利的优势，建设以"农家乐"模式为主的休闲生态农庄。

（1）高科技农艺园。高科技农艺园建设布局在窑上、岗子、草寺村、双阜头4个村，建设总体思路是运用高新技术和栽培手段，开发无公害珍稀蔬菜和奇异瓜果，向游客展示农业科技新成果，建设融农业生产、农艺奇观、观光旅游和科普教育功能为一体的现代化农艺园，可同时提升农业的经济价值和农作物的观赏价值。

重点建设内容：①蔬菜观赏园。适当引种国外的彩色甜椒、异形番茄、水果黄瓜等，使异地他国的动植物在本地安家落户。另外，还可以通过不同的栽培方式和农艺技术，赋予植物生长状态的奇特感，如通过无土栽培及环境调控，培养出"番茄树""青椒树""黄瓜树""茄子树"等。通过种间嫁接使一株番茄结出五颜六色、形状各异的果实，从而提高植物的观赏价值。在生产景观布置过程中，应尽可能多采用一些无土栽培方法，特别是单株培植的方法灵活性强，更换布景也很方便，从而实现园区内植物景观的多变性。②瓜菜采摘园。园内可架设玻璃温室大棚，面对不同的人群又划分为收费采摘区和免费体验区。收费采摘区主要种植日常生活中少见的新奇品种、野生品种，主要目的是满足城市白领阶层假日休憩的需要，以及为企业和单位给职工提供一个休闲娱乐的场所。免费体验区种植便于采摘的西红柿、黄瓜、豆角、红薯等瓜菜，使青少年游客在感受劳作快乐的同时也学到了干农活的技能，受到了吃苦耐劳的教育。③休憩游览区。在园内农业生产基地的基础上，加入园林景观元素，设计蜿蜒的园路、休憩的凉亭，适当点缀园林小品。其间可以选择栽种一些观赏性强的葡萄、石榴、柑橘等果树，并增加植物盆景，满足游客在品尝新鲜瓜果之后，希望能在自己家中培育的愿望。

（2）休闲生态农庄。休闲生态农庄应建设布局在沿六环主路的中心城镇地带，这一地带交通便利、路网纵横，向西可直达温榆河休闲观光带，向东可通潮白河生态观光带，为游客短期游览后的休息、餐饮、娱乐和小住提供了便利。目前，六环路沿线的房地产开发前景广阔，现已建有大润别墅、丛林庄别墅、四海公寓、疃里新村等住宅小区和别墅区，消费群体相对稳定，因此适宜发展以"农家乐"模式为主的民俗文化村和休闲生态农庄。

重点建设内容：①在窑上、干辛庄、小营3个村建设景区旅舍型客栈，由于紧邻六环路、机场第二通道，与温榆河观光带和通顺赛马场相接，适宜在景区附近建设低档次农家乐旅舍，向游客提供新鲜的无公害食品和清洁的住宿条件，景区旅舍型客栈受中低收入游客的欢迎。②在草寺、徐辛庄、大庞村、沟渠庄、疃里等地建设生态农庄，开发民族节庆活动及"住农家屋、吃农家饭、干农家活、享农家乐"等项目，农村清新的乡野环境、幽静的农家宅院、新鲜的有机蔬菜、美味的土鸡和米酒，以及对农活的劳作体验，所有的一切对于久居都市的城里人来说都具有强烈的吸引力，这也正是农家乐作为一种旅游产品的特色优势所在。

3. 现代农业展示示范区

现代农业展示示范区位于宋庄镇东北部的过渡带，北与顺义接壤、南到徐尹路、西接六环路、东到东部发展带联络线，具体包括平家疃、内军庄、小营、翟里、北寺庄、港北、西赵、关辛庄、高各庄、郝各庄、南马庄11个村，以及大庞村东北、小杨各庄北部的部分地区。为更有效地发挥区域农业资源优势，体现现代农业多功能性特点，推动休闲观光农业快速发展，本规划根据宋庄镇近期现代农业发展重点和产业布局，将现代农业展示示范区划分成农业风情园观光旅游区、伯爵农艺园观光休闲区、潮白河沿岸温泉度假区、中坝河流域观光渔业区、六环外畜禽生态养殖区、平家疃设施花卉示范区和循环农业发展综合示范区7个功能示范区，具体介绍如下。

（1）农业风情园观光旅游区。中国宋庄农业风情园位于北京市通州区宋庄镇北，地处潮白河与温榆河之间，占地446.7hm^2。风情园发展目标是要以旅游文化为核心，打"农业牌""绿色牌""特色牌"，使之成为现代农业的展示窗口、高档优质无公害果品的供应基地、世界各国农业风情体验园地和地域文化荟萃的休闲胜地。

重点建设内容：将宋庄农业风情园划分为"六大园区、一条水系"。"六大园区"的具体建设内容如下：①农业名特产品展示园。以种植名特优农产品为主，如水果黄瓜、彩色番薯、冰糖蜜橘等，包括观叶花木区、药用观赏植物区、香料观赏植物区、水生花卉区、多年生花卉区、球根花卉区等。②观赏鱼展示生产基地。以北京地区锦鲤、金鱼为成体露天养殖，温室内繁殖和养殖各种名贵热带鱼类，建成京东地区的水族集散地，水体种植莲藕养殖水禽类。③欧洲农业风情园。园区内种植 33.3hm² 葡萄和红提子，温室内以欧洲农业特色为主，种植各种名贵花卉，室外种植花坛花卉，养殖法国郎德鹅，水体种植莲藕，养殖水禽和鱼类。④高新农业技术示范园。以温室为主，开展高新农业技术的科研示范和推广。大力种植首都高端市场需求为主的绿色有机蔬菜、水果。⑤果树种植采摘园。日光温室大棚内分别种植樱桃、荔枝、桂圆，露天种植京白梨、桃、杏、柿子类果树，可供游客观赏、采摘。⑥亚洲农业风情园。为大规模阳光大棚生产区，可设有机蔬菜、无土栽培、水生蔬菜、野生蔬菜、观赏蔬菜、食用菌类生产等。

(2) 伯爵农艺园观光休闲区。伯爵农艺园观光休闲区位于北部的平家疃村和小营村，占地面积 173.3hm²，将分为 4 个地域特色种植区，即四季果园、红莓园、蓝莓园和甜瓜园。

重点建设内容：①红莓园。红莓园即草莓及浆果种植园，占地 36hm²，园内各种温室以种植各种优质草莓为主，可选择的优良品种有美香莎、久能早生、鬼怒甘、丰香、早丰、吐德拉、枥乙女和幸香等，室外种植各种浆果藤类。届时，伯爵农艺园将成为北京大型的草莓生产基地和观光休闲基地。②蓝莓园。蓝莓园将主要种植北高丛蓝莓和半高丛蓝莓 2 大类，可选择的优良品种有蓝丰、爱国者、埃利奥特、北路、北村、北蓝等。蓝莓果实中含有丰富的营养成分，具有极强的药用价值及营养保健功能，被国际粮农组织列为人类五大健康食品之一，通常作为一种名优稀特高档果品供应市场，售价昂贵。因此，蓝莓园的建设要面向国内高薪消费群体，在蓝莓果的保健功能和药用功能上做文章，除了供人们享用鲜食果实以外，开发具有市场潜力的饮品、药品、化装品和补品。③甜瓜园。甜瓜园可选择种植红城五号、铁甜金龙甜瓜、铁甜白玉、白甜宝、乳香蜜甜瓜、华甜玉翠等优质甜瓜品种。这些瓜种产量高、质地香甜、适口性好、抗病性强，适于地膜覆盖及保护地栽培的上佳品种，经济效益十分可观。

(3) 潮白河沿岸温泉度假区。潮白河沿岸温泉度假区建设布局在现代农业示范区的东南部，沿潮白河西岸右堤路一线点状分布，途经高各庄、郝各庄、南马庄、小杨各庄 4 个村。温泉度假区建设要充分开发潮白河西岸丰富的地热资源，参照小汤山等地区的成功模式，完善"吃、住、行、游、购、娱"六大要素齐备的接待服务体系，建设集现代娱乐、康复疗养、休闲度假、知识博览、民俗风情、观光农业于一体的温泉度假胜地。

重点建设内容：①室内温泉游泳馆，打造水上游乐园，包括嬉水乐园、桑拿、温泉泡池、人造海浪、特色漂流、儿童乐园、高温浴、石板浴、牛奶浴、中药浴、薄荷浴等项目；馆内配备台球、乒乓球、卡拉 OK 等娱乐设施，并为游客提供精美地方特色小吃以及免费冷热饮料。②风味餐饮酒店，以京菜、鲁菜、川菜三大菜系为主打，建设三个不同风味的食府，为团体或举家出游的客人提供餐饮服务；另外搭配一些具有地方特色小吃馆、烧烤屋等，满足零散游客不同口味的需要。③康体多功能厅，包含可以容纳 30~50 人的中小型会议室和容纳 200 人的大型会议室，会议室提供茶水、幕布、音响、麦克等专业的设备；大型会议室配备专业化仪器设备，可作为 100 人大型歌舞晚会现场以及各种新闻发布会等的场所。④温泉生态园区，园内利用温泉创造人工的生态环境，瞄准国内外高端市场扩大种植和养殖的种类：一是发展特菜种植，引进荷兰小黄瓜、樱桃番茄、球茎茴香、彩色甜椒等蔬菜品种；二是发展热带鱼类养殖，利用地热水养殖罗非鱼、元鱼、白鳗、虾、观赏鱼等，为生态园区带来直接的经济效益。

（4）中坝河流域观光渔业区。中坝河流域观光渔业区位于京平高速公路以南，京承京秦铁路联络线以西，徐尹路以北的中坝河流域地区。宋庄镇是北京市政府命名的净水保护区和北京市水产基地之一，特别是中坝河流域水质污染小，近年来养殖金鱼、锦鲤、热带鱼的农民多了起来，观赏鱼也渐渐成了宠儿。因此，中坝河流域适宜发展以观赏鱼养殖为主的各类水族馆和以垂钓为主的专项旅游服务，把观光渔业作为宋庄镇的一个特色旅游项目，满足一般市民的心理偏好。游客在垂钓结束后可以驱车到中心镇附近的休闲生态农庄就餐、休息。

重点建设内容：①观赏鱼水族馆，水族馆的建设应避免规模过大，而应以小巧、精美、专一而取胜，所谓专一是指专门养殖热带观赏鱼。热带观赏鱼的种类繁多，约有 1 600 多种（我国约产 370 种），为鱼类中种类最多的一种。本地区应专一养殖鲤科鱼，口须加上美丽的鳞构成鲤科的特色。可供选择的品种有斑马鱼、四间鲫鱼、红尾黑鲨、银鲨、红鼻剪刀、三角鱼、红鳍银鲫鱼、彩虹鲨等。②休闲垂钓园，一般可分为两种类型，一是养钓结合型，从业者边养殖，边进行垂钓，不需另外购买，鱼的品质好，上钩率高，较受游客欢迎，一般客源较多；二是专业垂钓型，将池塘进行简易或硬化改造，配备遮阴棚、座椅或安装简易遮阳伞、座位，提供钓具、钓饵并有专人服务，为游客提供饮料、矿泉水和便餐，垂钓品种以外购为主，主要有鲤鱼、鲫鱼、草鱼、武昌鱼、斑点叉尾鮰、芦台鲌鱼、罗非鱼、淡水白鲳等。

4. 文化创意产业示范区

（1）画家村艺术区。画家村文化艺术区建在小堡村，画家村总体发展思路是通过文化为宋庄社会发展提供内在动力，通过文化品牌打造宋庄区域核心竞争力，通过文化氛围的营造为宋庄创造良好的投资环境，通过发展文化旅游推动宋庄国民经济的快速增长；将文化元素逐步渗透到传统产业价值主体中，通过文化产业与传统产业的融合大幅度提升传统产业的价值。

重点建设内容：①绘画作品参观区，建设以"小堡画家村"为代表的文化艺术聚集区，包括画家居住区、工作室、作品陈列室等；②艺术作品展示区，建设以"宋庄赏石文化艺术、民间艺术、书画艺术"等为主体的文化中心区，以艺术展馆、精品画廊、参观步道、教学园地等形式为不同年龄层次的参观者提供欣赏、拍照、旅游、学习等各种不同的服务；③文化信息交流区，建设以"中国宋庄当代艺术空间"为代表的文化旅游、展示、交易基地，为有需求的收藏家和爱好者提供更优秀的作品和更广泛的选择空间。

（2）影视外景参观区。影视外景参观区位于白庙村中南部，作为怀柔影视城拍摄武打片中大漠孤烟的外景地，参观区的建设要在美化与绿化潮白河南端堤岸的基础上，通过修缮道路、绿化环境、配套设施等多项工程创建电影旅游环境，通过与影视媒体的交流，加强对外景地的宣传，带动当地旅游业的发展。

重点建设内容：①影视休闲港，通过外景地的独特景观和电影的故事情节，吸引游客参观游玩拍照留念，并结合影视常识和环保知识开展有奖竞猜、游戏互动等文化活动，使老少皆宜。②水幕电影院，利用河畔的天然水源及现代化水屏技术，以透明水膜为放映屏幕，视觉穿透性使画面具有立体感，影片内容与水面巧妙地结合，扇形水幕与自然夜空融为一体，令观众有身临其境之感，令人神往。③风筝放飞坪，在一块硕大的绿色草坪中间栽种一棵祈福树，游客们可以将祝福话语写在精美的小卡片上对着树枝抛出，若卡片可以顺利挂住树枝，那么祝福就会实现，同时赠送一只幸运风筝，放飞心愿。

5. 特种养殖综合服务区

（1）犬类养殖娱乐区。特种犬养殖娱乐服务区以大邓、高辛2个村为发展重点，发挥大邓村犬业养殖基地的龙头作用，发展集犬业养殖、交易、宠物医疗、美容、服装、保健、游戏、训练、丧葬等犬业养殖配套服务业于一体的宠物乐园。面向国内外拓展业务范围，增设外国籍人养犬、单位豢养军从犬、警犬、科研用犬、护卫用犬以及演艺用犬等特种犬种，为特殊行业培养特殊犬种。

重点建设内容：①珍稀犬观赏园，通过实物、讲解、图片等直观表达，重点向游客介绍国内外名贵犬的外观性情、生活习性、饲养训练等相关知识，增进人们对珍惜犬的了解；②亲历饲养园，创造人与犬亲密接触的环境和氛围，让游客特别是小朋友们亲身感受喂养宠物的愉快，激发游客对犬的喜爱之情和收买的愿望；③游戏娱乐园，建设集游戏、训练、娱乐、健身等多功能于一体的宠物犬娱乐园，使游人在观赏犬娱乐的同时，给身心带来全方位的愉悦和放松；④宠物俱乐部，模仿 IGO 国际宠物俱乐部的一条龙服务模式，放低入会的门槛，建设 2~3 家大众化的宠物俱乐部，使城市中一般家庭的宠物犬都能享受到周到、标准的服务，从而提高俱乐部的知名度。

（2）体育运动娱乐区。京哈高速公路以南段水量丰富，但水质不良，沿岸已形成零星的植被斑块。大运河高尔夫和潮白河影视外景基地坐落于此，使自然景观与人文景观更好地结合；将此段划分为影视外景参观区和体育娱乐健身区。作为北京市高档的体育健身俱乐部大运河高尔夫球场所在地，体育娱乐健身区建设应突出人与自然和谐交融的景致特征，体现自然风光与体育运动的完美结合，并将其划分为小球健身运动区和高尔夫球娱乐区。

重点建设内容：①在北刘村东部开辟面向普通市民的小球健身运动区，包括中、小规格的羽毛球馆、乒乓球馆、网球馆，以及在中小学校较为普及的踢毽、跳绳、沙包娱乐室等，为不同年龄的市民提供理想的运动场所。②在摇不动村东部建设潮白河畔拓展运动基地，基地以白沙滩、鲤鱼池、垂柳林、赏月阁、烧烤屋为主要旅游景点，吸引年轻的游客们在宋庄镇进行一番吃、玩、乐、游、险的全体验。③在师姑庄村中南部建设中低档的高尔夫球娱乐区，球场设计上天然树木、水塘及人工桥与球道巧妙结合，给球场增添了一定难度而又不过分刁钻，使球场极具挑战性和趣味性。

（3）马术休闲娱乐区。马术娱乐区位于内军庄村北部，应充分发挥当地基础设施优势，努力打造集休闲、娱乐、健身于一体的时尚高雅运动胜地，以及京郊独具水岸风情的骑马出游理想场所。

重点建设内容：①马术俱乐部，可以建设 3~4 家马术俱乐部，俱乐部拥有优质的国产马匹提供给骑马爱好者；还有品种优良的进口纯血种马供专业的马术爱好者骑乘；另外配有标准的马房及完善的配套设施，资深的马术教练提供系统的马术培训课程，提供精良的专业防护装备保护骑乘者安全。

②会员俱乐部，建设宽敞、舒适的会所供会员室内娱乐休息，组织水果蔬菜种植采摘等休闲活动，夜晚举行篝火晚会等丰富多彩的活动项目。

6. 循环农业发展示范区

为了积极响应中央提出的发展现代农业战略部署，以及北京市发展都市型现代农业的总体规划要求，宋庄镇现代农业的发展应突破原有的传统农业定位，用循环农业理念指导农业生产，进一步拓展农业发展空间，强调农业产业间的协调发展和共生耦合，构建合理而有序的农业产业链；通过资源的节约保护和废弃物的综合利用，降低农业生产成本，保护生态环境，实现经济稳步增长和农业可持续发展。为此，应构建宋庄镇循环农业发展综合示范区，将种植业、畜牧业、水产业、休闲观光农业等各产业通过物质循环连接在一起，各产业之间通过中间产品和废弃物的相互交换而互相衔接，从而形成一个比较完整和闭合的产业网络。

（1）产业链条的环节。果菜种植主要包括2条产业链：①北寺村、翟里村的果树产业链；②南马庄、小杨各庄的特菜产业链，其中以中国·宋庄农业风情园和宋庄伯爵农艺园为发展重点。果菜产业链是整个循环农业产业链条的重要环节，一方面通过大力发展独具宋庄特色的观光果业和特菜，打造京郊乡村旅游知名品牌；另一方面又为现代畜牧业发展提供绿色、有机的安全饲料，促进有机畜产品生产。

畜禽养殖主要包括4条产业链：①小营的生猪产业链；②北6村的禽类产业链；③北寺、喇嘛庄的奶牛产业链；④中坝河渔业产业链。畜禽养殖主要是通过运用生态技术措施，改善养殖水质和生态环境，按照"猪—沼—鱼—果（菜）"的生态农业模式进行增殖、养殖，投放无公害饲料，生产出绿色食品和有机食品。具体做法是：用猪粪尿排入沼气池产生沼气，沼液流入鱼塘，最后进入氧化塘，经净化后再排放到菜田灌溉。利用沼气渣、鱼塘泥作肥料，施于果园。由于建立了多层次的生态良性循环，从而有效地开发利用农业资源，降低生产成本，减少环境污染，防止畜禽疫病的发生，获取最大的经济和生态效益。因此，畜牧业作为循环农业产业链条的重要环节，做起的主要作用是为上游果菜种植提供有机饲料，并为下游农产品加工业提供安全加工原材料。

农产品加工业是构建一个循环农业经济系统的必需要素和使链条正常运转的决定因子。农产品加工产业链主要完成由原料到产品的转化，实现价值的增值。农产品加工业在原料上以作物果实、植物纤维（畜禽肉体等）为主，加工产品以食品、农副产品等加工品为主。宋庄镇的农产品加工主要包括蔬菜加工和饲料加工两大类,并以北京绿洁明蔬菜销售公司、北京农乐饲料有限公司两大龙头企业为代表。

(2) 产业链条的结构。首先,大力发展观光果业。以中国·宋庄农业风情园和宋庄伯爵农艺园为种植示范基地。一方面生产优质果品,构建优美自然景观,为发展乡村旅游业服务;另一方面为发展畜牧业提供有机饲料。其次,选择发展生态养殖业。以生猪、家禽、奶牛的小规模、生态化养殖为重点,通过物质的多层次转化利用,形成与当地农业生产条件相适宜的立体生态养殖结构;通过养殖废弃物的综合处理和资源化利用,有效地减轻环境污染,改善土壤性质,提高农产品的产量。第三,大力发展本地的农产品加工业,增强有机农产品就地加工、销售和消费的能力,提高农业的自主创新能力。

第三节　海南三亚观光旅游发展模式

三亚市是中国重要的热带滨海城市,常夏无冬,环境优美,是中国乃至世界上海洋旅游资源最为富集的地区之一。在最新编制的《三亚市城市总体规划》中,三亚定位为"国际热带海滨风景旅游城市"。要推动旅游业的跨越式发展,实现建设国际旅游城市的目标,在发展城市滨海旅游的同时,还应充分开发具有三亚特色的乡村旅游景点,挖掘具有农村特色的旅游内涵;通过乡村旅游业的发展促进农业新型产业的成长,开辟三亚市农民增收的崭新途径,带动全市旅游产业发展迈上新台阶。

一、发展现状及制约因素

(一) 发展现状

近年来,三亚市旅游业发展迅速,度假酒店和海滨度假区建设取得了长足进步,逐渐形成了亚龙湾、大东海和海坡三大度假群落,如图8-1所示。相比之下三亚乡村旅游开发相对滞后,规模小、景点较少。2007年,全市工商部门登记注册的乡村旅游点仅14个,包括位于亚龙湾附近的海南人家农家菜、老马驿站户外俱乐部、新农村农家乐以及一些国营农场开展的采摘项目等。

据统计,三亚六镇都分布有类型各异、特色明显的乡村旅游资源。有些乡镇将乡村旅游景点的建设融入到生态文明村和小城镇建设中,着手规划观光休闲农业的大发展。例如,凤凰镇依托秀美迷人的乡村环境和丰富的农业

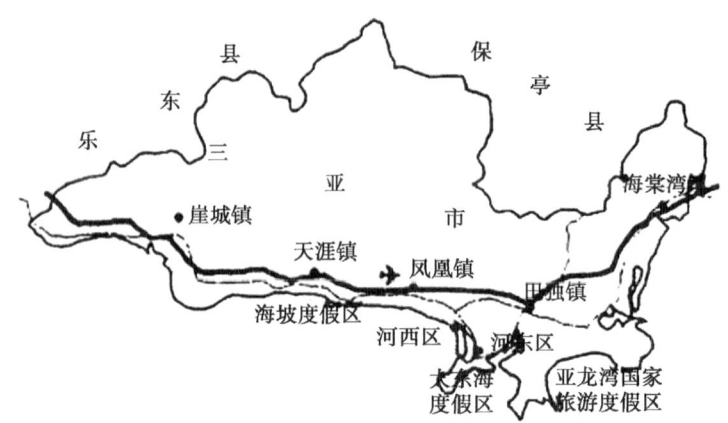

图 8-1 三亚市三大旅游度假群落分布

资源,将农耕文化与黎族乡村民俗风情相结合,在槟榔河规划项目带动下,针对旅游客源市场的需求状况,打造"热带黎家风情乡村旅游区",项目开发周期为 5 年,经营管理力争达到 5A 级标准;天涯镇挖掘天涯文化、历史文化、民族文化潜力,融合现代观光休闲农业新元素,规划建设具有热带风情的休闲度假旅游服务基地,并与农村小城镇建设相结合,建设鲜花供应、田园热带农业观光为一体的黎族风情乡村休闲区;建设绿色农产品加工、生态农业观光示范区;建设"前店后坊"式的手工艺加工、展示和销售基地等方式,将新农村建设与现代特色乡村度假旅游发展相结合。

(二) 优势条件

1. 自然环境优势

三亚市区环境极为独特,山、海、河三种自然美景集中一地,构成了三亚市特有的自然景观。市区三面环山,北有抱坡岭,东有大会岭、虎豹岭和海拔 393 米的高岭 (狗岭),南有南边岭,形成环抱之势,山岭绵延起伏、层次分明;同时,山脉的延伸将市区分成若干青山围成的空间,为城市不同地区提供了各具特色的空间景观环境。海上回望,群山如绿色屏障辉映出三亚市的妩媚多姿。

三亚面临南海,海湾较多,众多海湾各有佳景。处于市区的大东海、小东海、三亚湾与市民生活的关系最为密切。海上的东、西二岛仿佛是面向南海的一张大门,为宽阔的海面增加了层次感。东、西二条河穿过市区,二条河交叉南汇于南边海,北汇于中岛端,自然岸线曲折多变,上游水网纵横交错,两岸自然生长的红树林生机盎然。"山—海—河—城"浑然一体,"清流汇碧海、青山围半城"的风景结构体现了三亚市区独特的自然环境。

2. 交通区位优势

（1）区位优势。三亚是海南省南部的中心城市和交通通信枢纽，是我国东南沿海对外开放黄金海岸线上最南端的对外贸易重要口岸，是祖国的南大门，是建设中的国际热带海滨风景旅游新城。三亚市东邻陵水县、北依保亭县、西临乐东县，南向南海；境内海岸线长209.1公里，有大小港湾19个，主要岛屿10个。三亚在国际经济关系中有独特的区位优势。从三亚向东经菲律宾至西太平洋，向南经澳大利亚至南太平洋，向西南经中南半岛至印度洋以及大西洋，比从广州出发近900公里左右，是祖国真正的南大门，还是保护南海诸岛的后方基地。

（2）交通便利。①航空：三亚凤凰国际机场是海南南部最大的国际航空港，属国内干线机场。位于三亚市西北羊栏镇凤凰村，距市区约20公里。目前已开通航线一百多条，其中国内航线103条、国际地区固定航线3条、临时旅游包机航线20余条；与境内外63个城市通航。②铁路：三亚新火车站位于市郊荔枝沟，市区乘坐204路公车可到。随着海南西环铁路扩能提速工程顺利完工，由三亚始发至海口，经由海口琼洲海峡轮渡与中国内陆各省实现铁路全线贯通。目前已开通三亚至北京西、上海南、广州等地的直达班次。③公路：海南的东线、西线高速公路由三亚、海口两地开始呈环型沿海而建，形成海南环岛高速公路，中途支路四通八达，连接陵水、万宁、琼海等所有市县，全程免收过路过桥费，路况极佳，沿途风景如画。结合三亚市文明生态村建设，农村水、电、路等基础设施进一步完善，2007年底43条新农村进村主干道共54公里已基本完工。④水运：三亚市沿海港湾有榆林、三亚、铁炉、牙龙、保平、藤桥、角头、安游等18个海港，其中三亚海港是客货两用港口，客运轮船直达广州、越南、香港和新加坡等地。

（三）制约因素

当前，三亚市乡村旅游业的发展存在以下3个方面的问题。

1. 对乡村旅游重视不够，缺乏积极有效的引导

一些地方和部门没有把乡村旅游作为建设社会主义新农村和推动旅游转型升级的一项重要工作来抓，农民、农场和企业投身乡村旅游的意识不强，对乡村旅游的内涵认识不足，甚至对农村旅游的认识有偏差。很多人把农村旅游简单地与渔家乐或农家乐等同起来。这样简单的理解不仅降低了农村旅游的丰富性，遮盖了农村旅游所包含的其他类型，也容易导致农村旅游经营方式、开发模式、开发思路的单一化。一些生态文明村的建设已具雏形，但

整个村子显得零散杂乱，新房不成新村，新村不成新貌，文明生态村产业调整、资源开发、新村管理等还存在一些问题。

另外，三亚市乡村旅游一直处于自然发展状态，旅游和农业主管部门都没有将其纳入工作统计范围，至今家底不清，没有科学的规划引导，也没有税收、信贷等方面的优惠政策扶持。由此可见，政府引导和扶持力度的不足，是三亚市未能将农村旅游资源转变成旅游产品的一大原因。

2. 乡村旅游配套设施不齐全，旅游产品开发滞后

三亚市文明生态村的建设虽然给大多数农村带来了翻天覆地的变化，村内大都做到了通水通电通路，但是配套设施不齐全依然是三亚发展农村旅游存在的一大问题。部分文明生态村虽然做到了村内道路硬化，但部分地区依然存在季节性行路难。一些很有特色并已开展乡村游的地区由于相对比较偏僻，加之道路间缺乏必要的标示，致使游客数量受到一定的限制。大部分村庄缺少必要的景物介绍牌。至于住宿、饮食等接待设施基本上没有。一些已在发展农村旅游的村镇来说，普遍存在项目规模小，文化内涵挖掘少，特色不明显的现象。

乡村旅游产品开发滞后，产品体系不全。一些旅游企业缺乏品牌营销概念，或是对品牌营销认识过于肤浅，千篇一律、缺乏个性的旅游商品，以及薄弱的服务软环境成为三亚乡村旅游业快速发展的瓶颈。

3. 乡村旅游开发资金不足，客源少造成经营困难

三亚市农村多为交通欠发达地区，开发农村旅游需要大量资金投入，目前三亚处于生态文明村建设高潮期，资金紧张，加之农村旅游的经济产出要比其他形式的旅游产品低，所以很难筹到大量资金供给农村旅游开发，从而抑制了农村旅游的合理开发，旅游产品的促销工作自然跟不上发展要求。

乡村旅游主要分布于都市郊区，客源主要以城市固定居民为主。由于三亚是单纯的旅游目的地而非核心城市或旅游中转集散中心，人口基数较少，居民生活水平不高，旅游区的服务和接待能力有限，导致乡村旅游缺乏客源、经营较为困难。当前，大部分游客游览三亚的主要去向还是传统的旅游景点，真正参与农村旅游项目的游客很少。

二、发展思路与发展目标

（一）发展思路

发挥三亚极富潜力的度假休闲旅游资源优势，以传承三亚丰富、多元的文化为乡村旅游的灵魂，营造旅游文化环境，深入挖掘三亚传统的"落笔

洞文化""天涯文化""福寿文化""黎苗少数民族文化""海洋文化"等；突出乡村旅游的热带田园风光特色、生态特色、旅游特色和民族特色，将新农村建设与乡村旅游业产业发展结合起来。发展中要注重保护三亚原有的生态环境，开发具有特殊文化品位和文化氛围的休闲农庄，建立大型热带果树观赏园和世界热带植物观赏园等，努力建成与滨海景区迥然不同的文化生态旅游胜景，使国内外游客在尽情享受"海之歌"之后，再次领略到三亚"林之青、山之峻、人之美、佛之圣"的美丽热带风光。

（二）发展目标

立足三亚，利用大陆和海外两个客源市场，通过乡村旅游业的发展促进城市旅游市场向农村延伸、扩张，带动农村旅游资源的开发，对三亚热带农业经济、乡村发展形成规模驱动，从整体上提升三亚农村价值，最终与城市发展同质均等。

乡村旅游业近期在总体上要形成"东西两翼蝶形伸展、中部纵向点片镶嵌"的发展格局，围绕着东部、中部、西部三大乡村旅游功能区的开发，依次打造"亲近三亚之旅""浪漫天涯的魅力""将美丽进行到底"三大特色旅游品牌，使之发展成为推动三亚乡村旅游业健康发展的重要力量，使三亚真正成为中国乃至世界的休闲之都、美丽之都、人居天堂！

1. 近期（2008—2013年）

将部分乡村建成游客来三亚体验热带观光休闲农业的必游景点，建成三亚及海南城市居民休闲度假的首选目的地，把乡村旅游纳入城市环岛游常规观光线路和城市居民休闲度假的主要线路。预计到2013年接待游客52万人次，旅游收入实现1亿元，人均年旅游收入超过1万元。每个乡镇建设中等以上规模的热带水果观光园、热带花卉苗木观赏园3~5个。其中，海棠湾、田独、凤凰、天涯等乡镇建设数量为7~10个，并配套建设四星级以上酒店7~10家。

2. 中期（2013—2020年）

三亚市成为海南省及珠三角地区城市居民回归田园生活、体验热带农业的重要旅游目的地；并努力把三亚建设成为全国乡村旅游的示范地区，要使三亚乡村旅游景区成为海南省新农村建设的示范基地，成为面向国际社会展示中国新农村风貌的重要窗口。预计到2020年接待游客100万人次，旅游收入实现3亿元，人均年旅游收入超过2万元。

三、发展方向

（一）细分市场、错位竞争，做大乡村旅游的产业链

1. 细分市场，多元化、个性化的产品体系

乡村旅游产品的开发，要细分市场，量身定做，针对不同的需求市场，开发不同类型的观光产品，见表8-3。

表8-3 旅游市场需求与旅游产品开发对应情况统计

编号	乡村旅游市场需求类型	乡村旅游产品类型
1	观光团队游客市场	观光型产品
2	省内城市居民、珠三角地区自驾车游客和其他高端游客市场	休闲度假型产品
3	期望回归田园生活、体验农耕文明的都市游客群体	农事体验型产品
4	教师学生群体、国家机关人员	农业科普、红色革命教育型产品
5	省外城市老年人群体	生态疗养度假型产品

2. 梯度开发，形成互补性的产品经营格局

三亚市乡村旅游要走梯度开发的道路，构建面向不同消费层次、具有不同消费内容的产品体系，逐步完善"行、游、住、食、购、娱"六大要素既互相补充又错位竞争的产品经营格局。引导农民和企业不搞形式单一、雷同的旅游产品，创办专项特色餐饮、特色住宿、特色观光、特色休闲、特色商品、特色娱乐等，形成差异化的良性竞争局面。

3. 延长产业链，提高产品附加值

充分利用乡村旅游业关联性强的产业特性，大力发展特色农产品种养业，丰富乡村旅游内涵；深度开发农产品加工业，为游客提供丰富的休闲食品；积极发展黎锦、贝壳画等富有三亚特色的旅游纪念品制造业，做活旅游商品市场；创新思路开发乡村旅游衍生产品，譬如在乡村旅游景点开办婚纱摄影、建立学校实习基地等。此外，还要加快农村交通运输业、商贸服务业等配套产业的发展。

（二）规划乡村景区，推进城乡旅游一体化（度假旅游与观光游一体化）

三亚市在乡村旅游资源开发方面，应把乡村旅游资源、黎苗民族文化风情资源开发和现代农业产业发展与小城镇建设、新农村建设紧密结合，从总体上规划好生产、生活、居住和旅游需求的国土空间。通过建设热带瓜果、

花卉盆景、特色反季节瓜果蔬菜、蝴蝶、海水养殖观光区、南繁高科技农业展示基地和文明生态村游览地,加快形成乡村旅游业与城市高度融合的旅游发展模式。进一步推进城乡旅游一体化,使城市和农村旅游开发模式由散点式向网络化、品牌化和区域整合方向发展,同时加快旅游行业与国际标准接轨的步伐,提升三亚旅游名镇的吸引力。例如,凤凰、天涯两镇在村镇基础设施动工之前,村村都已做好详尽长远的规划。一些村寨的规划中,如凤凰镇鹅仔、槟榔二村,已经体现出发展农村旅游的意愿。

(三)因地制宜、突出特色,加强乡村旅游示范点建设

三亚市各镇的资源状况不尽相同,各有特色。在农村旅游发展过程中,应做到因地制宜,突出特色。各镇要深入调查自身的优势,扬长避短,把优势做大、做精、做强。例如,沿海村镇可充分考虑自身的近海优势,打造"蓝色乡村游";红色旅游资源丰富的地区不妨挖掘红色资源,做成"红色乡村游";生态环境优越,具有大面积连片农业种植区的村镇则可考虑朝"绿色乡村游"方向发展;对于经济相对落后,文化底蕴深厚又有独特性的村镇,可依托邻近区域,深入挖掘当地民俗、民风,走一条古朴的"文化乡村游"之路。

由于乡村游在全市尚处初始阶段,资金与经验缺乏,不宜全面推广发展农村旅游。因此,应在三亚市选取少数村庄作为发展农村旅游示范点,一方面可以整合各方面资源,集中建设开发,另一方面也可以使其起到很大的示范宣传作用。

(四)开展旅游产品营销策略,创建特色产品品牌

1. 更新观念,旅游产品营销要正本清源

目前,大多数旅游企业目光短浅、急功近利,在产品的开发上,抱着处处为己牟利的目的,旅游线路设计商业味过浓,产品具体细节描述模棱两可。因此,要强调旅游的品质问题,要求旅游企业从自身做起,把眼光放远,扎扎实实做好产品设计、服务跟进等方面的工作。旅游管理部门要加强宏观调控,在旅游价格方面,给予适当的指导性规范管理。

2. 细微处做文章,强调旅游产品的人性化特色

旅游服务与品牌建设相通,品牌真正要做的就是细节,把每一个标志、每一句口号、每一种色彩、甚至每一处细小的字间距都做到恰到好处,努力使旅游产品的开发更具人性化、更人文化。要以人文本,处处从游客的需求出发,将具体行动落实于各个服务细节。例如,针对冬季来三亚疗养度假的北方老人,可以开发类似于"这个冬季很温暖"的乡村旅游线路,整个产

品设计站在子女们体贴与关爱的角度,从"亲情感动"入手,让外地游客从细微之中感受到三亚迷人的热带风情和独特的城市魅力。

3. 整合营销,适应现代乡村旅游业发展需要

乡村旅游业市场竞争日趋激烈,旅游营销策略日益创新,传统的旅游促销手段在品牌包打天下的现代旅游时代已难以奏效。整合营销作为一种全新的营销策略,既是市场营销变革的大趋势,更是旅游市场竞争的核武器。三亚市乡村旅游业发展采取整合营销策略,就是要综合运用宣传广告、公共关系、人员推广和业务促销等要素,将新闻炒作、软硬广告、节事活动、展览推销等多种营销方式进行整合利用。此外,资源的共享性导致旅游同盟的必要性。三亚的旅游企业应充分认识联合营销的作用,发挥整体协作精神,共同推出"美丽三亚、浪漫天涯"旅游品牌,在同盟发展中获得长期收益。

四、发展重点与区域布局

从区域旅游整体发展角度来看,三亚市乡村旅游业发展应该坚持"巩固中部、开放东部、拓展西部"的发展战略,即以中部地区热带高效农业产业化发展为基础,开发旅游胜地周围乡村特色旅游项目,逐步搭起连接东、西部乡村生态景区的桥梁;带动东部的乡村旅游线路从沿海向农场、种植园、产业基地延伸,建立开放型度假区;拓展西部乡村旅游发展路径,潜心挖掘地方文化的渊源,充分考虑生态保护及居住区完整保存,设计风格独具的文化生态旅游景区。

从乡村旅游业发展需要和可能出发,合理确定乡村旅游的景点布局。近期三亚市乡村旅游重点项目布局在沿三条交通主干线——海榆东线(223国道)、海榆中线(224国道)、海榆西线(225国道),以及三纵四横城市交通主干道的"六镇一区"(海棠湾镇、田独镇、凤凰镇、天涯镇、崖城镇、育才镇和河东区)。

(一)东部"亲近三亚之旅"生态旅游区

1. 乡村旅游主题

东部以海棠湾镇为主的农业生产区将着力打造"亲近三亚之旅"乡村旅游品牌,建设休闲度假区。拓展海棠湾镇芒果产业的生态休闲和综合服务功能,开发具有多种旅游和观光功能的热带果树观赏园、绿色造型公园等旅游景点,为国内外游客提供一个舒适的旅游观光、野营、探险、科考和避暑的休憩场所。

2. 重点建设项目

建设项目布局在沿东线高速公路、海榆东线（223 国道）和海榆中线（224 国道）交通干线两侧，以南田农场、海棠湾镇农场、三亚农场三大农场为重点，通过"农业劳作、休闲观光、文体活动、水果采摘、种植科普、野外烧烤、旅游度假村"等多种形式，打造东部地区生态旅游基地。

表8-4　三亚市东部生态旅游区重点建设项目

项目名称	建设内容	区域布局	建设规模
海棠湾热带芒果观光园	建设集种植、销售、观光、采摘休闲为一体的芒果观光园，品种有台农1号、白象牙、贵妃、金蝗等	一是沿东线高速公路、海榆东线公路西南方向两侧；二是南田芒果基地为中心辐射带动藤桥镇周边的广大地区	10个百亩以上的热带芒果观光园，总面积达到2 000亩；结合沿途旅游景点建5~10高标准的旅游度假村
海棠湾百亩荔枝采摘园	扩建百亩精品荔枝采摘园，增建观光走廊及相关配套设施	海棠湾北部山区一带	2~3个百亩荔枝观赏、采摘园
海棠湾热带花卉苗木观赏园	以"国家海岸"海棠湾的开发建设项目为依托，建设以热带兰花、园林苗木为代表品种的观赏园	沿沿东线高速公路一线的海棠湾农场、三亚农场附近	3~5个热带兰花观赏园，配套建3~5个中小规模的花卉大厅，增加茶水、拍照、购物、餐饮等服务设施

(二) 中部"浪漫天涯的魅力"休闲度假区

1. 乡村旅游主题

中部地区以田独镇、凤凰镇和天涯镇三大重镇为中心，在城市旅游市场的带动下，开发乡村旅游资源，使游客在游览了三亚的标志性景区，即天涯海角、鹿回头、大东海、落笔洞等之后，再次感受不同品位的"浪漫天涯的魅力"。利用现代农业发展中的新品种、新技术手段，开发具有较高观赏价值及食用功能的精品果园和花卉园，开发集观光休闲、游戏娱乐、科普教育、民俗展示、美味佳肴品尝于一体的旅游度假社区。农业观光园，满足了人们对热带高档、新奇水果观赏和采摘的需求。园区内配套节能灯、水循环系统、喷灌、滴灌系统等新技术设备，使游客在观光采摘的同时，置身于绿色、生态、环保的大课堂，亲身体会科技创新所带来的惊喜。

2. 重点建设项目

建设项目布局在沿海榆东线（223 国道）、海榆西线（225 国道）两条东西横向国道，以及"雅亮→育才、抱龙→高峰、红花→荔枝沟"三条南北纵向省道和县道公路两侧，并以南新农场、海军农场、荔枝沟农场、海螺农场、师部农场、羊栏农场、南红农场、南岛农场、抱龙林场9个大型农场为中心。

表8-5 三亚市中部观光体验区重点建设项目

项目名称	建设内容	区域布局	建设规模
田独镇芒果采摘观光园	建设集销售、观光、采摘休闲于一体的芒果观光园，并配套建设星级宾馆和酒店	沿海榆东线、海榆中线，以及主要省县道公路两侧；以南新、师部、荔枝沟、田独镇、海军等五大农场为辐射分布	5个千亩以上的热带芒果观光园，总面积超过5 000亩；5个百亩以上的芒果采摘园；建设3~4个星级宾馆
田独镇香蕉观赏文化园	建设百亩香蕉观赏文化园，集种植、销售、采摘休闲、科普学习为一体；建设热带植物科技馆、青少年学习园地等	田独镇的博后洋、安罗洋、大矛洋等香蕉种植基地	1~2个百亩香蕉观赏文化园，配套建设1~2科普展览馆和热带水果耕作栽培学习园地，以及2个农家饭庄
田独镇休闲度假渔村	以雨林公园、滨海渡船、篝火露营、渔村垂钓、湿地景观、水生采集、民俗参观等项目建设为主	海榆东线与海榆中线的交汇处，以田独镇东海渔村为中心	1个热带雨林公园，1个湿地公园，2~3个小渔村，2~3个民俗参观景点
天崖镇精品荔枝采摘园	建设集荔枝的采摘、观光、休闲、娱乐、品尝、餐饮于一体的百亩荔枝摘园	天涯镇北部山区一带	3~5个百亩荔枝采摘园，配套建设3个小凉亭、小茶屋等
天涯镇芒果采摘观光园	建设集销售、观光、采摘休闲于一体的芒果观光园，配套建设星级宾馆和酒店	沿西线高速公路，海榆西线以北，天涯镇的布山芒果基地	3~5个千亩以上的热带芒果观光采摘园，建设2~3个星级宾馆
天崖镇香蕉观赏采摘园	建设集种植、销售、观光、采摘休闲为一体的千亩香蕉采摘园	西线高速公路天涯镇以北，华丽、过岭、文门村的周边地区	2~3个香蕉采摘园，配套建设3~5个茶屋、纪念品商店
天崖镇休闲度假旅游服务基地	建设鲜花供应、田园热带农业观光为一体的黎族风情乡村休闲区；建设生态农业观光示范区；建设手工艺加工、展示和销售基地	位于海榆西线以北的腹地，天涯海角与南山文化旅游区之间的大红塘湾地区	2~3热带花卉苗木观光园；2个生态农业示范区；3个手工艺品展销基地
三亚热带兰花博览园	以南天生态大观园和柏盈热带兰花产业园为基础，建设三亚市最大的热带兰花博览园，以识花、赏花、享花、颂花、爱花为主题，开发观赏、科教、鲜食（洗浴）、书画、纪念品等相应旅游项目	位于东线高速公路路口，海榆西线北部滨海地带，南天生态大观园和柏盈热带兰花产业园附近	2~3个热带兰花博物馆，内部配套建设各种设施，包括花卉观赏大厅、兰花科普展厅、鲜花香茶厅、鲜花洗浴中心、空谷幽兰书画厅、纪念品商店至少1个

(续表)

项目名称	建设内容	区域布局	建设规模
凤凰镇热带黎家风情乡村旅游区	以槟榔村槟榔河规划项目为带动,建设农耕文化与黎族民俗文化相结合的乡村旅游区,建设农家民居村、农家饭馆等	位于东线高速公路路口,"抱龙→高峰"公路干线两侧	5个黎家风情旅游区,基本设施包括黎族农家民居村、农家乡土菜馆、黎家手工艺品展销、黎族采风(歌舞表演等)
河西区热带花卉观光生态走廊	以河西区三亚供销花卉专业合作社为中心,沿市主干线(三亚湾路、迎宾路等)建设集参观、休闲、游憩多功能生态走廊	河西优势片区,区内城市主干线两侧,东西向各延伸100km的狭长地带	1条花卉观光生态走廊,沿途配套5~8个小茶屋、纪念品商店等游客休息场所
河东区花卉苗木观赏园	以河东区绿岛园艺公司、陈国清花木场、雅峪兰园、临春兰花基地为扶持的重点,建立集观赏、休闲、游憩、销售、餐饮等功能于一体的高档次农业观光园	河东优势片区	4~6个花卉苗木观赏园,主栽品种以石斛兰、文心兰等热带兰种苗和切花,龙血树、富贵竹、散尾葵等切叶切枝植物和常规的园林绿化苗木为主;沿途配套5~8个小茶屋、商店等游客休息场所

(三)西部"将美丽进行到底"文化娱乐区

1. 乡村旅游的主题

西部地区包括了崖城镇和育才镇,其乡村旅游业发展潜力最大,应充分依托"崖州古城文化、南山佛教文化、黎族文化"的旅游文化优势,将现代时尚文化与当地传统文化相结合,创建三亚"休闲之都"不可复制的旅游品牌,从文化角度"将美丽进行到底"。围绕着历史文化、休闲娱乐、生态保护三大设计理念,将美丽的海滨、绵延的山石、绿色的屏障、多元的文化组合在一起,建设大型文化主题公园、生态参观走廊和文化博物馆。

2. 重点建设项目

建设项目布局在沿西线高速公路、海榆西线(225国道)两条东西横向交通干线,"雅亮→育才、大龙→力番"两条纵向省道和县道公路,以及宁远河道两侧。以南山文化旅游区、古州崖城为辐射,以南滨农场、立才农场、崖城镇农场、梅山农场、雅亮经济场等为中心,开展以下重点建设项目,见表8-6。

表 8-6　三亚市西部文化娱乐区重点建设项目

项目名称	建设内容	区域布局	建设规模
育才镇香蕉观光采摘园	改扩建原有的香蕉种植园，建设高档接待会所和果园步道等设施	一是在高峰、育才、雅亮山区；二是以才农场为中心向北辐射分布	3~5个百亩香蕉观赏、采摘园，配套3~5个农家饭庄或小型度假村
育才镇优质杂果观光园	建设集菠萝蜜、红毛丹、荔枝、柠檬等果品的采摘、观光、销售、休闲于一体的杂果观光采摘园	沿"雅亮→育才、大龙→力番"两条纵向省道和县道公路两侧	5个百亩优质杂果观光园，配套5个农家饭庄
育才镇黎族民俗文化村	建设具有山区黎族民俗特色的文化旅游村，突出少数民族的手工业文明和耕作文明	沿"雅亮→育才、大龙→力番"两条纵向省道和县道公路一线	3~5个黎家风情旅游景区，包括黎族农家民居村、农家乡土菜馆、黎家手工艺品商店等
崖城镇特色芒果采摘园	建设集种植、销售、观光、采摘休闲为一体的芒果观光园，品种有台农1号、白象牙、贵妃等。	崖城镇西部，西线高速公路以北的崖城芒果基地、南滨芒果基地	5~10千亩芒果采摘园，沿西线高速公路北侧建设6~8个星级宾馆或旅游度假村
崖城镇精品香蕉观光园	建设集采摘、品尝、娱乐于一体的香蕉观光园，建设配套儿童娱乐设施	崖城香蕉基地：坡田洋和白超田洋、大旦田洋南滨香蕉基地；南滨农场	5~10千亩香蕉观光园
崖城镇热带水果科技园	建设集科普教育、参观欣赏、采摘品尝、休憩娱乐为一体的热带水果科技园；建设热带水果知识图片展览馆，配备简单的劳动工具；满足游客进行耕作体验的要求	崖城镇西部，西线高速公路以北的崖城水果基地，以崖城镇农场和南滨农场为中心辐射向北部地区带动	3~5个百亩热带水果科技园，建设3个热带水果科普展览馆及2个劳作体验乐园
崖州文化旅游文化圈	开发崖州古城风貌参观景区、崖州历史文物展览馆、崖州古迹寻踪等旅游项目	沿崖州古城附近的主要交通干道，向周围辐射半径200km²的区域	崖州古城风貌参观景区3处，崖州历史文物展览馆2个，崖州古迹寻踪景点5~10处
三亚妈祖文化生态园	建设以三亚妈祖文化的深层次挖掘为设计重点的大型文化观光园	崖城、天涯镇交界山区地带	建设1个大型文化生态园，内建中央广场、沙坝步行道、生态树屋、妈祖人居所、茶舍、酒店等

五、保障措施

（一）政策扶持、搞好配套，改善乡村旅游的发展环境

1. 研究制定扶持乡村旅游发展的优惠政策

借鉴其他滨海城市乡村旅游业的发展经验，对农民兴办乡村旅游和重点

乡村旅游项目给予一定的贷款贴息或补贴；对所有开发经营乡村旅游的个人和企业给予一定的税收优惠；有关部门对乡村旅游项目简化办证手续、减免办证费用。

2. 完善农村基础设施建设

按照政府主导、部门联动、社会参与的思路，在文明生态村建设的基础上，加快旅游村各项功能建设。具体应做到"四化"：①基础设施城市化，即完善旅游村内外道路、水电、污水垃圾处理、清洁能源、公共厕所、景区点指示牌等；②配套设施现代化，即开通农村宽带网、有线电视、卫生服务站等；③农村景观生态化，即保护原生态植被，按照景观标准改造农房等；④交通设施便利化，即采用政府补贴、企业运营的方式，开通三亚市直达乡村旅游景区点的公交线路。

3. 加强乡村旅游的宣传促销

组织开展三亚乡村旅游的整体形象宣传，在全市及各大城市的主要媒体进行主题宣传展示；精心策划具有广泛影响力的活动，可以开展以宣传"美丽三亚"为主题的有奖评选活动，通过投票、实地体验等方式发动游客了解并体验热带乡村的风采；对重要景区景点精心设计、包装，加大推介力度，争取纳入国内旅行商主推的旅游线路；开办三亚乡村旅游网站，设置自助游、自驾游服务栏目，搜集乡村旅游各方面的信息，实现游客与景区点随机互动等。

（二）放开经营、加强管理，完善乡村旅游的体制机制

1. 搞活乡村旅游经营机制

鼓励农民用股份合作的方式兴办乡村旅游，以土地使用权、固定资产、资金、技术等多种形式入股，享有薪金、股金、租金等稳定长期的收益回报。支持有条件的村集体经济组织和农场投资开发乡村旅游资源。引导大型旅游企业参与乡村旅游的开发和经营，通过注入资金、引入先进的管理模式和共享经营网络，带动乡村旅游向集约型、规模化方向发展。扶持成立专业的乡村旅游公司，在尊重农民意愿的前提下，采用"公司+农户""公司+旅游点"等方式，整合分散的乡村旅游点，提高乡村旅游的组织化程度，增强乡村旅游的抗风险能力。鼓励台商、外商投资兴办乡村旅游，引进境外的先进经验。

2. 健全乡村旅游管理体制

加强各职能部门的协调配合，农业、旅游部门牵头抓好农业业务指导和旅游市场管理，并指定专门机构抓落实。建立乡村旅游安全机制，强化安全

防范和食品卫生监督管理等工作。畅通投诉渠道,保障旅游者和经营者的合法权益。支持建立乡村旅游的行业协会组织,发挥其自律和服务作用。

(三) 统一规划、高端定位,突出乡村旅游的地域特色

1. 规划到位,合理布局

发展农村旅游,应做到规划先行,杜绝盲目开发。对此,建议三亚市旅游部门与相关规划部门也应尽早出台《三亚农村旅游规划大纲》,为全市农村旅游发展规划提供科学、全面、可行的规划参考。对不同片区不同区位的村镇资源进行了特色挖掘。三亚市凤凰、天涯二镇在村镇基础设施动工之前,村村都已做好详尽长远的规划。一些村寨的规划中,如凤凰镇鹅仔、槟榔二村,已经体现出发展农村旅游的意愿。

2. 突出特色、高端定位

为了预防三亚市乡村旅游业低标准、低层次开发,也为给其他城市乡村旅游发展提供参考标准和评价体系,应尽快制定三亚乡村旅游景区高端开发的统一标准,对农村旅游资源、基础设施建设、旅游基础设施建设进行统一评定。首先,在旅游项目开发中要立足本土、着眼长远,不过分追求眼前利益,避免盲目性、随意性。其次,在农家旅馆、新屋新舍等一系列配套工程建设开发过程中,应强调与周围自然和谐统一。

(四) 强化标准、提高质量,加强旅游景区服务人才的培养

1. 建立乡村旅游质量标准体系

加快制定乡村旅游的产品质量标准,把乡村旅游纳入标准化质量管理轨道。乡村旅游的各大要素都要有一套质量标准,例如,景点必须以农业生产活动为主要内容,餐饮必须严格执行国家卫生标准,食品的原材料主要产自本地,住宿条件尽量满足城市人群追求高品位且安全舒适的要求等,并实行A级景区标准评定和星级饭店评定,经考核合格挂牌后才准予营业,坚决防止不合格旅游产品进入市场。制定市级乡村旅游示范点评定标准,培育市级示范景区点。

2. 加强旅游景区服务人才的培养

围绕着三亚市乡村旅游优势产业的开发,提高技术指导、技术咨询、人才培训等技术服务,特别是加强旅游景点管理及服务人员素质培训。人才培养主要包括对旅游从业人才培养,以及民俗文化传承人才培养。旅游软环境的塑造才是制胜的关键,现在三亚市从事农村旅游的人员中受过旅游培训的很少,这会阻碍农村旅游的长远发展。尤其要大力培养精通传统建筑工艺、烹饪工艺、民族舞蹈、乐器等方面文化的人才,对这方面人才的培养是传承

乡村文化乃至中国传统文化的必要措施，意义深远。

（五）适度开发、保护并重，加强资源环境及文化遗产的保护

1. 注重环保、节约资源

在乡村旅游景观工程设计过程中，为了节约水资源，工程的绿化浇灌用水和水景补水应取自地下径流，经净化处理后加压使用。为避免水景水质的恶化对环境的影响，保证水资源的充分利用，水景循环水定期用作浇灌。绿化地面径流雨水配合景观地形，经收集排入区域雨水管网，再进入市政雨水管网，作统一处理，避免地面径流的雨水对水体的污染。要保护当地植被资源，培植本地优良热带雨林树种，科学引进外来树种，优化林种林相，提高山区的绿化质量。

2. 适度开发，加强保护

适度开发利用农村旅游资源，避免过度开发，保护原生态环境，走可持续发展道路，这是三亚市发展农村旅游科学而长远之路。对于有条件开发农村旅游的村庄，开发前应对开发前后可能造成的环境影响、资源破坏等情况做出相应的评估，做到未雨绸缪。对于农村旅游条件尚不成熟的地区，有关部门也应给予高度重视，尤其应对村内的古建筑、民居、文物、文化遗址等进行专项调查统计，并制定相关的保护措施，以免造成不必要的破坏。

第四节 山东临沂生态旅游发展模式

一、发展现状

1. 发展优势条件

临沂融北国的粗犷豪迈与南国的秀美风韵于一体，钟灵毓秀、仪态万方。临沂市境内河道纵横交差，碧水清澈如练，平原坦荡如砥，丘陵逶迤蜿蜒，山区重峦迭嶂，岱崮地貌奇美。无论是"江北最美乡村"的蒙阴、自然风光宜人的沂水，还是"中国柳编之都"的临沭、"中国金银花之乡"的平邑，各县、区农业旅游资源丰富又风格迥异。历史名人故里和红色革命圣地的深厚文化底蕴赋予临沂这片神奇的土地书香浓郁的气质、肃然起敬的景仰和更加绚丽夺目的光环。

临沂市已初步形成了南部粮食蔬菜、北部林果畜牧、东部粮油茶叶、西部林果药材的优势特色产业发展格局。林果、花卉、苗木、中草药、蔬菜等特色产业的发展为休闲观光农业的发展提供了天然的生态观赏基地和活动娱

乐场所,其在种植栽培生产的过程中,形成了独特的美丽景观,自然产生及提供了对于生态环境及人类社会的各种服务功能,包括优质农产品、美化环境、调节气候、改良土壤、观光娱乐、科普学习、科技展示等。

2. 发展现状及问题

临沂市休闲农业发展取得初步成效,基地建设初具规模、产业特色逐步显现、基础设施加快完善。现已拥有全国休闲农业与乡村旅游示范点1处、国家级农业旅游示范点7个;省级旅游强县6个、省级旅游强乡镇15个、省级特色景观旅游名镇2个、省级旅游特色村15个,省级农业旅游示范点23个、省级休闲渔业示范点3个;市级生态(乡村)旅游示范区2个,市级生态(乡村)旅游示范点8个。2012年临沂市休闲农业与乡村旅游接待游客1 710.24万人次,实现收入143.52亿元。同时,形成了农园观光型、农园采摘型、渔场垂钓型、生态科技观光型和综合观光型5种基本休闲农业类型;构建了环城休闲游憩的旅游产业圈带,开发了竹泉村、代村、茶山、沭马风景区等一批有影响力的旅游项目。

临沂市都市休闲农业发展存在问题有以下4个方面:①总体战略及发展思路有待进一步明确;②旅游资源及空间格局有待进一步整合;③基础设施及服务体系有待进一步加强;④体制建设及人才培养有待进一步完善。

二、发展思路

临沂市都市休闲农业总体发展思路是以建设旅游经济强市,红色旅游名市为目标,突出生态水都、绿色之城、魅力花都、科技崛起、红色风情、历史传承6大旅游文化主题,着力打造6张精品都市休闲农业品牌名片,即"水"生态文明名片、"林"生态保护名片、"花"生态美化名片、"人"科技创新名片、"红"爱国精神名片和"史"文化传承名片。通过农业特色产业与第三产业完美结合,实现从旅游资源大市向旅游经济强市的跨越性转变,努力建设成为山东省新的旅游中心城市和鲁南苏北重要的旅游产业增长极。

具体思路是以"立足特色产业、挖掘旅游资源、精选开发项目、实现效益共赢"为发展宗旨:①立足传统特色农业生产基地,打造包装能够发挥区域农业资源优势的农业旅游项目及旅游品牌;②提升各县(区)现有的农业旅游项目与特色产业的结合度,使生产景观、人文景观与自然景观融为一体;③改善"硬"服务与"软"服务环境,提高配套服务设施和人才服务水平;④完善龙头企业辐射带动机制、创新金融的支撑与促进机制及平衡各环节的利益共享机制。

三、发展目标及区域布局

1. 发展目标

——到 2016 年目标

到 2016 年，建成全国休闲农业与乡村旅游示范县 4 个，全国休闲农业与乡村旅游示范点 6 个，全国特色景观旅游名镇（村）4 个，省级特色景观旅游名镇 6 个，省、市级旅游强乡镇 28 个，旅游特色村 32 个，农业旅游示范点 45 个，农家乐经营户 1 550 个，其中星级农家乐 120 个。培育一批影响力大的乡村旅游知名品牌，形成产业体系完善、布局合理的乡村旅游发展格局，全市乡村旅游年接待能力达到 3 000 万人次，乡村旅游总收入达到 200 亿元。

——到 2018 年目标

培育形成了具有较大规模和较强带动能力的乡村旅游著名品牌，形成了以质量型增长为主导，多元复合型旅游产品供给体系，全市打造形成了具有整体组合特征的都市休闲农业产品集群，各县域形成点线相连、连线成片的整体空间格局；都市休闲农业成为带动农民增收，转移农村劳动力的主导产业。全市乡村旅游年接待能力达到 5 000 万人次，乡村旅游总收入达到 400 亿元。

2. 区域布局

临沂市都市休闲农业应着力构建"一个中心、两个度假圈、三条观光长廊、五条精品旅游观光线"的发展新格局。

一个中心：以临沂市区为中心，以"科技之光、崛起临沂"为旅游文化主题，立足打造"人"科技创新名片，突出"沂蒙水城、文化商都"的品牌形象。

两个度假圈：一是沿沂河、汤河沿线的温泉度假圈，以汤头温泉旅游度假区、沂南智圣汤泉旅游度假村、维多利亚温泉旅游度假村、沂水东方瑞海温泉旅游度假村为基础。二是市中部北起日兰高速，南至 206 国道沿线的历史文化圈，包括诸葛亮故里纪念馆、颜真卿故居、左宝贵衣冠冢、孙镗纪念馆、王家坊前展览馆、匡衡故里等名人故里。

三条观光长廊："三廊"是临沂市都市休闲农业发展的重点，主要包括沂河沿岸滨水观光生态长廊、沭河沿岸旅游休闲生态长廊、祊河沿岸特色农业展示长廊，其整体创意和设计以"生态水都、秀美临沂"为旅游文化主题,立足打造临沂"水"生态文明名片。

五条精品旅游观光带:"五带"的总体布局和建设将以"绿色之城、回归自然,魅力花都,香飘沂蒙,红色风情、革命圣地"为临沂特色旅游文化主题,立足打造"林"生态保护名片、"花"生态美化名片、"红"爱国精神名片这3张精品名片。主要包括山区绿色养生带、林果采摘观光带、果菜花卉博览带、生态渔业休闲带和红色风情体验带。

四、建设内容及重点项目

(一)三条观光长廊

1. 沂河沿岸滨水观光生态长廊

沂河沿岸滨水观光生态长廊将北起沂水,串联沂南、河东、兰山、罗庄,南至郯城,纵贯沂蒙的沂河沿岸休闲观光带,整合六县区的相关休闲产品,以沂水为龙头,以沂河为纽带,形成以观光、休闲、餐饮、娱乐、体验、教育为一体的滨水观光生态长廊。

(1)现代农业园区带动型生态旅游长廊。以各县区已有的现代农业示范园、现代渔业示范园为依托,完善园区周边的旅游基础设施及配套服务体系建设,沿沂河及支流沿岸建成集高端农业生产、园区农耕体验、特色果菜采摘、科普教育实践于一体的高效观光旅游带,见表8-7。

表8-7 沂河沿岸现代农业园区带动型生态旅游重点建设项目

辖区	建设地点	建设思路	建设项目及内容
沂水县	沂河两岸、峙密河流域(院东头镇)、马连河流域	打造成现代农业主题公园、休闲观光农业风景区和产业示范园	①沂河流域7处示范园和1个湿地公园;②峙密河千亩苹果高效栽培产业示范园;万亩绿色出口生姜产业示范园区2个;湿地公园1个;③马连河千亩沙地林果节庆旅游观光园区;千亩尹家峪林果休闲采摘旅游观光园区2个;休闲娱乐公园1个。
沂南县	沂蒙生态大道至竹泉村、红石寨、香山湖、凤凰石刻、三山沟等地	打造成以现代农业观光、现代农业休闲为重点的旅游带	①林海花田项目,建成现代花卉苗木示范区;②马牧池、依汶、孙祖、双堠等4个乡镇,打造红色教育专线蔬菜基地;③林海花田项目,建设现代观光旅游花卉苗木示范区。
河东区	沂河、汤河水系及沿岸地区	打造河东特色旅游观光带、沿汤河生态旅游长廊	①沿滨河万亩优质蔬菜长廊;②八湖镇中西部万亩莲藕基地;③汤头镇北部陈家庄子草莓采摘园;④汤河湿地公园;⑤中华海棠博览园;⑥沂河休闲渔业示范基地。

(续表)

辖区	建设地点	建设思路	建设项目及内容
郯城县	沂河、沭河、白马河、新白马河、围带河等河流沿岸	打造沂河沿岸高端农业生产、观赏旅游、休闲为一体的高效生态长廊	①李庄万亩海棠休闲观光园；②庙山"丰和有机观光休闲园"；③白马河休闲渔业园；④马头"万亩莲藕旅游观光园"；⑤港卜"向阳千亩草莓采摘园"；⑥重坊"中华银杏品种园"。

（2）生态环境保护与开发型绿色观光长廊。以沂河、祊河两岸及相关支流沿线的生态环境保护，湿地生态系统修复，生态防护林建设为重点，结合自然资源开发与保护，建设彰显沂河秀美风光特色的绿色观光长廊，见表8-8。

表8-8 沂河沿岸生态环境保护与开发型绿色观光重点建设项目

辖区	建设地点	建设思路	建设项目及内容
沂南县	北大山林场	形成生态旅游、红色文化、民俗文化、传统教育相结合森林旅游特色	国家级北大山森林公园和国家级汶河湿地公园项目，大力发展"森林人家"、休闲养生、观光采摘等森林旅游业。
兰山区	沂河、祊河沿岸	"两河、两带"总体布局，"两河"即沂河、祊河；"两带"即沂河沿岸生态景观绿化带和祊河观光农业产业带	①沿河道梯次设立湿地公园，加快建设湿地生态系统；②白沙埠镇境段，打造沂河路内、外侧桃花旅游、苗木园艺景观长廊，构建沿河旅游休闲观光点；③李官镇境段，造林绿化，突出生态保护；④滨河路内、外侧以防护林为主，发挥林地资源优势，采取"上林下菌""上林下禽"等立体种植养殖模式。
罗庄区	沂河西岸，设计盛庄、高都、册山和黄山四个街道	以A级景区的标准配套游乐设施，以文化提升品位，以细节打造品质，以服务打响品牌，打造罗庄区的"五朵金花"	①盛世芳园，主要发展以鲁南花卉市场为核心的园林花卉高效农业示范区内的园林景观、花卉观赏游玩等项目；②我家菜园，包括"东开蔬菜生产基地""富民科技"和"沂河农业生态观光园"等景点；③沂蒙乐园，建成集乐业、水上运动、生态示范、科普教育、休闲旅游、商业开发为一体的国内一流主题公园；④绿梦雅园，发展苗木生产、园林花卉、旅游观光、休闲度假和科普教育为一体的园林苗木花卉种植基地；⑤武河湿地，从江风口分洪闸至廖家屯周，占地2万亩，为国家级湿地公园。

2. 沭河沿岸滨水观光生态长廊

沭河沿岸滨水观光生态长廊为北起莒南县，以沭河古道为纽带，整合莒南、河东、临沭、临沂经济技术开发区、郯城等相关休闲产品，构建沭河古道水域生态休闲产品体系，把沭河两岸打造成生态长廊、旅游长廊、特色农业长廊。

（1）沭河东岸高效生态特色农业观光长廊。充分发挥沭河古道特有的旅游资源优势，一方面打响沭马生态水系旅游观光长廊精品品牌，将其建设成为国家级农业生态旅游示范点，达到4A级国家景区的标准；另一方面，挖掘果树采摘、茶园观光、农耕体验、科普教育等特色产业资源，依托现代农业示范园区重点项目的建设，带动延伸果茶及花卉产业链条，逐步形成春品茶、夏尝瓜、秋摘果、冬赏花，四季有景点的沭河东岸观光旅游农业新亮点，见表8-9。

表8-9 沭河东岸高效生态特色农业观光长廊重点建设项目

辖区	建设地点	建设思路	建设项目及内容
临沭县	大官庄水利枢纽工程到石门镇马陵之战遗址公园新沭河沿线	还原沭河"河输漓江半山秀，江逊沭河七分幽"的历史风貌	沭河古道沭马生态水系观光长廊：①大官庄水利枢纽景区；②沭河古道沿岸水系观光休憩景区；③历史名胜景区：石门天河园林场、"石门夜雨"发生地及两景点之间的河道流域、陈官庄古墓群保护区、马陵遗址公园等。
	石门镇大官庄到大岱村、曹庄镇岭南村、石门镇小岱村	依托沭河古道及瓜、菜、果、桑等产业优势，打造沭河特色旅游品牌	沭河古道旅游观光示范区：①石门镇大官庄到大岱村5 000亩葡萄现代农业采摘园；②曹庄镇岭南村的样山度假村3 000亩瓜菜现代农业采摘园；③石门镇小岱村2000亩果树现代农业采摘园。
	冠山、苍马山地区，沿G327、S225和环城主要道路	打造环山精品观光农业带和都市农业休闲体验带	①苍马山风景区旅游项目；②冠山风景区旅游项目；③环城采摘观光休闲旅游带项目
郯城县	郯城东城新区、高峰头、红花、泉源等沿岸地区	整合沭河沿岸地区的旅游资源，开发文化生态旅游线，打造百里沂河景观旅游带	①沭河流域休闲观光旅游产业带：新村银杏古梅园、重坊树圣园·中华银杏文化碑林、雁泊湾、中华银杏品种园等项目；②有机农业休闲观光园区项目（山东丰和有机农业有限公司开发建设高标准有机观光农业产业园）；③生态农业旅游观光园区项目（山东清水湾生态农业开发有限公司开发建设生态观光园区）。

（2）浔河观光休闲旅游带。浔河观光休闲旅游带布局在莒南县境内，按照"一带两园"规划格局，其中"一带"是在大店镇建设浔河旅游带休

闲观光项目，主要开发沿河 12km 的大型内陆湿地公园和蓝色生态农业观光园；"两园"是指涝坡镇万亩杂果园和沂蒙乡村茶文化园，见表 8-10。

表 8-10　沂河沿岸生态环境保护与开发型绿色观光重点建设项目

辖区	建设地点	建设思路	建设项目及内容
莒南县	浔河旅游带	打造内陆滨河生态休闲旅游带，连接大店和天马岛水上旅游通道	主要开发沿河 12km 的大型内陆湿地公园和蓝色生态农业观光园，扩大草莓、杂果、大棚蔬菜、花卉的种植面积，重点发展农业观光、农业采摘、乡村生态休闲旅游。
	涝坡镇万亩杂果园（天马岛风景的马亓山）	将涝坡镇万亩杂果园打造成为国家级农业旅游示范点	柱子山绿色果品生产基地，共占地 800 亩，分别发展苹果园和桃园各 400 亩，主要栽植苍方早生桃、美国红蟠桃，红富士苹果等品种；建立果品专业合作社 4 家，建立果品批发市场 1 处，占地面积 600m²。
	沂蒙乡村茶文化园（洙边镇）	打造成具有沂蒙乡土特色的旅游胜地	将沂蒙乡村茶文化园打造成一处集茶文化、龙文化、儒学文化展示与体验、餐饮购物、休闲度假于一体的综合性茶文化园，建设成为一处"杯里紫茶香代酒　琴中绿水静留宾"的高端休闲会所。

3. 祊河沿岸特色农业展示长廊

祊河及支流浚河沿岸高效特色农业长廊主要布局在费县境内，祊河上游浚河沿岸的平邑县境内。

（1）祊河沿岸特色农业展示长廊。沿河两岸实施农业品牌化发展战略，完善优化两岸高效农业开发配套设施建设，突出沿河两岸农标准化、基地化和品牌化特色，打造生态、观光、高效、安全与一体的现代农业示范区，提高农业品位，打造祊河沿岸特色农业展示长廊，见表 8-11。

表 8-11　祊河沿岸特色农业展示长廊重点建设项目

辖区	建设地点	建设思路	建设项目及内容
费县	费城镇、南张庄乡、上冶镇、胡阳镇、探沂镇等	突出沿河两岸农标准化、基地化和品牌化特色，打造生态、观光、高效、于一体的现代农业示范区	①费城镇王家庄绿色食品蔬菜生产基地 3 000 亩；②南张庄乡浚河东岸大棚芹菜标准化生产基地 2 000 亩；③上冶镇浚河北岸绿色蔬菜生产基地 3 000 亩；④费城镇岔河、西柳、社庄黄桃生产基地 2 000 亩；⑤探沂镇南尹同乐、胡阳镇徕四九庄优质出口创汇蔬菜基地 10 000 亩；⑥费城镇岔河、西柳、社庄黄桃生产基地 2 000 亩。
	祊河沿岸地区	打造祊河沿岸观光旅游长廊	沿祊河北岸建 52km 河堤护坡，祊河北岸配套建设 52km 观光农业大道，打造生态农业观光旅游科技示范园区。

(2) 浚河沿岸生态农业及湿地景观展示长廊。以浚河沿岸特色生态农业示范园区建设为突破口,打造省级休闲农业与乡村旅游示范点;利用浚河上游唐村水库及沿岸沼泽、滩涂、支流等湿地资源,加快建设湿地生态系统。沿河各镇建设一处集运动健身、旅游观光、生态园林、农家乐、娱乐休闲等于一体的自然水域观光旅游景点和全民休闲健身的滨河水上休闲公园,见表8-12。

表8-12 河沿岸湿地保护观光带重点建设项目

辖区	建设地点	建设思路	建设项目及内容
平邑县	浚河上游唐村水库及沿岸地区	打造水上生态公园及自然旅游景点	在浚河景区和五龙湖景区现有基础上,新建浚河国家级湿地公园,面积2.1万亩,重点建设湿地保护设施和宣教中心。
平邑县	曾子山生态农业示范园(景区)	山(曾子山)、一河(祊河)和三个村(武城、水泉沟、印荷),岚济公路以南的控制区面积22 000亩	围绕景观树木、干果、水果、桑蚕和粮油5个方面建设生态农业示范园:山前景观林带;板栗园;山楂园;水果采摘园;粮油高产创建园;桑蚕种养园;祊河沿岸景观带。

(二)五条精品旅游观光带

1. 北部山区养生休闲旅游带

北部山区养生休闲旅游带主要布局在临沂市北部山区蒙阴县、蒙山区和沂南县等地,依托全市北部山区青山绿水、林茂果风、泉水潺潺、天然氧吧的林地资源优势,打造具有独特地域文化风貌的养生休闲旅游带,见表8-13。

表8-13 北部山区养生休闲旅游带重点建设项目

辖区	建设地点	建设思路	建设项目及内容
沂南县	沂南县北部山区	发展"森林人家"、休闲养生、观光采摘等森林旅游业	①汶河湿地公园建设项目,该项目于2012年12月底通过了省级评审;②北大山森林公园建设项目,该项目2012年12月通过了省林业厅专家的评审;③林海花田项目,正在进行一期工程的建设。

(续表)

辖区	建设地点	建设思路	建设项目及内容
蒙阴县	云蒙湖、高都镇、垛庄镇等地区	依托山区优势主打"生态田园逍遥游"和"山水逍遥游"旅游品牌	①云蒙湖生态休闲观光农业项目，建设500亩国际矮砧苹果密植园。②云蒙湖生态防护隔离堤工程项目，建设生态防护堤坝、汪塘湿地及净化工程等。③高都镇古道沟生态旅游开发项目，开发"怡景园""风情园""养心园"3处果品采摘园。④垛庄镇农业生态谷旅游开发项目，建设产权式CSA农业庄园、农业观光和生态乡村旅游接待服务中心、水上游乐中心等。

2. 中北部林果采摘观光带

中北部林果采摘观光带主要布局在临沂市中北部低山丘陵山区的蒙阴县、莒南县、蒙山区、临港区等地，依托各地特色果业发展优势，大力发展精品水果采摘园及观光园，见表8-14。

表8-14 中北部林果采摘观光带重点建设项目

辖区	建设地点	建设思路	建设项目及内容
莒南县	中部地区：栗王、洙边、涝坡等地	打造优质林果休闲农业长廊	①金龙湖为中心的优质茶叶示范园；②三义社区为中心的大樱桃采摘园；③洙边栗王为中心的沂蒙栗王风情园；④涝坡天湖南岸为中心建设优质桃采摘园；⑤涝坡天湖东岸为中心的吉山优质杂果采摘园。
蒙阴县	岱崮镇、野店镇	建设生态绿色果品高效旅游示范精品园	①生态绿色果品高效旅游示范精品园项目，在八达峪-高都上温村-野店烟庄村-石泉流域-旧寨大上峪和杏山子村生态旅游线沿线建设示范精品园，以"中华蜜桃第一镇"为宣传口号，建立休闲旅游示范基地。②岱崮地貌生态旅游开发项目，打造世界地质奇观综合型旅游目的地。
蒙山区	环蒙山高效农业产业带	大力发展乡村休闲、生态农业旅游，做大做强休闲观光农业	①建设10处星级"农家乐"；②建设水果采摘园10~15处，举办蒙山桃花节、蓝莓节、樱桃节等；③开发农耕文化体验游、蒙山果乡游、蒙山农家美食品尝游等特色农业旅游项目。

(续表)

辖区	建设地点	建设思路	建设项目及内容
临港区	坪上镇、壮岗镇、朱芦镇、团林镇	建设现代创意农业园区及观光旅游园区	①坪上镇北部山区大樱桃休闲观光旅游采摘园、东南部山东瑞康现代生态农业开发项目建设现代农业文化养生园等；②壮岗镇重点打造博海蓝莓庄园农业观光旅游园区；③朱芦镇以彩沟旅游景区综合开发项目为依托开发创意农园及桃园人家；④团林镇开发临港春秋茶博园休闲观光农业园区。

3. 环城周边生态渔业休闲带

环城周边生态渔业休闲带主要布局在水资源丰富的沂水县、临沭县、郯城县、蒙阴县和平邑县地区，各地将充分发挥特色渔业养殖优势，发展生态渔业和休闲渔业，打造现代特色渔业园区，见表8-15。

表8-15　环城周边生态渔业休闲带重点建设项目

辖区	建设地点	建设思路	建设项目及内容
沂水县	东山、跋山水库，峙密河流域	建立生态休闲渔业养殖示范园区。	①建设2 000亩休闲渔业养殖示范园区，以东山、跋山水库坝下为重点建设1 000亩生态养鱼农场；②依托峙密河流域治理拦蓄水面，建设1 000亩休闲渔业园区；③建设5万亩生态渔业示范园区，以跋山水库为重点发展滤食性生态养殖为主的5万亩生态渔业园区。
临沭县	沭河流域及龙潭水库周边	打造现代化的省级生态文明渔业综合园区。	①沿沭河流域建设生态渔业和休闲渔业2 000亩，发展8处有一定规模的休闲垂钓园；②建设龙潭万亩生态渔业综合产业园；③沿沭河岸发展池塘名优高效渔业养殖带建设，实行健康科学养鱼。
蒙阴县	云蒙湖为主体周边水域地区	大力发展以净水、保水为主的有机渔业。	①云蒙湖地区抓好大银鱼养殖与保护；②云蒙湖沿岸建设沿湖生态有机鱼养殖以及优质莲藕种植高效观光休闲示范区；③建立以体验水上运动之乐为主体的水上逍遥旅游基地。
郯城县	郯城街道、庙山镇、白马河等地区	发挥特色渔业养殖优势，打造现代特色渔业园区。	①以郯城街道汉青冷水鱼养殖场为中心建成4 000亩精品现代渔业园区；②以庙山镇庙山渔场为中心改造池塘2 000亩，打造观赏鱼养殖区；③以白马河为依托，推进龙凤岛项目建设，打造万亩休闲渔业园区；④利用郯城县现有稻田40万亩，打造万亩有机稻田养鱼休闲观光园区。
平邑县	温水镇等地区	建成集孵化、育种、经销、观赏多功能于一体的鲟鱼养殖场。	以温水镇为中心，在元郭至铜石段，建设标准化鲟鱼养殖园区6万m²，孵化水体1 000m³，年孵化鲟鱼苗500万尾，育种10万kg，养成商品鱼40万kg。

4. 东南部果菜花卉博览带

东南部果菜花卉博览带主要布局在花卉苗木、设施蔬菜发展极具优势的罗庄区、河东区、兰山区、苍山县，以及东部的蒙阴县和平邑县等地区，各地立足高档蔬果、花卉苗木、食用菌等特色产业发展优势，以现代农业产业园区建设为抓手，将农产品生产基地打造成为集生产、销售、科技推广、休闲旅游于一体的特色高效农业示范区，见表8-16。

表8-16 东南部果菜花卉博览带重点建设项目

辖区	建设地点	建设思路	建设项目及内容
罗庄区	集中分布在盛庄、高都2个街道	建设园林花卉高效农业示范区。	临沂鲁南花卉城、临沂蓝天花卉苗木科技园、册山雪萝苗木种植基地、杞柳种植观光园等。
河东区	沂河沿线、八湖、长深高速、汤河	着力打造配套实施齐全、服务完善的现代农业产业园区。	①沂河沿线葛沟段蔬菜长廊（4处产业园区）；②八湖农业旅游资源综合开发区域（2处）；③长深高速连接线刘店子段设施农业（1处）；④汤河农业资源开发区域（2处）。
兰山区	枣沟头镇、半程镇、白沙埠镇	打造集休闲、观光、旅游为一体的花卉苗木及水果观光园。	①枣沟头镇建设草莓采摘园、古树园、生态农业园、红木馆、湿地公园、蔬菜园等特色园区；②半程镇培育现代农业示范园、观光园各1个。③汪沟镇建设沿水库周边2 000亩旅游观光基地。④白沙埠镇沿沂河打造天景园等古树苗木园艺观光园。
苍山县	苍山国营农场	建立集科技示范、展示、科普、观光、采摘于一体的高标准农业观光园。	①蔬菜迷宫，占地面积50亩，展示观光农业新技术成果；②特色蘑菇园，占地面积50亩，开展食用菌文化交流；③百佳植物园，面积600亩，栽培国内外名优果菜新品种；④蔬菜采摘园，规划面积500亩，栽培鲜食的瓜类、果菜类；⑤蔬菜认领园，规划面积1 000亩；⑥花卉苗木，规划面积1 200亩，建设优质切花标准化生产基地。
蒙阴县	野店镇、坦埠镇、常路镇、桃墟镇、园艺场等地	打造精品水果、蔬菜高科技博览园。	①梓河沿岸野店镇、坦埠镇、旧寨乡建设高效生态保护地蔬菜精品示范园区；②常路镇东汶河源头至蒙阴街道茶棚区域至高都河沿岸，发展冬暖式温室果品蔬菜生产万亩科技示范长廊；③园艺场以北及西环路以东的原苗圃区域打造高科技蜜桃博览园；④桃墟镇金水河沿岸建设优质葡萄及生态旅游示范基地。
平邑县	平邑街道、保太镇、温水镇、铜石镇、浚河北岸等地	建设高标准的蔬菜种植基地及采摘观光园。	①平邑街道、保太镇马铃薯标准化种植基地6万亩；②平邑街道旺沟现代农业示范园2万亩；③温水镇花园村建设1 000亩蔬菜基地；④铜石镇的昌里流域建设2万亩金银花GAP种植基地；⑤铜石镇500亩白莲藕种植基地；⑥浚河北岸的黄城、东崮、西崮等村发展林下食用菌2 000亩以上。

5. 革命圣地红色风情体验带

临沂是著名的革命老区,刘少奇、罗荣桓、徐向前、陈毅等老一辈无产阶级革命家曾在这里战斗和工作过。蒙阴县、莒南县和临沭县的红色文化极具代表性,著名的孟良崮战役纪念馆和沂蒙六姐妹纪念馆成为人们回顾革命历史、接受传统教育、弘扬沂蒙精神的重要的场所,也为都市休闲农业的旅游开发增添了浓墨重彩的一笔,见表8-17。

表8-17 革命圣地红色风情体验带重点建设项目

辖区	建设地点	建设思路	建设项目及内容
蒙阴县	岱崮镇、垛庄镇等地	全面打造红色故里生态旅游教育基地。	①孟良崮党性教育基地提升改造项目,包括拥军支前雕塑园及标志性雕塑、孟良崮战役纪念馆二馆、刘晓浦纪念馆、孟良崮战役纪念碑、孟良崮培训接待中心、孟良崮敬老院、孟良崮小学和孟良崮医院等新项目。②野店镇红色教育基地项目,烟庄村石泉水库周围建水上乐园、苹果大世界、红色文化广场、红色文化体验区、爱国主义实践基地等项目。
莒南县	大店镇、道口乡	齐鲁红都、山东的"小延安"红色旅游品牌建设。	①山东省政府和八路军115师司令部纪念馆及综合服务中心;②山东省第一团支部诞生地旧址纪念馆;③渊子崖抗日保卫战遗址纪念馆。
临沭县	沭河之畔的岌山东皋、利城村、东盘村、西盘村等地	挖掘红色旅游文化内涵,培育红色旅游新亮点。	①滨海革命烈士陵园;②新华社山东分社诞生地纪念园及一一五师师部旧址;③九二二锄奸救国运动纪念地。

第五节 河南郑州观光林业发展模式

郑州市地处暖温带大陆性季风气候区,四季分明。其地形地势基本由西南向东北倾斜,呈阶梯状降低,由山区、丘陵过渡到平原。山地、丘陵、平原面积分别占总面积的31.9%、30.3%和37.8%。郑州市适宜的气候条件和复杂的地貌类型,形成了其多样化的生物类型,其中经济林木资源较为丰富,为特色林果产业的发展提供了得天独厚的条件。郑州作为以种植业为主导产业的省会城市,在新时期实施城乡统筹发展战略,探索都市型现代农业发展道路进程中,不能单纯依靠传统农业发展方式的转变,而应该开拓思路、努力创新,挖掘本地特色林果业资源优势,强化林果业在农村经济发展和促进农民增收中的重要地位。本研究力争通过详细规划理清思路、突出重点，使特色林果业在促进区域经济发展，提高农民收入，改善生态环境，统筹城乡发展等方面发挥更加显著的作用。

一、发展现状、潜力及优势

根据《2009年郑州统计年鉴》数据，2008年郑州市果园面积总计2.53万hm^2，水果产量29.06万t；其他水果包括桃子、猕猴桃、葡萄、红枣、柿子等，其果园面积为1.62万hm^2，果品产量19.96万t。近年来，郑州市属各县（市）的特色精品林果业也有了长足的发展。

（一）各县（市）特色林果业发展概况

登封市按照"产业发展、核桃先行"的要求，大力发展核桃产业。目前，登封市已连片发展核桃面积2 240hm^2，进入初果期面积326.7hm^2，年产干果268.3吨。核桃种植主要集中在中东部地区。

新密市的樱桃及密香杏是地方名优特产，2009年白寨镇密香杏种植面积166.7hm^2，年产量200万斤；刘寨镇大樱桃占地面积17.3hm^2，年生产大樱桃30 000 kg。此外，新密市牛店镇小寨村种植梨、杏、桃等小杂果面积100hm^2。

新郑市的特色林果产业已成为三大特色产业之一。红枣产业，2009年新郑市拥有枣粮间作面积1.4万hm^2，主要分布在新郑市东部沙区。8个枣区乡镇105个行政村，枣树近400万株，年产量达3 000万kg。小杂果产业，2009年小杂果面积0.46万hm^2，主要分布在西部的107国道两侧和西部的浅山丘陵区。

巩义市于2009年在北部邙岭发展苹果、梨、桃、杏等优质果品生产基地，在南部山区发展核桃、柿子、枣等干果生产基地，全市果树种植面积达0.3万hm^2，并建成北部邙岭、南部山区林果生产基地。

荥阳市依托河阴石榴、荥阳柿子等驰名中外的果品优势，着力做强特色林果产业。目前，荥阳市河阴石榴栽培面积达到0.27万hm^2，年产石榴1 250万kg，已经成为荥阳市农业的一个支柱产业。荥阳市柿树现有约55万株，年产鲜柿约1 000万kg，产地主要分布在南部山区，年产柿饼约250万kg。

中牟县西瓜种植规模已达0.8万hm^2，以姚家乡罗宋村和韩寺镇的西瓜种植规模最大。西南枣区以灰枣、鸡心枣等优良乡土品种的培育为主，2008年红枣种植面积0.36万hm^2，产量达2.05万t。

(二) 市辖区特色林果业发展概况

二七区初步形成了以侯寨乡樱桃沟为中心的 333.3hm² 樱桃基地，以侯寨乡红花寺为中心的万亩葡萄基地。2009 年全区樱桃、葡萄、石榴、枣、杏等小杂果种植面积达 0.11 万 hm²，年产量 1.7 万吨。管城区现拥有草莓、鲜桃、红枣等特色种植基地面积达 2 万亩，大多集中在南曹乡，全区果品产量达到 2 万余吨，产值达 3 000 万元。中原区 2008 年中原区桃子、葡萄、红枣等种植面积为 120hm²，产量总计 154.8 万 kg。惠济区特色林果业发展将依托农业示范园区的建设，服务与休闲观光农业的发展。2008 年惠济区桃子、葡萄、红枣、柿子等水果种植面积为 150hm²，产量总计 113.2 万 kg。

二、发展思路

1. 指导思想

郑州市特色林果产业发展应围绕"特色产业化、产业特色化、特色产业规模化"的指导思想，逐渐把特色林果做优、做强、做大、做新。

2. 发展原则

郑州市特色林果产业发展应遵循以下发展原则：①理清思路，提早定位；②因地制宜、突出优势；③统一规划、分步实施；④注重科技，推动创新。

3. 发展思路

郑州市特色林果业发展的总体思路：首先，抓紧实施特色林果产业集群战略，发展特色精品林果产业示范园，促进特色果业发展由粗放经营向集约经营转变，由分散的基地建设向形成优势特色果品产业带转变，由生产初级鲜食果品向高附加值的加工产品转变。其次，实施特色林果产业与休闲观光农业协同发展战略，利用农村生产、生活、生态资源，设计独具中原文化特色的创意特色果品，实现郑州市"远山青翠、水波壮阔、树影婆娑、花果飘香"的生态美景。同时，大力发展相关支持产业、配套产业及衍生产业的产业群，将餐饮、娱乐、休闲、商务、会议、时尚消费等经济文化活动连接起来，形成构筑新型特色林果业产业体系。

具体思路包括以下 4 个方面。

(1) 创新整合文化要素，提升特色林果业的品牌文化内涵。中原腹地郑州人杰地灵，其辉煌璀璨的华夏文明赋予特色林果产业丰富的文化渊源，其敦实厚重的文化资源更像一张无形的名片，塑造出特色林果业无与伦比的品牌优势。

（2）完善健全市场体系，实现市场和生产的合理对接连通。特色林果业要以市场需求为导向，认识市场、适应市场、驾驭市场，使林果生产与社会需求和社会利益协调起来，既能产生经济效益又能改善生态环境。

（3）强化科技支撑力度，提升特色果业综合效益和整体水平。大力推进栽培良种化、标准化生产及林果业机械化进程；加强技术服务体系建设及技术人才培养力度；培育壮大林果业龙头企业，提高林果产品加工转化能力。

（4）优化林果业结构布局，打造区域特色果品产业带或产业群。因地制宜优化林果业的结构布局，抓住当地最具优势的特色林果果品，形成规模大、效益高、品牌硬的特色果品产业带或产业群，实现一县一品或几县一品。

三、发展目标

郑州特色林果产业发展目标的确定主要参照了各县市都市型现代农业发展规划调研报告、《郑州市林业产业 2020 年发展规划纲要》及《郑州森林生态城总体规划》的相关内容。《郑州市林业 2020 年发展规划纲要》对特色林果业新增种植基地面积做了详细规划，见表 8-18，在此基础上结合各县（市）特色林果业生产实际，确定特色林果业的发展目标将遵循"近期（2011—2015 年）新增面积与远期（2016—2020 年）新增面积之和等于 2020 年规划新增基地面积"的原则。

各产业发展目标具体如下。

表 8-18　林业 2020 年发展规划特色林果业新增基地面积统计

特色果业	红枣	樱桃	石榴	柿子	杏	葡萄	核桃
面积（hm^2）	2	0.1	0.2	0.2	0.27	0.07	0.37

1. 红枣产业

据《2009 郑州统计年鉴》数据，2008 年郑州市红枣种植面积为 1.08 万 hm^2，产量为 7.8 万吨。以此为基数确定红枣产业的发展目标，2011—2015 年为红枣种植面积新增 0.45 万 hm^2，扩大到 1.53 万 hm^2，产量达到 11.1 万吨。2016—2020 年为红枣种植面积新增 0.47 万 hm^2，扩大到 2 万 hm^2，产量达到 14.5 万吨。

2. 樱桃产业

截至2009年,全市樱桃种植面积约0.17万 hm^2,年产量约4 100吨,单产约为2 355kg/hm^2。以此为基数确定樱桃产业的发展目标,2011—2015年为樱桃种植面积新增0.03万 hm^2,扩大到0.21万 hm^2,产量达到4 900万吨。2016—2020年为樱桃种植面积新增0.07万 hm^2,扩大到0.27万 hm^2,产量达到6 460万吨。

3. 石榴产业

2009年荥阳市河阴石榴的种植面积达到0.27万 hm^2,年产量为1 250万 kg,单产约为4 687.5 kg/hm^2。以此为基数确定石榴产业的发展目标,2011—2015年为河阴石榴生产种植面积达到0.3万 hm^2,年产优质河阴石榴6 000万 kg,年产值达到6亿元。2016—2020年为河阴石榴生产种植面积达到0.33万 hm^2,年产优质河阴石榴10 000万 kg,年产值达到10亿元。

4. 柿子产业

据《2009郑州统计年鉴》数据,2008年郑州市柿子种植面积为580hm^2,产量为1.56万吨,单产约为26 940kg/hm^2。以此为基数确定柿子产业的发展目标,2011—2015年为柿子种植面积新增0.1万 hm^2,扩大到0.158万 hm^2,产量4.3万吨。2016—2020年为柿子种植面积新增0.1万 hm^2,扩大到0.258万 hm^2,产量7.0万吨。

5. 密香杏产业

2009年新密市白寨镇密香杏的种植面积166.7hm^2,年产量200万斤,单产约为6 000kg/hm^2。以此为基数确定密香杏产业的发展目标,2011—2015年为密香杏种植面积新增0.08万 hm^2,扩大到0.1万 hm^2,产量达到600万 kg。2016—2020年为密香杏种植面积新增0.08万 hm^2,扩大到0.18万 hm^2,产量达到1 080万 kg。

6. 葡萄产业

据《2009郑州统计年鉴》数据,2008年郑州市葡萄种植面积为0.18万 hm^2,产量为3.4万吨,单产约为19 425kg/hm^2。以此为基数确定葡萄产业的发展目标,2011—2015年为葡萄种植面积新增0.03万 hm^2,扩大到0.21万 hm^2,产量达到4万吨。2016—2020年为柿子种植面积新增0.04万 hm^2,扩大到0.24万 hm^2,产量达4.7万吨。

7. 核桃产业

2009年登封市已连片发展核桃面积2 240hm^2,年产干果268.3吨。根据登封市已编制的《核桃产业规划》的要求,2010年已新增核桃面积0.06

万 hm²，结合发展实际对登封市核桃产业的发展目标进行调整，2011—2015年为核桃种植面积新增 0.83 万 hm²，扩大到 1.11 万 hm²，产量达到 1 335 万吨。新增果树面积如下：2011 年增加 0.17 万 hm²，达 0.45 万 hm²；2012 年增加 0.17 万 hm²，达 0.61 万 hm²；2013 年增加 0.17 万 hm²，达 0.78 万 hm²；2014 年增加 0.17 万 hm²，达 0.95 万 hm²；2015 年 0.17 万 hm²，总面积达到 1.11 万 hm²。2016—2020 年为核桃种植面积新增 0.57 万 hm²，扩大到 1.68 万 hm²，产量达到 2 014 万吨。

四、建设重点及区域布局

1. 建立良种繁育及生产示范基地

根据各县（市）农业生产实际，建立特色林果业良种繁育基地及生产示范基地，为特色林果业名优新品种的开发研究及推广应用奠定基础。应在特色林果产业优势产区建立大型果木经济林苗圃，满足发展特色精品果业的生产需要。具体区域布局及种植面积情况见表 8-19。

表 8-19　特色林果业生产基地规划布局及种植面积一览表　单位：万 hm²

特色林果业	区域布局	现有果树种植面积	2011—2015 年新增面积	2016—2020 年新增面积	合计
红枣	新郑、中牟	1.08	0.45	0.47	2
樱桃	新郑、二七、新密	0.17	0.03	0.07	0.27
石榴	荥阳	0.27	0.3	0.33	0.9
柿子	巩义、荥阳、新密	0.06	0.1	0.1	0.26
密香杏	新密	0.02	0.08	0.08	0.18
葡萄	新郑、二七	0.18	0.03	0.04	0.25
核桃	登封	0.28	0.83	0.57	1.68

规划近期（2011—2015 年）特色林果业区域布局具体如下。

——红枣基地布局：在新郑市东部沙区孟庄镇，即沿京珠高速公路两侧建立红枣产业带 0.3 万 hm²；在中牟县南部的黄店、八岗、刁家等乡镇，县西南部的张庄、九龙、八岗、郑庵等乡镇，建立红枣产业带总计约 0.15 万 hm²。

——樱桃基地布局：在新密市白寨镇、刘寨镇，建立大樱桃生产基地 0.01 万 hm²；在新郑市龙湖镇西部，建立大粒樱桃新品种繁育及示范基地

0.01万 hm²；在二七区侯寨乡樱桃沟，扩大樱桃种植面积 0.01万 hm²。

——石榴基地布局：在荥阳市高村乡、王村镇北部邙岭、官峪村区域内建立河阴石榴基地 0.3万 hm²。

——柿子基地布局：在荥阳市乔楼镇、崔庙镇、刘河镇、贾峪镇、广武镇，建立柿子生产基地 0.03万 hm²；在巩义市南部山区发展柿子种植基地 0.03万 hm²；在新密市牛店镇小寨村发展柿子种植基地 0.03万 hm²。

——密香杏基地布局：在新密市白寨镇，建立密香杏良种繁育和示范基地 0.08万 hm²。

——葡萄基地布局：在新郑市西部的 107 国道两侧和西部的浅山丘陵区，发展葡萄基地 0.02万 hm²；在二七区侯寨乡红花寺附近，建立优质葡萄基地 0.01万 hm²。

——核桃基地布局：在登封市建设 13.3 hm² 核桃种苗繁育基地，建设 0.83万 hm² 核桃生产基地；建成"万亩"核桃乡镇 8 个，"千亩"核桃专业村 30 个，高标准核桃示范园 100 个。

2. 增加扩建果品贮藏加工库容

对新郑枣业、巩义汇源果汁等一批加工企业进行技术改造，扩大生产规模；在新密、巩义、中牟、管城、新郑、荥阳新建果品贮藏库 6 个。2010 年贮藏加工能力 24 万吨，实现增值 0.72 亿元；到 2015 年贮藏加工能力达到 50 万吨，实现增值 1.5 亿元；到 2020 年贮藏加工能力达到 74 万吨，实现增值 2.2 亿元。

3. 建设覆盖全市果品贮藏流通体系

充分发挥郑州地理优势，以郑州现有的果品贮藏库和批发市场为基础，组建郑州果品贮藏销售中心，逐步形成中原地带销售集散地，形成覆盖全市城乡的果品贮藏分销网络。在果品市场的基础上，新建果品贮藏库 6 座，建立全市的果品贮藏流通体系。2010 年实现增值 0.32 亿元；到 2015 年，果品贮藏库达到 10 座，实现增值 0.66 亿元。到 2020 年，果品贮藏库达到 15 座，实现增值 1 亿元。

4. 加快特色林果业机械化发展步伐

大力引进、推广、使用林果机械，提高特色林果业的机械化作业水平，认真落实各项机械化技术措施，把精细、科学的管理手段贯穿于特色林果业生产的全过程，规范林果业生产的各个环节，实现特色林果业科学栽培。在林果业加工增值方面要充分依托农产品深加工和出口创汇龙头企业，积极引进推广林果除渣、清洗、消毒、分选、分级、包装、冷藏、保鲜、贮运等机械化技术，提升特色林果业生产综合效益和整体水平。

5. 开展专业化的科学管理培训

加大宣传力度，利用各种媒体引导果农积极主动采用机械化技术措施，提高林果业综合生产能力。加大林果机械化生产技能培训力度，为林果业发展提供有力的科技支撑。扩大县乡林果技术人员和果农的培训覆盖面，培养一批有较强市场意识、有较高生产技能、有一定管理能力的现代林果经营者和农民技术员，不断提升林果业生产的机械化技术水平和科学管理水平。

第六节　河南卢氏特色生态产业模式

一、发展环境与优势分析

（一）自然资源条件

1. 气候

卢氏县境横跨长江、黄河两大流域，跨亚热带、暖温带两个气候带，年均无霜期255天，年均气温12.6℃，年降水量466.5毫米；雨量时空分布不均，基本上是南部多于北部，西部多于东部，深山多于河川，在海拔1 000米以下地带降水偏少，日照2 118小时，属于暖温带大陆性季风气候。

2. 地形地貌

卢氏县地处河南省西部边陲，北临与陕西省的洛南、丹凤、商南三县接壤，横跨崤山、熊耳、伏牛三大山脉，地貌特征可以概括为"三山三河两流域、八山一水一分田"。全县共有大小山峰4 037座，平均海拔1 221米。北部为崤山山地，平均海拔800米左右；东部为熊耳山地，平均海拔1 200米；伏牛山脉分布在东南边境，最高峰为西部边缘的玉皇尖，海拔2 057.2米。

3. 水资源

卢氏县内大小河流涧溪2 400多条，其中流域面积在100平方公里以上的河流14条，以熊耳山为界分属黄河、长江两大流域。其中，以洛河、杜关河为主分属黄河流域，流域面积2 852平方公里，占全县总面积70%；以老灌河、淇河为主分属长江流域，流域面积1 152平方公里，占全县总面积的30%。全县水能理论蕴藏量13.8万千瓦，水能资源可开发利用量5.6万千瓦。目前，全县共建成小水库4座，小山塘8座，病险水库除险加固3座，总库容达到650万立方米。

4. 土壤

卢氏县土壤类型大致分为3类：北部是低山丘陵淋溶褐土及褐土性土，适宜发展牧果粮烟等产业；中部是西南部中山棕壤针阔叶林区，适宜发展果菜杂粮等产业；南部是中低山黄棕壤针阔叶林区，适宜发展林菌药茶等产业。

5. 其他

卢氏县野生动植物资源丰富，黑木耳、卢氏连翘、卢氏绿壳鸡蛋和卢氏核桃先后获国家地理标志产品认证。卢氏县是全国优质烟叶大县、食用菌生产先进县、中药材基地县、著名的"核桃之乡""中华民族文化生态旅游名县"和"国家级生态示范区"。卢氏县矿产资源居河南之首，潜在经济价值在6 000亿元以上。卢氏县历史悠久，是鄂豫陕革命根据地的核心区域，1994年被省政府确定为全省13个革命老区县之一，是国家扶贫开发工作重点县。

(二) 农业基础设施条件

1. 农田水利设施

卢氏县土地面积4 004平方公里，耕地面积3.89万hm^2，有效灌溉面积0.43万hm^2。近年来，围绕特色农业的发展，全县积极做好烟田、果园、茶园、菜地、林地等农田水利设施建设工作。2012年，全县完成旱涝保收田200hm^2，完成洛河横涧乡营子村段等4处1 700米河堤修复加固工程；开工建设霸底河杜关段、老灌河朱阳关段河道治理工程，新建和修复堤坝8 000米；完成涉及杜关、管道口等9个乡（镇）13个行政村7 000人的安全饮水工程。

2. 农业机械化发展

卢氏县立足服务特色农业，大力发展特色农机，提高农机装备水平和利用效率。2012年，全县农机总动力为22.8万千瓦，重点扩大了精量半精量播种机、机耕机、烟田起垄机及防病治虫机械的数量、拓展农机作业领域。机耕面积达到0.67万hm^2以上，机播面积达到1.33万hm^2以上，机收面积达0.17万hm^2；完成农机化培训3 861人次，乡村农机从业人员超过1.2万人。

3. 农民专业合作组织

卢氏县高度重视农民专业合作社的发展，全县已建农民合作社113家，入户社员8 000余户，带动农户2.4万人；行业范围涉及种植业53家、畜牧业17家、林果业32家、农机服务11家；其中，国家级示范社1家，省级示范社 2 家、市级示范社 12 家。2012 年，全县合作社经营额达到 15 368 万元，户均增收 19 210 元，在促进农村经济发展中发挥了积极作用。

4. 农业信息化建设

卢氏县农业信息化发展取得了显著成效，目前开通了"卢氏农业网"，创办了信息服务超市，全面完成了 19 个乡镇农业信息网站建设，率先在全市实现了"乡乡上网"，协助组织部门完成全县 351 个行政村农村党员远程教育系统，形成了"县有中心、乡有网站、村有信息员"的三级互动网络，并引导 20 家涉农企业、50 个种养大户建立了农业信息网点，开展网上贸易。

5. 农业科技创新与推广

卢氏县抓好种业科技创新和体制改革，加大种子体制改革和科技创新力度。实施好"种子工程"，做好卢氏鸡、天麻、野生连翘等本地优良品种资源的保护与培育；搞好新品种的引进和推广，扩大良种覆盖范围，提高良种生产效益；抓好"阳光工程""雨露计划"和"农村劳动力技能就业计划"等人才培训，2012 年完成实用技术培训 20 000 人，劳动技能培训 2 500 人。

6. 农产品品牌建设

卢氏县已有多家企业获 ISO 9000 系列认证和企业质量体系认证，2012 年申报无公害农产品 8 个，新申报有机食品 1 个；全县市级以上农业产业化重点龙头企业获省著名商标 2 个，无公害产品认证 18 个，有机食品认证 1 个，通过国家地理标志认定 4 个。通过市场开发，打响"豫品常绿"牌菌产品、"博康"畜产品、"女郎山"和"华德"调料品以及"伏牛红""伏牛绿"茶产品等著名品牌。

7. 生态环境保护

卢氏县把创建国家级生态示范区作为生态环境保护工作的主攻目标，始终高度重视生态环境保护。城市集中饮用水源地水质达标率 100%，城区环境空气质量优良天数达 300 天以上，南水北调卢氏水源区水质优于国家调水标准。2012 年完成林业生态建设 0.92 万 hm^2，其中造林工程 0.39 万 hm^2，补植补造工程 0.33 万 hm^2，森林抚育工程 0.15 万 hm^2，四旁植树和义务植树 280 万株。

二、指导思想、发展定位与目标

1. 指导思想

贯彻落实科学发展观，坚持"产业化富民"战略，按照推进特色新型城镇化、特色新型工业化、特色新型农业现代化"三化"协调发展的要求，以建设豫西边陲老区新型特色现代农业产业体系为主线，遵循"旅游立县、特色引领、龙头带动、科技支撑、夯实基础、稳定民生"的发展思路，按照"一心、三块、四廊"的现代特色农业产业布局，稳定粮食及蔬菜产业，做强食用菌、烟草及畜牧产业，做靓林果、中药材及乡村旅游产业，做优桑蚕、茶叶及水产业，促进老区农业稳步持续增效，农民尽早增收致富，农村美丽健康发展。

2. 发展定位

（1）建设中原腹地生态旅游名县。卢氏县自然资源、地理区位、气候地形、景观风貌和农耕文明优势显著，应充分挖掘旅游资源和地域文化优势，定位于三门峡市大旅游的发展战略，建设中原腹地生态旅游名县，打造"绿色山水、魅力卢氏"生态旅游名片，将乡村旅游业发展成为全县的转型接续产业和新兴支柱产业。

（2）建设豫西老区特色农业强县。卢氏县发展特色产业优势明显，应立足于自身优势和产业基础，定位于走特色新型农业现代化发展道路，不断改善农村基础设施条件，提升农业产业化水平，建设豫西山区特色农业强县，发展成为河南省最大的特色农副产品生产加工基地，以及最大的产业集聚区和物流集散基地。

（3）打造两河流域生态保护样板区。卢氏县特殊的地理区位必须加强对水源区水质和濒危物种的保护，应将林业生态建设和绿色乡村建设相结合，把自然景观和人造工程融为一体，定位于"绿色水韵之城、中原最美花园"，打造成为两河流域生态环境建设及物种种质资源保护的样板区。

3. 发展原则

（1）统筹规划、合理布局。加强统一规划布局、协调管理和市场开拓，依据不同地域生态环境的承载能力，确定合理特色产业功能分区，明确用地布局和发展重点，推进特色农业可持续健康发展。

（2）因地制宜、夯实基础。充分依托区域自然地理和生态资源优势，既保留具有地方特色的原生物种，又适应特色农业发展的市场需求；不断改善提高农村基础设施条件，为现代农业发展奠定基础。

（3）特色为本，科技带动。以卢氏特色品种选育、保护，特色资源开发利用及特色品牌创建为根本；加快农业科技成果转化和示范推广，构建适应特色农业发展要求的科技研发、成果转化及服务体系。

（4）项目带动、集聚发展。按照"市场牵龙头、龙头带基地、基地连农户"的原则，整合特色农业产业发展资源和重大项目；引领战略性农业新兴产业集聚发展，形成一批产业关联度大、带动作用强的现代农业产业聚集区。

（5）产业融合、生态优先。加快林果、中药、茶叶、水产业等特色产业与乡村旅游业的融合，选择适合卢氏特点的休闲农业发展模式，加强老区生态环境的保护，促进农游结合及区域经济的协调和可持续发展。

4. 发展目标

稳定粮食、蔬菜产量，逐步扩大"菌、烟、牧、果、药、茶、蚕、渔"特色农业生产，提升农业产业化发展水平，扶持农业专业合作组织，培育壮大农业产业集群，创建优质农产品品牌，重点促进特色农业与生态旅游融合，建成生态旅游名县和特色农业强县。

到2016年，全县基本完成农业产业结构调整，形成优势农产品区域化布局、规模化生产、精深化加工、产业化经营、差异化发展的新格局。建立较为完善的现代农业支撑体系及社会化服务体系，建成服务完善、信息畅通、影响力强的市场营销体系。到2020年，全县八大特色产业的发展优势地位巩固，特色产业发展成为农业增效、农民增收的新着力点；整合开发生态旅游资源，建成全县组合特征的休闲农业产品群；建成特色高效农业新兴区、农业科技创新先导区、优质农产品生产样板区。

三、总体布局与重点任务

总体布局

卢氏县现代特色农业发展应遵循"一心、三块、四廊"的总体布局，构建豫西地区新型现代特色农业产业体系，形成"三大板块"，即北部黄河流域高效特色农业板块、中部洛河流域优势特色农业板块、南部长江流域精品特色农业板块协调发展的新格局。

1. "一心"

以卢氏县城关镇县城为中心，依托环县郊区的特色生产基地及现代农业产业园区，将自然景观、人文景观与生产景观等融为一体，打造集科技成果展示、科普教育培训、生态观光旅游于一体的环县城农业休闲旅游度假中心。

2. "三块"

（1）北部"烟牧果"高效特色产业板块。北部高效特色产业板块包括位于黄河流域崤山地区的官道口镇、杜关镇、潘河镇、沙河镇、木桐镇等，草场草坡资源丰富，低山丘陵淋溶褐土及褐土性土，适宜发展牧果粮烟等产业。烟草产业进一步稳定规模、优化结构、夯实基础，争取集中连片发展，提高种烟比较效益；畜牧业立足良种选育、繁育，适度规模发展，提倡标准化养殖，发展林下经济；林果业深度挖掘本地品种资源，采取科学管理和产业化经营方式，扶持龙头企业，延伸产业链条实现农游结合。

（2）中部"蚕菜渔"优势特色产业板块。中部优势特色产业板块包括位于洛河沿岸的徐家湾乡、双龙湾镇、横涧乡、文峪乡、范里镇、东明镇等，境内水系发达、河网密集，农业生产灌溉条件较好，适宜发展药菜桑渔等产业。桑蚕业优化产业布局和品种结构，以桑蚕专业合作组织为带动，与乡村旅游业发展相结合；蔬菜产业坚持无害化、标准化、设施化发展，提高设施蔬菜生产能力；渔业以省大鲵人工繁育工程中心的技术、生产为依托，发展大鲵及冷水鱼养殖，走"渔游结合、渔林结合、渔桑结合"的休闲渔业发展道路。

（3）南部"茶菌药"精品特色产业板块。南部精品特色产业板块包括位于长江流域南山山区的汤河乡、狮子坪乡、双槐树乡、官坡镇、五里川镇、瓦窑沟乡、朱阳关镇等，雨量充沛、气候湿润，适宜发展菌药茶等产业。食用菌巩固特色产业地位，加强生产监管、提高品质，重点培育加工龙头企业，提升食用菌产业集群的国内外市场竞争力；中草药抓好标准化生产基地建设，叫响卢氏特色中药材品牌，推广林药、果药立体间作模式，挖掘野生中药材旅游资源优势；茶业确保优良品种的引进与筛选，实行合理化布局和标准化生产，发挥茶文化的纽带和品牌作用。

3. "四廊"

"四廊"是指沿洛河、杜关河、老灌河、淇河4条水系，打造4条景观各具特色和文化主题各异的生态旅游长廊，具体如下。

（1）洛河流域特色农业观光体验长廊。依托中部"蚕菜渔"优势特色产业板块发展，在洛河沿岸建设特色农业观光体验长廊，具体包括：①科普示范型，以标准化桑园、果园及鱼类养殖场为依托，将生产基地进行整体串联和设计，建成集科研、成果展示、科普教育、人才培训、休闲娱乐等多功能于一体的科普观光农业走廊。②设施农业型，设施蔬菜生产、加工产业基地为基础，以设施化+生态技术为主要特征，为市民提供休闲、旅游及科普教育基地。

（2）杜关河流域林果采摘生态观光长廊。依托北部"烟牧果"高效特色产业板块发展，在杜关河沿岸建设林果采摘生态观光长廊，具体包括：

①观光体验型，以杂果园、核桃园、烟田基地等生产景观为吸引物，打造多业态融合的休闲农业新产品，吸引市民欣赏与体验农业自然景观及生态环境、农民劳动生活场景、农艺及农产品的展示与加工、农村空间的出让、农耕民俗生活等。②林下经济型，探索特色林下经济新模式，即林草、林禽、林药、林菌等；开发建设休闲农场、农家乐、采摘园等。

（3）老灌河流域生态湿地保护休憩长廊。以老灌河及其支流沿线的生态环境保护，湿地生态系统修复，生态防护林建设为重点，结合沼泽、滩涂、水草等湿地资源开发与保护，在汤河镇建设集户外运动、湿地旅游、水生动物博览园、滨水乐园等于一体的自然水域观光旅游景点和市民休闲健身的生态湿地保护休息长廊。

（4）淇河流域果药茶观赏休闲绿色长廊。依托南部"茶菌药"精品特色产业板块发展，在淇河沿岸建设林果茶观赏休闲绿色长廊，具体包括：①集约科技型，以现代化标准化茶园、药园基地为依托，以集约化+生态技术为主要特征，建成集科技成果示范及展示、科普教育、观光体验于一体的现代农业园区。②产业基地型，依托食用菌龙头企业建设专业化产业基地，打造集观摩、实践、休闲于一体的，包括产、加、销完整产业链的休闲旅游产品。

四、林果业

1. 现状与优势

卢氏县是典型的深山林业大县，全县有林地 27.79 万 hm^2，其中天然林面积为 15.49 万 hm^2，森林覆盖率为 63.8%。2012 年完成林业生态建设 0.92 万 hm^2，其中造林工程 0.39 万 hm^2。林业育苗是一项支柱产业，除满足本县造林需求外，可为其他县市提供大量的优质苗木。果业发展具有得天独厚的优势，2012 年水果面积 0.61 万 hm^2，年产量 9 500 万 kg，主要品种有大樱桃、金沙梨、苹果及小杂果等；核桃分布面积达 2.8 万 hm^2，2012 年发展 0.33 万 hm^2，年产量 1 000 万 kg，林果年产值达 2.6 亿元。

卢氏县的果品加工业已初具规模，形成了三门峡华阳公司和三门峡龙泉保健食品公司两家有名的省级农业龙头企业，以及"香盛轩、德胜、利民、兴隆、富源、德胜"等 22 家林果专业合作社。林果业的发展尽管优势明显，但因管理技术水平不高，果品加工环节滞后，造成林果业整体市场竞争力不强。

林果业发展存在如下问题。

(1) 林业主导产业不明显且规模小。林业生态建设主要以能源林、绿化林为主，林木育苗产业规模较小，以核桃为主的经济林发展具有一定的优势，但是品种混杂，影响果品质量。

(2) 果业的整体发展水平亟待提高。果业处在由粗放型向集约型、数量型向质量型转变的发展时期，新品种引进与新措施的推广也处于起步阶段，整体发展水平亟待提升。

(3) 果品加工业发展滞后且水平低。三门峡华阳食品公司和三门峡龙泉保健食品公司也只能生产核桃仁、核桃酒这样的初级加工产品，产业链条短，产品附加值不高。

(4) 缺乏具有卢氏特色的果品品牌。作为三门峡市林果业发展优势大县，卢氏县尚未形成全省乃至全国叫得响的名牌果品及加工产品，缺乏品牌的带动和影响极大制约了果业的发展。

2. 发展方向

按照优质、高效、生态、安全的现代果业发展要求，建立品种本地化、基地规模化、管理科学化、产品无害化的现代林果业生产体系；转变传统生产组织方式，建立果品专业合作社或果业协会，搭建龙头企业、农户和市场之间的桥梁；加强良种选育及科学管护，健全干果产品质量安全保障体系；培育名特优果品品牌，加快精品采摘园等休闲旅游新产品开发，使林果业成为农民增收和农业增效的着力点。

3. 目标与布局

(1) 发展目标。到2016年，全县新发展特色果品产业基地433.3 hm^2，水果总面积接近0.66万 hm^2，产量达到1亿kg；规划核桃基地新造林0.87万 hm^2，实现年产量5 200万 kg，核桃黑果率降到3%以下；果品加工能力达8 000万 kg以上，总产值突破4.0亿元。果业加工龙头企业及品牌建设初具规模，产业化发展水平明显提升。

到2020年，全县新发展特色果品产业基地400 hm^2，水果总面积达到0.7万 hm^2，产量接近1.1亿 kg。核桃生产将以基地管护为主，2017—2020年规划新造林0.416万 hm^2，年产量稳定在2 500万 kg；核桃黑果率降到1%以下；果品加工能力达到9 000万 kg，总产值达5.5亿元。建立国家级果品产业龙头企业1个，专业合作社1个，林果业的国内市场竞争力显著增强，见表8-20（注：以下统计表中数据均按照我国农业生产的常用单位"亩"作为计量单位，换算：1亩＝0.067 hm^2）。

表 8-20 卢氏县林果业近期及中期发展目标汇总表

编号	发展目标		到 2016 年	到 2020 年
1	林业苗木种植面积（亩）		大田苗木面积 1 万亩，产值 1.6 亿元	大田苗木面积 1.3 万亩，产值 2.2 亿元
2	水果种植面积	新发展面积（亩）	6 500 亩	6 000 亩
		其中：大樱桃	2 500 亩	2 000 亩
		高山苹果	2 700 亩	2 800 亩
		金沙梨	1 300 亩	1 200 亩
3	核桃生产任务	造林面积	13 万亩（2016 年 3 万亩）	6.24 万亩
		示范园	3.3 万亩（2016 年 7 700 亩）	1.6 万亩
		管理果树	1667 万株（2016 年 385 万株）	800 万株
4	林果业总产值（亿元）		4.0 亿元	5.5 亿元
5	龙头企业与品牌建设		建设 3 个省级龙头企业，2 个省级知名品牌	建设 1 个国家级、4 个省级龙头企业；培育 1 个全国知名品牌，4 个省级知名品牌

（2）区域布局。全县新规划核桃造林基地主要分布在黄河流域的 12 个乡镇，南山区 7 个乡镇分布较少。全县特色果品产业基地建设主要分布在 3 大片区，具体布局见表 8-21、表 8-22 和表 8-23。

表 8-21 卢氏县林果业优质果品产区布局

品种		优质果品产区	产区分布区域
核桃		黄河流域主产区	官道口镇、东明镇、沙河乡、范里镇、横涧乡、杜关镇、文峪乡、潘河乡、双龙湾镇、木桐乡
鲜果	大樱桃	洛河沿岸产区	文峪、横涧、范里、双龙湾
	高山苹果	北部山区	官道口、杜关、范里、东明、沙河
	金沙梨	西南山区	五里川、朱阳关、汤河、双槐树、狮子坪

表 8-22 卢氏县 2013—2020 年核桃造林面积任务分配   单位：亩

乡镇	2013 年	2014 年	2015 年	2016 年	2017—2020 年
官道口镇	4 000	3 400	3 400	3 400	6 400
东明镇	4 000	3 400	3 400	3 400	6 400

（续表）

乡镇	2013 年	2014 年	2015 年	2016 年	2017—2020 年
沙河乡	3 500	2 900	2 900	2 900	5 600
范里镇	3 400	2 700	2 700	2 700	5 440
横涧乡	3 400	2 700	2 700	2 700	5 440
杜关镇	3 100	2 400	2 400	2 400	4 960
文峪乡	3 100	2 400	2 400	2 400	4 960
潘河乡	3 100	2 400	2 400	2 400	4 960
双龙湾镇	1 600	1 400	1 400	1 400	2 560
木桐乡	1 500	1 300	1 200	1 200	2 400
官坡镇	1 200	1 000	800	800	1 920
徐家湾乡	1 000	700	600	600	1 600
五里川镇	1 000	700	600	600	1 600
汤河乡	1 000	700	600	600	1 600
朱阳关镇	1 000	700	600	600	1 600
瓦窑沟乡	1 000	700	600	600	1 600
双槐树乡	1 000	700	600	600	1 600
狮子坪乡	900	600	500	500	1 440
城关镇	200	200	200	200	320
合计	39 000	31 000	30 000	30 000	62 400

表 8-23　卢氏县 2013—2020 年果业发展面积规划任务　　单位：亩

品种	乡镇	2013 年		2014 年		2015 年		2016 年		2017—2020 年	
		基地	采摘园	基地	采摘园	基地	采摘园	基地	采摘园	基地	采摘园
大樱桃	文峪	450	50	200	50	200	50	200	50	800	200
	横涧	150	50	50	50	50	50	50	50	200	200
	范里	150	50	80	20	50	50	50	50	200	200
	双龙湾	50	50	30	20	30	20	30	20	120	80
高山苹果	官道口	150	50	200	100	200	100	200	100	800	400
	杜关	80	20	50	50	60	40	60	40	240	160
	范里	80	20	50	50	150	50	150	50	600	200
	东明	80	20	80	20	30	20	30	20	120	80
	沙河	80	20	80	20	30	20	30	20	120	80

(续表)

品种	乡镇	2013年		2014年		2015年		2016年		2017—2020年	
		基地	采摘园	基地	采摘园	基地	采摘园	基地	采摘园	基地	采摘园
金沙梨	五里川	50	50	60	40	40	20	40	20	160	80
	朱阳关	80	20	30	20	40	20	40	20	160	80
	汤河	50	50	30	20	40	20	40	20	160	80
	双槐树	30	20	30	20	40	20	40	20	160	80
	狮子坪	20	30	30	20	40	20	40	20	160	80
合计		1 500	500	1 000	500	1 000	500	1 000	500	4 000	2 000

4. 建设内容与项目投资

林果业2013—2016年主要建设内容：标准化、规模化林业苗木生产基地建设、标准化核桃商品基地建设、果品加工档次提升工程、无公害高山苹果生产基地建设、大樱桃高标准科学种植园区建设、金沙梨、野生猕猴桃特色水果基地建设。

表8-24 卢氏县林果业（2013—2016年）重点建设项目统计表

项目名称	建设地点	建设内容	投资概算（万元）
林业苗木标准化规模化生产基地	城关镇、横涧乡	生产标准化、机械化、经营主体化、营销方式电子化。苗木生产基地增加2 000亩，达10 000亩。	2 000
标准化核桃商品基地	范里镇、双龙湾镇、横涧乡	引进良种、采用科学种植方法、加强土地平整、道路整修、兴建水利设施等基础工程建设。增加核桃面积5万亩。	10 000
果品加工提升工程	城关镇、文峪乡、东明镇	提升加工产品的档次，由现在的粗加工向深加工转变，进行品牌建设，增加1个省级龙头企业，创建2个省级指明品牌。	20 000
无公害高山苹果生产基地	官道口镇、杜关镇、范里镇、东明镇、沙河乡	无公害生产、科学化管理、产业化运营。建设基地面积2万亩。	4 000
大樱桃高标准科学种植园区	文峪乡、横涧乡、范里镇	无公害生产、科学化管理、产业化运营。建设基地面积1万亩。	2 000
金沙梨、野生猕猴桃特色水果基地	五里川镇、朱阳关镇、汤河乡	无公害生产、科学化管理、产业化运营。建设基地面积1.5万亩。	3 000
专业果品合作社	文峪镇、官道口镇、横涧乡	扶持3个果业专业合作社，每个投资300万，小计900万。	900

（续表）

项目名称	建设地点	建设内容	投资概算（万元）
精品水果采摘观光园	文峪镇、官道口镇	在文峪镇和官道口镇建设2个绿色果品高效旅游示范精品园。	1 000
合计			42 900

五、中药材产业

1. 现状与优势

卢氏中药材原产地道、品质上乘、品种繁多，是我国十大中药材基地县之一。全县已建成中药材原种标准化生产基地 $10hm^2$，年产原种 5 500 kg，建设标准化生产示范点 46 个，示范总面积 $306.7hm^2$，初步建立制药企业标准化药源基地面积 0.16 万 hm^2。2012 年，中药材种植基地总规模达 1.2 万 hm^2，中药材产值达 2 亿元。

全县扩大野生中药材保护面积，积极发展人工种植，不断提升中药材产业集群的规模和水平。近年来，以三门峡莘源制药、卢氏县中康中药饮片、玉皇山制药有限公司等龙头企业为带动，通过科技创新不断延伸产业链条，逐步形成"生产—加工—销售"一条龙、"贸易—工业—农业"一体化的产业化格局。

中药材产业发展面临的问题如下。

（1）野生中药材资源亟待保护。卢氏县拥有许多珍贵生物和名贵中药材，如南方红豆杉、银杏、天麻、金钗石斛、华山参、扇脉的兰、八角莲、麝、大鲵、琥珀等。由于自然环境遭破坏，名贵野生药材数量锐减，加强资源保护和合理开发是一项十分迫切的任务。

（2）中药材产业化发展相对滞后。全县中药材资源丰富，分布面积广泛；然而，除了中康中药饮片公司一家通过国家中药饮片 GMP 认证以外，其他企业的发展规模和产业化水平仍存在较大差距，提高中药材龙头企业的加工及辐射带动能力是未来发展重点。

（3）产业之间相互融合并不紧密。各乡镇除了官坡的林药间作基地、范里的果药套种基地外，其他地区采用"林药、果药、茶药、粮药"种植模式较少；缺乏与其他产业的融合，不仅降低了土地利用率，而且产业的观光、休闲、旅游功能未能充分发挥。

2. 发展方向

抓好野生中药材资源保护、抚育和良种培育，稳定发展人工种植道地良种标准化示范基地；合理配置中药材品种和面积，统筹布局优势产区基地规模；完善配套设施采用先进技术手段，提升龙头企业深加工能力，培育壮大中药材产业化集群；深度挖掘山区农业资源，发展"林药、果药、茶药、粮药"间作种植模式，探索农民增收新路径。

3. 目标与布局

（1）发展目标。到 2016 年，建立较为完善的中药材产业科技支撑体系，建成 12 万亩中药材规范化种植基地，培育中药名牌产品 3~5 个，中成药生产总值达到 3.6 亿元左右；中药饮片加工能力达到 5 000 吨左右，中药有效物提取能力达到 3 吨左右；培育一批中药材加工龙头企业，通过国家中药饮片 GMP 认证企业达 3 家。

到 2020 年，优质中药材生产基地进一步扩大，重点建设 5 个优质中药材基地，基地面积达到 14.4 万 hm^2，总投资 12.16 亿元，建成后年可实现销售收入 20 亿元。中药材产业集群规模及带动能力增强，创建国内著名中药材品牌 2~3 个，交易额超 5 000 万元药材批发市场 2~3 个，具体目标见表 8-25 和表 8-26。

表 8-25　卢氏县 2013—2020 年中药材产业发展目标汇总表

编号	发展目标		到 2016 年	到 2020 年
1	中药材标准化种植基地（面积、产量、产值）	中药材种植	12 万亩、3 万吨、3.6 亿元	
		其中：卢氏连翘	5 万亩、1.2 亿元	
		金银花	0.5 万亩、25 万 kg、2 500 万元	
		苦参	1 万亩、800 万 kg、2 500 万元	
		其他药种		
2	年销售额超 5 000 万元的龙头企业		1 个	2 个
3	年销售额超 500 万元的龙头企业		2~3 个	4~5 个
4	创建国内著名中药品牌		1 个	2~3 个
5	创建省内著名中药品牌		3~5 个	3~5 个
6	交易额超 5 000 万元药材批发市场		1 个	2~3 个
7	从事中药材种植的农户		8 万户	10 万户
8	药农人均收入		5 000	8 000

表 8-26　卢氏县 2013—2016 年中药材种植面积目标分配

单位：亩、吨、万元

药材种类	2013 年			2014 年			2015 年			2016 年		
	面积	产量	产值	面积	产量	产值	面积	产量	产值	面积	产量	产值
连翘	5 000	75	225	5 000	575	1 725	10 000	150	450	10 000	150	450
金银花	1 000	50	500	2 000	100	1 000	2 000	100	1 000	2 000	100	1 000
苦参	2 000	1 600	2 400				5 000	4 000	6 000	6 000	4 800	1 4400
其他	8 000	1 760	2 000	10 000	2 200	2 500	10 000	2 200	2 860	11 000	2 420	3 146
合计	16 000	3 485	5 125	17 000	2 875	5 225	27 000	6 450	10 310	29 000	7 470	18 996

（2）区域布局。根据《卢氏县中药材产业发展规划（2013—2015年）》，全县中药材产业基地主要分布在西南深山区、洛河沿岸浅山区和北部丘陵区三个主产区。根据各个产区气候、土壤特点，突出了"一乡（镇）一品"的不同特色；此外，在双槐树乡海拔较高的地方建设中国红豆杉保护及快繁基地，具体布局见表 8-27。

表 8-27　卢氏县中药材产业区域布局

中药材主产区	中草药品种	优势产业区域分布
西南深山区	连翘、山茱肉、银杏等木（藤）本类药材和天麻、猪苓等菌类药材；中国红豆杉等珍稀药种	朱阳关、官坡、狮子坪、双槐树乡、汤河乡、五里川镇、瓦窑沟 7 个乡镇
洛河沿岸浅山区	黄芪、黄芩、天麻、连翘等，发展林药、果药间作立体种植模式	徐家湾、双龙湾、文峪、范里、东明、横涧 6 个乡镇
北部丘陵区	丹参、黄芩、柴胡、杜仲、桔梗、黄姜、金银花等	官道口镇、杜关、沙河乡、潘河乡、木桐乡 5 个乡镇

4. 建设内容与项目投资

中药材产业 2013—2016 年主要建设内容有：标准化产业基地建设、中药材加工龙头企业建设、专业合作社建设、药材交易市场及名优品牌建设、科技支撑及服务体系建设、中药材科普示范及生态观光园建设等。

表 8-28 卢氏县中药材（2013—2016 年）重点建设项目统计

建设项目	分项项目	建设内容	投资概算（万元）
标准化产业基地	卢氏连翘、金银花、苦参、其他药种、中国红豆杉等	卢氏连翘 5 万亩；金银花 4 万亩；苦参 5 万亩；其他药种 5 万亩；中国红豆杉 1 6 万株	6 000
药材饮片加工龙头企业	中药材加工企业	扶持中药材龙头企业 3 个，每个投资 100 万元；引进中药材深加工企业 2 个，每个投资 300 万元。	900
中药材专业合作社	国家级专业合作示范社，市级专业合作社	国家级专业合作示范社 1 个，投资 50 万元；市级专业合作社 3 个，每个投资 20 万元。	110
药材交易市场及名优品牌	扶持中药材交易批发市场；省名优品牌创建	扶持中药材交易批发市场 1 个，投资 500 万元；创省名优品牌 3 个，每个投资 200 万元。	1 100
中药材科技创新及科普示范中心	标准化药材、种苗繁育基地	标准化药材、种苗繁育基地 5 个。	500
	扶持中药材产业协会、中药材科普研发中心	引进 2 个以上新品种，试验推广中药材种植、改良、深加工等新技术 4~5 项	300
中药材科普生态观光产业园区项目	中药材科普、观光、采摘、体验、加工等项目	在文峪乡建成 1 个集科普、休闲、观光、体验、娱乐、餐饮于一体的中药材特色生态观光园区。	500
合计			9 410

六、茶产业

1. 现状与优势

茶产业是卢氏县一项新兴产业，目前仍处于探索发展的初级阶段，与传统特色产业相比优势不明显。2011 年，南山 7 个乡（镇）试点种植茶树 69.2hm^2；2012 年，全县茶园面积已发展到 0.13 万 hm^2。县政府积极开展与龙头企业、科研院所的研发及合作工作，形成了"函谷红、函谷绿"等具有卢氏地域特色的茶叶品牌。卢氏县茶产业正面临良好的发展机遇和广阔的市场前景。

茶产业发展的优势与前景分析如下。

（1）"南茶北移"经验及自然条件适宜发展茶产业。全国各地"南茶北移"的成功经验为卢氏县茶叶产业提供了有益的借鉴。当地土质富含微量元素、酸碱度适中且水质纯净，十分适宜茶叶生长。

（2）国内外茶叶市场的潜力巨大且市场需求旺盛。国际茶业市场需求呈现快速增长趋势，年增占率10%以上；国内绿茶、发酵茶年消费增长率将达到5%以上，茶产业及茶叶深加工发展有巨大的市场潜力。

（3）茶产业与乡村旅游的结合成为县域经济的新亮点。茶产业不仅可以利用资源优势成为特色农业产业；而且茶园自然景观及茶文化底蕴又为开发乡村旅游提供了得天独厚的条件，开辟农民增收的新途径。

2. 发展方向

统筹规划茶叶产业的生产、加工、流通、销售等各项任务，实现布局合理化、基地规模化、产品无害化、销售品牌化。确保优良品种的引进与筛选，探索"南茶北移"的新技术和新方法，重视无公害茶叶的质量监管；加强与乡村旅游的开发与融合，发挥茶文化的纽带和品牌作用，开辟茶农增收就业的新途径；创新与强化政策保障机制，打造县域经济的新增长点。

3. 目标与布局

（1）发展目标。到2016年，全县完成茶树栽种任务0.254万hm^2。其中，2013—2016年全县新栽植面积0.13万hm^2。全县茶叶产业化发展具有一定的规模，形成稳定的产品交易市场，茶叶总产值达到1亿元。

到2020年，全县完成茶树栽种任务0.47万hm^2。其中，2017—2020年全县新栽植面积0.21万hm^2。全县建立起规模化、无害化、现代化的设施茶园，茶叶发展成为带动农民增收的特色主导产业，茶叶总产值达到3亿元，具体目标见表8-29。

表8-29 卢氏县茶产业近期及中期发展目标汇总

编号	发展目标	到2016年	到2020年
1	全县完成茶树栽种任务	3.81万亩	7万亩
2	全县2013—2016年新栽植面积	1.91万亩	3.19万亩
3	茶园总产值（5 000元/亩）	1亿元	3亿元
4	年销售额超亿元的龙头企业	1个	2个
5	年销售额超1 000万元的龙头企业	2~3个	4~5个
6	创建国内知名茶叶品牌	1个	2~3个
7	创建省内知名茶叶品牌	1~2个	3~5个
8	建交易额超亿元的茶叶批发交易市场	1个	2~3个
9	涉茶农户	1.1万户	1.8万户
10	茶农人均收入	5 000	8 000

（2）区域布局。根据《卢氏县2012—2020年茶叶栽种面积任务分配

表》，规划 2016 年各乡镇栽种面积与 2015 年相同，则全县 18 个县（乡）种植面积任务见表 8-30。

表 8-30　卢氏县 2013—2020 年茶叶种植面积任务分配　　　　单位：亩

乡镇	2012 年	2013 年	2014 年	2015 年	2016 年	2017—2020 年	总面积
瓦窑沟	3 000	400	300	300	300	700	5 000
狮子坪	2 000	400	300	300	300	1 700	5 000
双槐树	2 000	400	300	300	300	1 700	5 000
汤河	2 000	400	300	300	300	1 700	5 000
朱阳关	2 000	400	300	300	300	1 700	5 000
官坡	2 000	400	300	300	300	1 700	5 000
五里川	2 000	400	300	300	300	1 700	5 000
徐家湾	500	300	300	200	200	2 000	3 500
双龙湾	500	300	300	200	200	2 000	3 500
横涧	500	300	300	200	200	2 500	4 000
官道口	300	200	100	100	100	200	1 000
杜关	300	200	100	100	100	200	1 000
东明	300	300	300	200	200	2 200	3 500
范里	300	300	300	200	200	2 700	4 000
文峪	400	300	300	200	200	2 600	4 000
沙河	300	300	300	200	200	2 200	3 500
木桐	300	300	300	200	200	2 200	3 500
潘河	300	300	300	200	200	2 200	3 500
合计	19 000	5 900	5 000	4 100	4 100	31 900	70 000

4. 建设内容与项目投资

茶产业主要建设内容包括茶园基地、良种繁育体系、龙头企业、批发交易市场等，见表 8-31。

表 8-31　卢氏县茶产业（2013—2016 年）重点建设项目统计

建设项目	分项项目	建设内容	投资概算（万元）
茶园基地	土地流转费；种苗费；种子费等	土地流转费补贴 300 元/亩，种苗费 1 000 元/亩，按 38 100 亩，共计 4 953 万元；种子费 280 元/亩，按 3 810 亩，计 106.68 万元。	5 059.7
	发展种植大户奖励投资	50 亩以上种植大户 50 户，每户奖励 1 万元，计 50 万元；100 亩以上种植大户 25 户，每户 2 万元，计 50 万元。	100

(续表)

建设项目	分项项目	建设内容	投资概算（万元）
良种繁育体系	茶树良种母本园，茶树无性系良种繁育苗圃等	茶树良种母本园2个，茶树无性系良种繁育苗圃等2个，年投资180万元。	900
茶叶加工龙头企业	茶叶深加工龙头企业	4年内争取扶持茶叶深加工龙头企业4家，每家需1 000万元。	4 000
茶叶市场营销体系	大型批发市场；中小型批发市场	4年内建设大型批发市场1个，投资500万元；中小型批发市场2个，每个投资200万元。	900
合计			10 960

七、桑蚕业

1. 现状与优势

卢氏县紧紧抓住国家实施"东桑西移"的机遇，把桑蚕养殖作为优化产业结构、实现群众脱贫致富的一项支柱产业。到2011年桑园面积达到0.13万 hm^2，成效0.07万 hm^2，养蚕7 130多张，蚕茧产值1 300万元，综合产值6 285万元。2007年成立的卢氏县惠农桑蚕专业合作社已成为桑蚕产业的龙头企业。其中，横涧乡淤泥河村仅养蚕这一项，蚕农人均收入就达1 500~2 000元。

桑蚕产业发展的优势及潜力分析如下。

（1）推广先进养殖技术模式，生态、经济效益显著。大力推广卢氏式大棚养蚕、叠式蚕台养蚕和地笼式加温、地膜覆盖栽桑等，新品种使用率达到100%；积极探索推广蚕—桑—菌—沼气高效循环生态农业新技术，种桑养蚕的经济效益一般是大宗粮食作物的5~6倍。

（2）龙头企业的带动能力强，桑蚕加工业已具规模。惠农桑蚕专业合作社先后开发了以桑果为主的保健酒系列产品、以桑叶为主的桑叶茶系列产品、以蚕沙为主的保健枕系列产品、以桑枝条粉碎后生产香菇等食用菌、以出过菇的菌棒和蚕沙为主的有机肥系列产品等。

（3）自然资源条件造就高品质蚕茧，市场前景广阔。横涧乡淤泥河村生产的蚕茧个大、丝长、色白、茧质厚、解舒性能好，可巢5A级以上生丝，远销浙江、江苏、安徽等地，深受外地客商的青睐，产品供不应求。

（4）果桑茶桑基地改造升级打造特色生态旅游园区。依托惠农桑蚕专业合作社，开发建成集休闲、观光、度假、体验和科普教育为一体的桑蚕特色生态旅游园区，打造豫西乃至全省唯一的特色旅游景点。

2. 发展方向

扩大标准化、规模化桑园的面积，加快中低产桑园的升级改造，建立优质蚕茧及资源综合开发基地；培育壮大农业产业化龙头企业，大力发展桑蚕专业合作经济组织，带动桑农延伸增收致富产业链条，加快优良品种及关键技术的创新，提高桑蚕业机械化、现代化水平，培植国内外著名的桑蚕产品品牌；加强与乡村旅游业的融合及开发，打造卢氏"旅游名县"品牌新亮点。

3. 目标与布局

（1）发展目标。到2016年，全县桑园的种植面积将在2015年的基础上略有增加，累计发展桑园面积0.51万 hm^2。其中，蚕桑成效面积达到0.19万 hm^2，茶桑面积466.7hm^2，果桑面积20hm^2；建立市级专业合作组织3个，国家级专业合作社1个；建立大型桑蚕加工产品批发市场1个，桑蚕资源综合利用技术研发中心1个；建成桑蚕特色生态观光园区1个。

到2020年，全县争取累计发展桑园面积1万 hm^2。其中，2017—2020年全县新栽植面积0.21万 hm^2。桑蚕资源综合利用产业链条进一步延伸，打造成为全县一个绿色型、循环型的朝阳产业。

表8-32 卢氏县2013—2016年桑园种植面积目标分配

单位：亩、吨、万元

种类	2013年			2014年			2015年			2016年		
	面积	产量	产值	面积	产量	产值	面积	产量	产值	面积	产量	产值
蚕桑	5 000	162	648	7 000	228	912	8 000	260	1 040	9 000	292.5	1 170
茶桑	1 000	60	2 160	2 000	120	4 320	2 000	120	4 320	2 000	120	4 320
果桑	40	20	8	100	50	20	60	30	12	100	50	20
新建				5 000			10 000			10 500		
恢复	800			1 000			1 000			1 000		
改造	2 000			2 000			3 000			3 200		
其他			480			500			580			580
合计	8 840	242	3 296	17 100	398	5 752	24 060	410	5 952	25 800	462.5	6 090

（2）区域布局。卢氏县桑蚕产业发展围绕"一核心、三基地、四片区"的总体布局，具体产业基地分布区域及各乡镇2013—2016年桑园种植面积分布情况见表8-33和表8-34。

表 8-33 卢氏县桑蚕产业基地分布

	桑蚕产业基地	优势产业基地区域分布
一核心		横涧乡淤泥河村及魏家沟村、下坑村、北头村等
三基地		横涧、文峪、双龙湾 3 个乡镇
四片区	洛河东北岸优势发展区	范里镇、东明镇 2 个乡镇
	南山优势潜力区	双槐树乡、官坡镇、狮子坪乡、汤河乡、五里川镇、朱阳关镇、瓦窑沟镇 7 个乡镇
	洛河西北岸稳定发展区	沙河乡、潘河乡、木桐乡、徐家湾乡 4 个乡
	北部低山辐射发展区	官道口镇、杜关镇 2 个镇

表 8-34 卢氏县 2013—2016 年桑园种植面积任务分配

乡镇	2013 年	2014 年	2015 年	2016 年
横涧乡	940	1 800	2 700	2 800
文峪乡	800	1 600	2 400	2 500
双龙湾镇	800	1 600	2 400	2 500
范里乡	800	1 600	2 400	2 500
东明镇	700	1 400	2 100	2 200
双槐树乡	500	1 000	1 500	1 600
官坡镇	500	1 000	1 500	1 600
五里川镇	400	800	1 200	1 300
朱阳关镇	400	800	1 100	1 200
瓦窑沟乡	400	800	1 100	1 200
沙河乡	400	800	1 100	1 200
潘河乡	400	800	1 100	1 200
木桐乡	400	800	1 100	1 200
杜关镇	300	500	500	600
汤河乡	300	500	500	600
狮子坪乡	300	500	500	600
徐家湾乡	300	500	500	600
官道口镇	200	300	360	400
合计	8 840	17 100	24 060	25 800

4. 建设内容与项目投资

全县2013—2016年桑蚕产业的主要建设项目及内容包括产业基地、龙头企业、桑蚕专业合作社、专业市场及名优品牌创建、新技术服务及研发中心、生态观光产业园区建设项目等，见表8-35。

表8-35　卢氏县桑园产业（2013—2016年）重点建设项目统计

建设项目	分项项目	建设内容	投资概算（万元）
桑蚕产业基地项目	蚕桑、茶桑、果桑基地，新桑园、恢复桑园、低产园等	蚕桑2.9万亩、茶桑7 000亩、果桑300亩、新建桑园2.55万亩、恢复桑园3 800亩、低产园1.02万亩。	5 000
桑蚕龙头企业项目	原料茧龙头企业　桑蚕产品深加工企业	扶持原料茧龙头企业3个，每个投资100万元；桑蚕产品深加工企业2个，每个投资300万元。	900
桑蚕专业合作社	国家级专业合作示范社，市级专业合作社	国家级专业合作示范社1个，投资50万元；市级专业合作社3个，每个投资20万元。	110
批发交易市场及名优品牌创建	桑蚕加工产品大型批发市场，省名优品牌创建	建立桑蚕加工产品大型批发市场1个，投资500万元；创省名优品牌2个，每个投资200万元。	900
新技术服务及研发中心项目	标准化桑园、种苗繁育基地、无根系扦插育苗实验基地	优质标准化桑园600亩、种苗繁育基地120亩、无根系扦插育苗实验基地60亩。	1 000
	桑蚕资源综合利用技术研发中心（站、所）	引进2个以上新品种，试验推广桑园栽培、机械化育蚕、综合利用等新技术4~5项。	300
桑蚕特色生态观光产业园区项目	桑园观光、桑葚采摘、缫丝体验、加工参观等项目	建成1个集科普、休闲、观光、体验、娱乐、餐饮于一体的桑蚕特色生态观光园区。	500
合计			8 710

八、蔬菜产业

1. 现状与优势

卢氏县大力推广设施蔬菜标准化和无公害生产技术，培育特色基地和优势品牌产品，蔬菜生产向区域化、规模化发展。2011年，全县蔬菜面积

0.23万hm², 产量8 000万kg, 产值8 000万元; 初步形成杜关、官道口的青椒、甘蓝基地; 东明、范里、沙河部分乡镇的露地菜和设施蔬菜基地; 横涧和文峪的辣椒种植基地。全县新发展日光温室100个, 面积约13.3hm², 集中分布在东明镇、沙河乡。蔬菜产业受立地条件和生产习惯等因素制约, 仍存在着明显的差距。

蔬菜产业发展存在如下问题。

(1) 基地规模小、布局分散, 无品牌。设施及露地蔬菜地处深山区, 土地少, 受生产观念和传统模式束缚, 难以实现集中连片生产; 缺乏市场品牌意识, 达不到产业化的要求。

(2) 农业社会化服务体系仍不健全。主要表现在以下4个方面: ①技术服务体系不健全; ②缺乏规范化专业合作社; ③信息服务不到位; ④市场体系不健全。

(3) 缺乏资金投入, 导致发展后劲不足。土地流转困难及设施蔬菜生产缺乏资金和技术, 造成菜农生产积极性不高; 基础设施投入不足, 水、电、路配套不到位, 菜农风险增大。

(4) 技术发展不平衡, 市场竞争力不强。新技术、新成果入户率和转化率低, 栽培管理、贮运保鲜技术水平不高, 距标准化、指标化的要求相差甚远, 蔬菜单产低、市场竞争力不强。

2. 发展方向

坚持走"优质、高效、安全、精品"之路, 抓好生产和流通。发展基本思路是: 因地制宜、平稳发展; 依靠科技、提高品质; 设施栽培、合作经营; 突出特色, 培育品牌。坚持走无公害标准化生产之路, 实行大路菜与精细菜并举, 露地菜与设施菜并进。坚持走"公司+基地+农户"之路, 加快设施蔬菜产业化与现代化进程, 推动设施蔬菜产业步入更广阔的发展空间。

3. 目标与布局

(1) 发展目标。到2016年, 全县蔬菜面积0.27万hm², 产量达10.5万吨, 实现产值1.6亿元以上; 日光温室达到560个, 全县基本实现设施蔬菜和特色蔬菜的规模化、专业化、品牌化生产。

到2020年, 全县蔬菜面积争取达到0.3万hm², 产量达11.8万吨, 实现产值1.8亿元以上; 日光温室达到960个, 蔬菜产业化经营达到较高水平, 国内外市场竞争力明显增强, 成为带动县域经济增长的又一特色主导产业, 见表8-36。

表 8-36　卢氏县蔬菜产业近期及中期发展目标汇总

项目	发展目标	到 2016 年	到 2020 年
1	全县蔬菜生产面积	4 万亩	4.5 万亩
2	其中：特色菜田、无公害蔬菜面积	1.7 万亩、2.2 万亩	2 万亩、2.4 万亩
3	全县蔬菜产量	10.5 万吨	11.8 万吨
4	全县实现产值	1.6 亿元	1.8 亿元
5	标准化日光温室数量	560 个	960 个
6	全县无公害蔬菜示范点及示范户数量	12 个，55 户	20 个，90 户
7	全县通过无公害蔬菜产品认证个数	10~12 个	18~20 个
8	创建省内知名蔬菜品牌	2 个	4 个
9	菜农亩均收入水平（露地菜、拱棚菜）	4 000 元	6 000 元

（2）区域布局。卢氏县蔬菜产业布局总体分为 4 个区域，分别是北山高山蔬菜种植区、洛河沿岸露地蔬菜种植区（露地蔬菜产区、特菜产区）、南山高产蔬菜种植区和日光温室设施蔬菜区。蔬菜产业基地布局见表 8-37，蔬菜面积和温室任务分配见表 8-38。

表 8-37　卢氏县蔬菜产业基地分布

蔬菜种植基地		种植品种	种植基地区域分布
北山高山蔬菜种植区		高山甘蓝、青椒种植基地，种植萝卜等错季蔬菜	209 国道沿线的官道口镇、杜关镇重点村
洛河沿岸露地蔬菜种植区	露地蔬菜产区	西红柿、豆角生产基地及叶菜类专业生产基地	东明、范里、沙河等乡镇
	特菜产区	辣椒生产基地	文峪、横涧
南山高产蔬菜种植区		高产马铃薯基地	双龙湾、徐家湾、官坡、狮子坪、双槐树、文峪、横涧等
日光温室设施蔬菜区		黄瓜、西红柿等日光温室	东明、沙河、横涧、朱阳关等

表 8-38　卢氏县 2013—2016 年蔬菜面积和温室任务分配　　单位：亩，个

乡镇	2013 年		2014 年		2015 年		2016 年	
	蔬菜面积	日光温室	蔬菜面积	日光温室	蔬菜面积	日光温室	蔬菜面积	日光温室
东明镇	5 500	30	5 700	50	5 800	60	5 900	70
杜关镇	5 000	10	5 100	30	5 200	40	5 300	50

（续表）

乡镇	2013 年		2014 年		2015 年		2016 年	
	蔬菜面积	日光温室	蔬菜面积	日光温室	蔬菜面积	日光温室	蔬菜面积	日光温室
官道口镇	2 500	10	2 600	30	2 700	40	2 750	50
五里川镇	2 000	10	2 100	30	2 200	40	2 250	50
朱阳关镇	1 000	5	1 100	25	1 200	35	1 250	45
官坡镇	1 000		1 100		1 200		1 250	
范里镇	5 500	30	5 600	50	5 700	60	5 750	70
文峪乡	5 000	20	5 100	40	5 200	50	5 250	60
横涧乡	3 000	20	3 100	40	3 200	50	3 250	60
双龙湾镇	1 000	5	1 100	25	1 200	35	1 250	45
双槐树乡	500		600		600		650	
汤河乡	500		600		600		650	
瓦窑沟乡	500		600		600		650	
狮子坪乡	500		600		600		650	
沙河乡	1 000	20	1 200	40	1 200	50	1 250	60
徐家湾乡	500		600		600		650	
潘河乡	500		600		600		650	
木桐乡	500		600		600		650	
合计	36 000	160	38 000	360	39 000	460	40 000	560

4. 建设内容与项目投资

全县 2013—2016 年蔬菜产业的主要建设项目及内容包括专业种植基地建设、科技创新及推广体系建设、蔬菜专业合作社建设、蔬菜龙头企业建设、专业市场及名优品牌建设（表 8-39）。

表 8-39 卢氏县蔬菜产业（2013—2016 年）重点建设项目统计

建设项目	分项项目	建设内容	投资概算（万元）
蔬菜种植基地项目	北山蔬菜种植区 洛河沿岸露地产区 南山高产蔬菜产区 设施蔬菜产区	北山蔬菜基地 7 000 亩，洛河沿岸 11 000 亩，文峪、横涧辣椒 5 000 亩，马铃薯基地 15 000 亩，发展保护地 3 000 亩。	5 000

（续表）

建设项目	分项项目	建设内容	投资概算（万元）
科技创新及推广示范项目	无公害蔬菜标准化示范点、示范户	建立无公害蔬菜示范点12个，标准化示范户55；无公害蔬菜产品认证10~12个。	300
	无公害蔬菜质量检测与技术研发中心	加快农业局质量检测中心建设，引进蔬菜新品种2~3个，新技术3~4项。	300
蔬菜专业合作社	市级专业合作社	市级专业合作社3个，每个投资20万元。	60
蔬菜龙头企业项目	蔬菜产品深加工企业	扶持蔬菜深加工企业3个，每个投资300万元。	900
专业市场及名优品牌项目	蔬菜产品大型批发市场；省名优品牌创建	建立大型批发市场1个，投资500万元；创省名优品牌2个，每个投资200万元。	900
合计			7 460

第七节　贵州六盘水生态园区发展模式

随着六盘水市农业基础设施和生产条件的明显改善，农村经济持续增长，正步入加速发展的重要时期。在各县（特区、区）率先建立一批集农业科技成果展示与示范、积聚与辐射、教育与培训、观光与休闲于一体的农业科技示范园区，对于推动区域农业科技进步、产业结构优化、农民素质提升及农业功能拓展，具有重要的引领和示范作用，是六盘水市现阶段推进农业现代化、实现传统农业向现代农业跨越的必然选择。

一、发展现状与条件

1. 发展现状

产业园区的发展规划已编制完成。全市现已完成了"六个园区"的产业发展规划（其中，市级现代农业示范园区1个，县级农业科技示范区5个），即六枝特区郎岱现代农业产业园区（市级园区）；六枝特区大用镇生态观光农业园区；盘县保田特色农业示范园区；盘县滑石生态农业示范园区；水城县米萝农业科技示范园区和钟山区现代农业生态示范园区。园区总规划面积大约200平方公里，其中核心区面积30平方公里。园区建设预计投资50亿元。产业园区前期主要以精品水果、特色蔬菜、生态特色畜禽养殖和有机种植业等特色产业生产为主；中期建立以农产品精深加工、商贸物流、营销为一体的农业产业化经营体系。产业园区达产后，预计年产值可达30亿元，年销售收入可达300亿元以上。

产业园区的多功能性正在逐步显现。围绕六盘水市的特色农业生产，在六枝特区的郎岱、陇脚、木岗，盘县的板桥、保田，水城县的蟠龙、米箩，钟山区的大河等乡镇重点实施先进农业技术和设施装备相配套的高科技农业项目，展示现代农业科技成果，形成一批集科技示范、技术培训、品比试验和农业休闲观光为一体的农业科技示范园区。

2. 存在问题

（1）农业科技支撑力度不够。目前，各县区产业园区发展对优势特色农业育种和高产增收技术等研究不够，农产品良种率和标准化生产技术覆盖率较低，大中型农机耕作机械发展空间小，农村留守劳动力文化素质偏低、科技推广难度大。

（2）农业产业化经营水平低。大多数农产品主要是农民自身消费或以少数进入集贸市场，商品率低，加工能力弱。园区内现有的龙头企业对农业产业的发展带动力不强，企业与农户之间没有完善利益联接机制。

（3）基础设施建设相对滞后。农业生产条件较差，耕地质量不高。中低产田多，高产稳产田少。农业基础设施建设薄弱，水利化程度不高。园区内许多作物生产区，基本没有排灌条件和设施，田间耕作道路不理想，农业机械化水平低。

（4）功能定位及分区思路模糊。全市没有将农业园区进行总体的功能定位，优势特点相近的几个园区进行整合和归类，理清各个园区的主攻方向和建设重点，从而有的放矢地进行基础设施建设和重点产业培育。

3. 优势与潜力

（1）优势特色产业是园区发展的基础。近年来，全市大力发展马铃薯、茶叶、水果、蔬菜、草食畜禽等特色农业，种植了大面积标准化、规模化的茶园、果园和菜园，建设了许多特色品种生态养殖园，产业化基地的建设不仅促进了特色产业的发展，更为农业功能拓展带来了新的契机。依托各县（特区、区）的特色产业发展优势，将农业生产、自然环境、区位优势与观光旅游有机结合，开辟了农民增收的新途径。观光农业、旅游农业已逐渐成为新的旅游增长点和农业亮点。

（2）旅游资源和民俗是园区发展的亮点。六盘水有丰富的旅游资源。这里山势磅礴、沟壑纵横、云岭相间、雄奇险秀。这里千奇百怪的岩溶地貌，弯转绵延的沟河湖瀑，珍贵稀有的百草花木，丰富多样的生物资源，尽显"中国凉都"旅游发展的神秘魅力。六盘水有古朴浓郁的民族民间文化。这里民风淳朴、人民勤劳，历史文化古朴厚重，民族民间文化多姿多彩。六盘水的民族民间节日内容丰富，花样繁多，被誉为"月月有大节，天天有小节"，体现了丰富的民族文化和多姿多彩的民族风情。

二、发展方向与目标

(一) 发展方向

六盘水市未来应创建具有"中国凉都"特色的现代农业示范园区，总体思路是要以区域资源优势为依托，以特色产业发展为基础，以现代科学技术为手段，以基础设施建设为条件，以农业增效增值为根本，以科技示范带动为重点，以农业功能拓展为方向，以观光休闲旅游为特色，以生态环境保护为目标；努力实现六盘水市"一园一特色、一园一精品、一园一靓点"的园区发展新局面；将园区建设成为农业科技创新示范基地、农业科技成果转化基地、特色优势农业产业的孵化基地、农村人才培养创业基地、农业科普教育培训基地，以及观光旅游休闲度假胜地。

(二) 发展目标

1. 总体目标

按照"科技带动、项目优先、功能齐全"的建设思路，争取用 5~10 年的时间，将产业园区打造成为产业优势突出、产品安全健康、技术保障畅通、创新能力显著、功能布局合理、生态环境和谐、观光景色优美，具有成熟的加工贸易体制和风险保障机制的高水平现代化农业产业园区。园区建成后实现农业总产值年增长 30%以上，农民人均纯收入高于同类地区 30%以上，综合农业机械化发展水平 80%以上，良种覆盖率 100%。实现年接待游客 12 万人次，解决就业岗位 1.5 万个，带动农户 2 万户。

2. 具体目标

到 2016 年，预计产业园区农业总产值达到 304.1 亿元，农民人均纯收入比 2010 年增长 1.2 倍；各产业园区依托各主导产业重点扶持一批中型加工龙头企业，实现农产品由初级加工向精深加工转变，农产品加工转化率达 60%以上；重点打造 1~2 个国内外知名的农产品品牌，产品处理、贮藏、运输和加工水平明显提高，形成具有竞争力和示范带动作用强的现代农业示范园区。提升现有农业示范园区的规模和水平，建设 1~2 市级园区。

到 2020 年，预计产业园区农业总产值达到 914.5 亿元，农民人均纯收入比2016年增长1.2倍；农产品加工转化率达80%以上，各园区形成3~5个知名品牌，龙头企业对外经贸合作能力明显增强。力争打造1~2个省级农业园区，以及3~4个市级农业园区。

三、园区功能定位

为了更好突出各园区主导产业特色，彰显各园区独特的功能性，把各生产要素进行有效整合，突出实施效果，将产业园区的功能定位归为5类，即农业新技术成果展示、特色种植业生产示范、特色养殖业生产示范、观光旅游及科普教育、循环农业模式示范等功能。

1. 农业新技术成果展示功能区

农业新技术成果展示功能区以"研发·展示·示范"为主题，通过试验研究，将土壤肥料、植保农药、绿色环保、农业机械、植物组培、高效养殖、能源综合利用等现代农业新技术集成，集中展示、示范，适合喀斯特山区农业生产实际的高效种养模式；开发研制农业新技术产品，培育山区特色动植物品种资源，促进全市优良品种的普及推广、更新换代。通过农业展示中心的建设，为市内外农产品生产商、采购商搭建展示展销和采购交易平台，增进经贸洽谈和合作交流。

2. 特色种植业生产示范功能区

特色种植业生产示范功能区以"绿色·安全·生态"为目标，依托六盘水市茶叶、蔬菜、果品、中药材等特色植物品种资源优势和产业基础，建设以育苗产业化、基地规模化、管理标准化、产品绿色化、销售品牌化为突破的现代农业园区；尝试将先进的农业栽培技术和立体种植模式相结合，集中展示高科技在种植业领域广阔的应用前景；依托特色果蔬产品打造生态农业示范园，建成贵州省独具生命力的生态旅游观光农业精品。

3. 特色养殖业生产示范功能区

特色养殖业示范功能区以"优质·精品·环保"为宗旨，依托六盘水市"大养殖"产业的发展基础，走品种特色化、养殖标准化、生产清洁化、经营产业化、服务多样化的现代生态农业示范园区之路。产业化经营是出路，通过市场牵龙头，龙头带基地，基地连养殖户的办法，建立科、工、贸、产、供、销的良性经营体系；清洁化生产是途径，强调生产全过程控制和废弃物处置的全过程控制，发展以废弃物资源化利用为特征的循环农业模式，实现特色畜禽养殖业的清洁生产。

4. 观光旅游及科普教育功能区

观光旅游及科普教育功能区以"凉都·魅力·风情"为主题，以2013年贵州省旅游发展大会为契机，重点打造以森林生态屏障、瀑布景观环绕、水果瓜菜飘香、林下生态散养、民族歌舞风情为主体的生态观光旅游带，构建以观光农业园区为主体，小流域、小山村、功能小区等多种形式并存的"生态点"，突出农业生态环境保护功能、生活服务功能和休憩娱乐功能，推进观光农业的快速发展。

5. 循环农业模式示范功能区

循环农业模式示范功能区以"循环·清洁·节能"为主题，在典型喀斯特地貌山区示范及推广以畜禽粪便、秸秆资源综合利用为特征的畜牧业循环经济模式，通过种养生产方式的变革，将种植业、养殖业、加工业、废弃物产业有机结合，调整和优化农业生态系统内部结构及产业结构，延长产业链条，提高农业系统物质能量的多级循环利用，示范与展示农业清洁养殖技术模式，倡导清洁生产和节约消费，虽大程度防止环境污染和石漠化演替。

四、区域布局与建设内容

(一) 区域布局

1. 农业新技术成果展示功能区

主要布局在六盘水市中心城区附近，以钟山区现代农业生态示范园区为核心区，向外围辐射至大河镇、月照乡及钟山经济开发区地带。

2. 特色种植业生产示范功能区

主要布局在六盘水市中心城区附近，以及水城—盘县高速公路和水红铁路沿线上，其中包括钟山区现代农业生态示范园区、盘县滑石生态农业示范园区、水城县米萝农业科技示范园区、六枝特区大用生态观光农业园区。

3. 特色畜牧业生产示范功能区

主要布局在六枝特区境内，以及六盘水—六枝—镇宁高速公路和水城—黄果树高等级公路沿线上，以六枝特区郎岱现代农业产业园区为中心，包括郎岱、陇脚、折溪、大用等乡镇。

4. 观光旅游及科普教育功能区

主要布局在六枝特区、水城区、盘县境内，以及沿水黄公路、水盘公路两条高等级公路两侧的特色果树、蔬菜产业带上，同时点状分布在水库、河流及自然景观的周边地带，以六枝特区大用生态观光农业园区、水城县米萝农业科技示范园区和盘县滑石生态农业示范园区为中心。

5. 循环农业模式示范功能区

主要布局在六枝特区和钟山区大河镇上,将重点打造郎岱畜牧业循环经济产业园区,以及钟山城郊观光休闲旅游产业园区。

(二) 建设内容

1. 六枝特区郎岱特色畜牧业生产示范产业园区

突出郎岱现代农业产业园区的特色畜牧业生产示范功能,规划面积32.33平方公里,包括郎岱、陇脚、折溪、中寨、洒志、毛口5个乡,其中核心园区9平方公里。项目总投资15 616.04万元,主要建设内容如下。

优质肉猪新增能繁母猪3 500头,扩建种猪繁育场3个,育肥猪养殖场23个,国家级标准化示范场2家,省级标准化示范场3家,良种猪供精站2个,人工种草133.3hm^2。优势肉牛新增能繁母牛5 000头,扩建肉牛养殖场1个,新建育肥场3个,建成肉牛基地4个,创建省级养殖标准化示范场1个。建成牛人工输配点7个。种植牧草666.7hm^2,培训农户1 000人次。特色家禽发展生态绿壳蛋鸭30万羽,生态鸡10万羽,特色野鸡5万羽。建养鸡场3个,养殖基地5个;养鸭场3个,养殖基地5个。无公害蔬菜发展优新品种试验、示范区66.7hm^2、时鲜蔬菜周年生产区1 000hm^2、水生蔬菜区133.3hm^2、优质生姜基地333.3hm^2。休闲渔业在毛口、中寨的光照库区、郎岱鱼种场、陇脚月亮河等建集垂钓、观赏、观景、休闲度假、品尝、示范等功能于一体的休闲渔业场所6个,垂钓总水面13.3hm^2,其中专业垂钓面积2hm^2。

2. 六枝特区大用特色种植示范及观光产业园区

发挥大用特色果蔬种植和生态观光旅游的优势,打造休闲观光农业品牌。规划面积66.3平方公里,规划范围覆盖大用镇7个村1个社区65个村民组。项目总投资8 521万元,主要建设内容如下。

休闲观光在黑晒村堰坝河上游建一个蓄水量15 000m^3 的小型水库;建旅游主干道和次要通道,共计15 750m^2;在黑晒水库坝区出口右侧建设1个集住宿、会议、餐饮、娱乐为一体的旅游度假中心,接待能力每天200人;在黑晒水库坝区出口左侧建设游泳娱乐区;在核心景区内建设4个中型休闲度假山庄。沿河景观在黑晒水库坝区出口左侧,堰坝河上游处建设花卉大棚1 000m^2,盆景区200m^2;沿步行河道两侧的6.7hm^2 左右水田(包括部分旱地)全部连片种植莲藕和养殖青田田鱼;沿河两岸种植垂柳,建1公里长的沿河步道。有机种植:优质蔬菜园区建在骂冗村中南部为主和凉水井连接处的200hm^2 旱地内;优质水果生产基地建在堰坝河沿河两岸的山坡上，以及骂冗和凉水井村退耕山地共 200hm²。特色果蔬种植基地建在大用镇南部，地处汩港村，在安顺至六盘水市公路旁两块连片的 33.3hm² 旱地内。优质畜禽：种猪场、种鸡场（各 1 个）在耳贡村旱作基地适宜的地方选点建设；优质肉猪和优质肉鸡示范养殖基地都建在优质果品生产基地，利用林下草地适度放牧或围栏养殖。

3. 盘县保田优质农产品生产及加工示范产业园区

利用优势产业带动作用，建立以产业化生产、加工为特色的现代产业园区。规划面积 4.14 平方公里，规划范围在 212 省道公路旁的下保田村、阿方村、枯鲁底村和鲁楚坡村。项目总投资 7 026.6 万元，主要建设内容如下。

蔬菜生产示范区以阿方村坝子和枯鲁底村坝子为核心示范区，常年商品蔬菜基地 66.7hm² 季节性商品蔬菜基地 80hm²。经果业核心示范区布局在鲁楚坡村、下保田村、阿方村和枯鲁底村 25 度以上坡耕地，种植基地 106.7hm²，苗木基地 21.3hm²。马鞍山观光农业休闲园进行村容村貌建设、绿化苗木引进和道路硬化、休闲娱乐场所的配套设施建设，投资约 450 万元。食用植物油生产示范区在下保田村青 1—4 组 25 度以上坡耕地建设高产油茶种植示范基地 40hm²；在鲁楚坡村和马鞍山村建设高产油菜种植示范基地 66.7hm²。薏仁米规范化种植基地布局在水源条件较好的甘河村和阿方村的向阳山坡地，面积 33.3hm²。优质肉牛及肉羊养殖示范区布局在鲁楚坡村及鹅毛寨村一带，年出栏分别为 10 000 头和 20 000 头。林下养鸡布局在马鞍山村经果林下，年出栏优质肉鸡 50 000 羽。优质肉猪布局在阿芳村小阿方（大洞门口）和枯鲁底村冲子头，年出栏 20 000 头。

4. 盘县滑石特色种养集中展示及休闲旅游产业园区

建设成为种—养新技术集成、示范、带动、农产品深加工、观光旅游于一体的现代化农业产业园区。规划面积 4.07 平方公里，范围在岩脚村、白米寨村、雷打山村、七棵树村，其中岩脚村许家屯水库坝子—卡河水库坝子（白米寨村）为核心区。项目总投资 6 811.2 万元，主要建设内容如下。

优势肉猪和优质林下鸡养殖布局在七棵树村、朱家村、戈多村、黄泥包村、雷打山村、迤坝村、哒啦村等。其中，肉猪建设标准化生猪示范场 1 个年向农户提供种猪 2 700 头，存栏基础母猪 300 头，年出栏育肥猪 2 500 头，辐射带动出栏优质猪 10 000 头；建设林下生态养鸡标准化示范场 1 个，开展核桃林生态养鸡，年出栏优质特色土鸡 2 批共 10 000 羽。辐射带动周边农户出栏优质肉鸡 20 000 羽。特色种植业示范园区布局在卡河水库坝子、七棵树村、雷打山村内，规划面积 420hm²。其中，马铃薯 53.3hm²，蔬菜 200hm²，经果 146.7hm²。农产品加工示范区在岩脚村建设 1 个特色果蔬采后预冷、包装库和速冻蔬菜加工中心、1 个净菜加工中心，进行鲜销蔬菜的初加工。在七棵树村建设金银花加工企业 1 个，茶叶加工企业 1 个，鱼腥草加工企业 1 个。

5. 水城县米箩乡农产品加工流通及休闲旅游示范园区

建设以种植业为龙头，以农产品深加工和休闲观光旅游业为特征的现代化综合型农业科技示范园区。规划面积 36.13 平方公里，规划范围覆盖了米箩村、倮么村、草果村、俄戛村等村。项目总投资 46 450 万元，主要建设内容如下。

种植示范区包括沿河高效农业区布局在巴朗河两侧，主要种植水稻和蔬菜。其中，水稻面积 333.3hm²，蔬菜面积 200hm²；中药材区位于倮么村以北的山坡上，占地面积约 106.7hm²；绿色农业种植区在巴朗河以南的山坡，主要种植猕猴桃、杨梅、茶叶、马铃薯、核桃，总占地面积 2 400hm²。农产品深加工区位于米箩煤矿以南，变电站的西侧，包括杨梅深加工项目、猕猴桃深加工项目、脱水蔬菜加工项目等。休闲观光区在巴朗河（米箩煤矿下游）的两侧，包括野生动物景观、观光采摘、民俗旅游及休闲疗养等几个项目。商贸物流区拟建在从米箩煤矿至乡政府所在地的城镇中心带。

6. 钟山区现代农业新技术展示及循环农业示范产业园区

发挥科技创新能力强，辐射带动范围广，观光旅游资源丰的特色，建设高起点、高标准的新技术展示及循环农业示范园。规划面积 66.67 平方公里，规划范围在大河镇的大桥村、大地村和大箐村，核心示范区 353.3hm²。项目总投资 16 455 万元，主要建设内容如下。

特色果蔬生产示范区在大桥村、大地村和大箐村，核心示范区 353.3hm²，辐射带动 0.67 万 hm² 特色农业发展。优质肉猪示范养殖区在大桥村和大地村建设，其中肉猪养殖专业村建在大桥村，标准化肉猪养殖示范场建在大地村。优质肉鸡示范养殖区在大地和大庆村建设，其中优质肉鸡林下放牧生态养殖示范基地在大桥成林果树下建设，年出栏 10 万羽优质肉鸡标准化养殖场建在大地村。蛋鸡生产示范区大桥村、大地村和大箐村建设，其中蛋鸡林下放牧生态养殖示范基地在大地村和大箐村成林果树下建设，年存栏 10 万羽蛋鸡标准化养殖场在大桥村建设。药用植物园布局在乌砂寨村段家寨组，面积 66.7hm²，核心区 20hm²，辐射整个深林公园。农业新技术展示中心拟建在大河镇大桥村，投资 1 000 万，包括实用技术馆开展实用技术推广、农业生产资料与农用物资交易、地区招商与展示活动，农业机械展场：举办农业机械、工程机械展览交易会、国家农机购置补贴产品专题展。活体动物展区：举办活体动物展示、交易、评比和拍卖活动。农产品自产自销区：对农民自产农产品、特色农产品分类分区进行展销。循环农业示范基地拟建在大地村和大箐村，将集中展示以畜禽粪便肥料化利用和沼气为纽带的特色种养结合型循环农业生产模式。

参考文献

[1] 方俊清，王明星. 国内外"休闲农业"发展研究综述 [J]. 仲恺农业工程学院学报，2017，30（2）：64-70.

[2] 郭焕成，刘军萍，王云才. 观光农业发展研究 [J]. 经济地理，2000，20（2）：119-124.

[3] 成升魁，徐增让，李琛，等. 休闲农业研究进展及其若干理论问题 [J]. 旅游学刊，2005，20（5）：26-30.

[4] 詹玲，蒋和平，冯献. 国外休闲农业的发展概况和经验启示 [J]. 世界农业，2009，（3）：47-51.

[5] 刘齐光. 国外休闲农业发展历程及经验借鉴 [J]. 农业经济与科技，2014，25（8）：99-100.

[6] 朱俊峰. 国外休闲农业发展经验与启示（一）[J]. 农民科技培训，2018，（3）：46-47.

[7] 魏会廷. 国外休闲农业信息化发展经验比较 [J]. 世界农业，2014，36（3）：60-63.

[8] 王云才. 国际乡村旅游发展的政策经验与借鉴 [J]. 旅游学刊，2002，17（4）：45-50.

[9] 郭红芳. 国内休闲农业研究综述 [J]. 桂林旅游高等专科学校学报，2007，18（6）：933-937.

[10] 毛帅，聂锐. 浅谈休闲农业游客行为与环境容量的冲突及解决思路 [J]. 生态经济，2006，197-200.

[11] Graham Busby, Samantha Rendle. The Transition from Tourism on Farms to Farm Tourism [J]. Tourism Management，2000，21：635-642.

[12] 李强，周培. 都市型农业的概念、属性与研究重点 [J]. 农业现代化研究，2011，32（4）：428-431.

[13] 范子文. 观光、休闲农业的主要形式 [J]. 世界农业，1998，

(1): 50-51.

[14] 郭焕成,吕明伟. 我国休闲农业发展现状与对策 [J]. 经济地理, 2008, 28 (4): 640-644.

[15] 毛帅. 休闲农业与观光农业、都市农业的联系与区别 [J]. 特区经济, 2008 (10): 133-135.

[16] 舒伯阳. 中国观光农业旅游的现状分析与前景展望 [J]. 旅游学刊, 1997, 12 (5): 41-43.

[17] 段兆麟. 海峡两岸观光休闲农业发展之比较 [J]. 中国供销商情, 2004, (10): 25.

[18] 郑健雄. 观光休闲农业与乡村旅游之定位策略: 海峡两岸观光休闲农业与乡村旅游发展学术研讨会论文集 [C]. 徐州: 中国矿业大学出版社, 2004.

[19] 祁黄雄. 区域观光农业规划设计的技术方法与实践 [J]. 国土开发与整治, 1998 (8): 148-150.

[20] 叶滢,刘杰. 城郊休闲观光农业发展初探——以南昌市郊扬子洲乡为例 [J]. 江西社会科学, 2001 (12): 214-217.

[21] 冀献民. 中国休闲农业的现状与趋势 [J]. 中国农学通报, 2007, 23 (12): 456-460.

[22] 刘章荣,翁伯琦,曾玉荣,等. 休闲农业新理论及其在闽北的应用研究 [J]. 中国生态农业学报, 2006, 14 (4): 5-8.

[23] 农业部. 加快休闲农业提档升级 打造就业增收新增长极 [EB/OL]. (2016-06-14) [2018-10-05]. http://www.gov.cn/xinwen/2016-06/14/content_ 5082055.htm.

[24] 骆高远. 休闲农业与乡村旅游 [M]. 浙江: 浙江大学出版社, 2016: 16-47.

[25] 中共中央 国务院. 中共中央 国务院印发《乡村振兴战略规划 (2018—2022 年)》[EB/OL]. (2018-09-26) [2018-10-09]. http://www.gov.cn/zhengce/2018 - 09/26/content _ 5325534.htm.

[26] 陶玉霞. 文化视野下乡村旅游的理想 [J]. 安徽农业科学, 2008 (13): 5 678-5 679.

[27] 刘曙霞. 乡村旅游创新发展研究 [M]. 北京: 中国经济出版社, 2017: 1-23.

[28] 陈志辉,陈小春.积极发展乡村旅游,加速推进社会主义新农村建设[J].湖南行政学院学报,2007(1):48-49.

[29] 王继庆.我国乡村旅游可持续发展问题研究[D].哈尔滨:东北林业大学,2007.

[30] 夏学英,刘兴双.新农村建设视阈下乡村旅游研究[M].北京:中国社会科学出版社,2014:38-41.

[31] 郭焕成,韩非.中国乡村旅游发展综述[J].地力科学进展,2010,29(12):1 598-1 605.

[32] 中国乡村网.休闲农业必须知道的20个概念[EB/OL].(2016-05-11)[2018-10-13].http://www.crttrip.com/showinfo-6-856-0.html.

[33] 一诺休闲农业规划.搞农场都该知道的12个盈利点,200亩农场是如何做到年入4 000万的?[EB/OL].(2017-07-05)[2018-10-16].https://www.sohu.com/a/154577557_247689.

[34] 阿布都热合曼·哈力克.阜康市休闲农业资源定量评价初探[J].中国人口·资源与环境,2011,21(3):217-219.

[35] 徐勤,魏艺,王婷婷.浙江省磐安县休闲农业旅游资源评价指标体系的构建[J].安徽农业科学,2014,42(25):8 636-8 638.

[36] 阚如良,杨小平,郑宇飞,等.休闲农业资源开发与评价——以三峡步步升文化村为例[J].生态经济,2015,31(4):103-105.

[37] 余养仕.休闲农业资源基本特征和合理开发利用研究[J].安徽农学通报,2009,15(24):1-2.

[38] 农业部.关于印发《特色农产品区域布局规划(2013—2020年)》的通知[EB/OL].(2017-12-05)[2018-10-0].http://www.moa.gov.cn/nybgb/2014/dsanq/201712/t20171219_6105530.htm.

[39] EncoreChan.地理环境对中国文化的作用与影响有哪些[EB/OL].(2015-06-30)[2018-10-12].https://wenda.so.com/q/1478115541725218.

[40] 孙艺.浅谈城市民俗文化与农村民俗文化差异论[EB/OL].(2013-5-30)[2018-10-17].http://www.wangxiao.cn/

lunwen/0676624373.html.

[41] 范钟庆,李生梅,黄芸玛.从旅游市场现状谈生态旅游及其可持续发展[J].青海师范大学学报(自然科学版),2010(3):80-83.

[42] 刘兵慧,魏政,安从瑶.城市郊区休闲旅游的机遇与挑战——以太原市为例分析[J].管理世界,2009(1):82-83.

[43] 李根蟠.精耕细作、天人关系和农业现代化[J].古今农业,2004(3):85-91.

[44] 郎秀云.人地矛盾视角下的中国现代农业模式[J].理论探讨,2007(6):90-92.

[45] 骆世明.论生态农业模式的基本类型[J].中国生态农业学报,2009,17(3):405-409.

[46] 王军,周燕,徐少才,等.浅论农业可持续发展的新模式:资源循环型农业[J].环境保护科学,2005,31(129):38-40.

[47] 尹昌斌,唐华俊,周颖.循环农业内涵、发展途径与政策建议[J].中国农业资源与区划,2006,27(1):4-7.

[48] 周颖,尹昌斌,张继承.循环农业产业链的运行规律及动力机制研究[J].生态经济,2012(2):36-40,51.

[49] 阿尔弗雷德·马歇尔.经济学原理[M].彭逸林,等,译.北京:人民日报出版社.2009:95-126.

[50] 庇古.福利经济学[M].金镝,译.北京:华夏出版社.2007:134-163.

[51] R.科斯.社会成本问题财产权利与制度变迁[M].上海:上海三联书店.1991:52-53.

[52] 保罗·A.萨缪尔森:经济学(第12版)[M].高鸿业等译.北京:中国发展出版社.1992.

[53] 蒋满元.农业生产经营的外部性问题与农业保护政策选择[J].经济问题探索,2005(5):40-43.

[54] 韦苇,杨卫军.农业的外部性及补偿研究[J].西北大学学报:哲学社会科学版,2004,34(1):148-153.

[55] 王金霞,张丽娟,黄季焜,等.黄河流域保护性耕作技术的采用:影响因素的实证研究[J].资源科学,2009,31(4):641-647.

[56] 张旭东. 论农业的外部性与市场失灵 [J]. 生产力研究, 2013 (3): 43-45.

[57] 杨壬飞, 吴方卫. 农业外部效应内部化及其路径选择 [J]. 农业技术经济, 2003 (1): 6-12.

[58] 王洪会, 王彦. 农业外部性内部化的美国农业保护与支持政策 [J]. 长春理工大学学报, 2012, 25 (5): 64-66.

[59] 占李玲. 推进休闲农业发展路径研究——基于外部性视角的思考 [J]. 福建金融管理干部学院学报. 2013 (3): 26-32.

[60] Bescansa P, Imazi M J, Virto I, et al. 2006. Soil water retention as affected by tillage and residue management in semiarid Spain [J]. Soil and Tillage Research 87 (1): 19-27.

[61] 曼昆. 经济学原理 [M]. 梁小民, 译. 北京: 北京大学出版社. 2006: 1-30.

[62] 芦文龙. 技术的外部性探讨. 第三届全国科技哲学暨交叉学科研究生论坛文集 [C]. 2010: 105-108.

[63] King R T. Wildlife and man [J]. NY Conservationist, 1966, 20 (6): 8-11.

[64] 大卫·休谟. 人性论 (下卷) [M]. 关文运, 译. 北京: 商务印书馆, 1983: 578-579.

[65] 亚当·斯密. 国民财富的性质与原因的研究 (下卷) [M]. 郭大力, 等, 译. 北京: 商务印书馆, 1974: 252-253.

[66] 保罗·萨缪尔森, 等. 经济学 (第十七版) [M]. 萧探, 译. 北京: 人民邮电出版社, 2004: 29.

[67] 顾笑然. 公共产品思想溯源与理论述评 [J]. 现代经济, 2007, 6 (9): 63-65.

[68] 沈小波. 环境经济学的理论基础、政策工具及前景 [J]. 厦门大学学报 (哲学社会科学版), 2008 (6): 19-25.

[69] 葛四友. 布坎南与奥尔森的公共选择理论比较分析 [J]. 中共福建省委党校学报, 2003 (7): 28-31.

[70] 周义程. 公共产品民主型共计模式的理论建构 [M]. 北京: 中共社会科学出版社, 2009, 10.

[71] 吕小荣, 努尔夏提·米马西, 吕小莲. 我国秸秆还田技术现状与发展前景 [J]. 现代化农业, 2004 (9): 41-42.

[72] 谭红杨,顾凯平,陈文汇.从生态旅游公益属性看我国生态旅游存在的问题[J].林业资源管理,2007(5):19-22.

[73] 中国林业科学研究院.良好生态环境是最公平的公共产品和最普惠的民生福祉——深入学习贯彻习近平总书记关于生态文明建设重大战略思想[EB/OL].(2014-10-09)[2018-10-19].http://www.forestry.gov.cn/main/195/content-708524.html.

[74] 赵邦宏,宗义湘,石会娟.政府干预农业技术推广的行为选择[J].科技管理研究,2006(11):21-23.

[75] 张馨.公共产品论之发展沿革[J].财政研究,1995(3):26-32.

[76] Krutilla. Conservation Reconsidered, Environmental Resources and Applied Welfare Economics: Essays in honor of John V [J]. Krutilla. Resources for the Future, 1988(24):263-273.

[77] Pearce D W.世界无末日——经济学、环境与可持续发展[M].北京:中国财经政治出版社,1996.

[78] Costanza R. The Value of the World's Ecosystem Services and Natural Capital [J]. Nature, 1997(37):73-90.

[79] 方大春.生态资本理论与安徽省生态资本经营[J].科技创业月刊,2009(8):4-6.

[80] 巩芳,常青,盖志毅,等.基于生态资本化理论的草原生态环境补偿机制研究[J].干旱区资源与环境.2009,23(12):167-171.

[81] 严立冬,邓远建,屈志光.绿色农业生态资本积累机制与政策研究[J].中国农业科学,2011,44(5):1 046-1 055.

[82] 严立冬,屈志光,黄鹂,等.生态资本理论视角下的经济发展方式转变探讨:中国生态经济学会会员代表大会暨生态经济与转变经济发展方式研讨会论文集[C],2012:279-286.

[83] 严立冬,张亦工,邓远建.农业生态资本价值评估与定价模型[J].中国人口资源与环境,2009,19(4):77-81.

[84] 伍光和,王乃昂,胡光熙,等.自然地理学[M].北京:高等教育出版社,2008:439-443.

[85] 严立冬,陈光炬,刘加林,等.生态资本构成要素解析——基于生态经济学文献的综述[J].中南财经政法大学学报,2010

(5): 3-9.

[86] 陈光炬. 农业生态资本运营: 内涵、条件及过程 [EB/OL]. (2018-10-17) [2018-10-21]. http://www.china-k.net/a/zhengce/426.html.

[87] 刘军萍, 王爱玲. 北京创意农业发展的典型模式及其主要做法 [J]. 农产品加工 (创新版), 2010 (1): 27-32.

[88] 周武生, 邓梅. 体验式旅游资源开发模式探讨 [J]. 湘潭大学学报 (哲学社会科学版), 2005, 29 (5): 166-168.

[89] 钱祖煜, 熊健. 体验经济时代的旅游者消费行为特点分析 [J]. 商场现代化, 2007 (2): 205-206.

[90] 段兆麟. 体验经济与休闲农园. 海峡两岸观光休闲农业与乡村旅游发展学术研讨会论文集 [C]. 徐州: 中国矿业大学出版社, 2002.

[91] 刘凤军, 雷丙寅, 王艳霞. 体验经济时代的消费需求及营销战略 [J]. 中国工业经济, 2002 (8): 81-86.

[92] 丁家永. 从体验营销看象征性消费行为 [J]. 商业时代, 2006, 36.

[93] 臧旭恒, 徐向艺, 杨蕙馨. 产业经济学 [M]. 北京: 经济科学出版社, 2007: 53-61.

[94] 王国才. 供应链管理与农业产业链关系初探 [J]. 科学学与科学技术管理, 2003 (4): 46-48.

[95] 刘贵富, 赵英才. 产业链: 内涵、特性及其表现形式 [J]. 财经理论与实践, 2006, 27 (141): 114-115.

[96] 曹利军. 可持续发展评价理论与方法 [M]. 北京: 科学出版社, 1999.

[97] 张晓玲. 可持续发展理论: 概念演变、维度与展望 [J]. 中国科学院院刊, 2018, 33 (1): 10-18.

[98] 陈迭云. 从经济学角度试论农业生态系统 [J]. 华南农学院学报, 1983, 4 (1): 51-57.

[99] 戈峰. 现代生态学 [M]. 北京: 科学出版社, 2004: 287-293.

[100] 中共中央 国务院. 关于实施乡村振兴战略的意见 [EB/OL]. (2018-02-04) [2018-10-23]. http://www.farmer.com.cn/zt2018/1hao/tt/201802/t20180204_1354953.htm.

[101] 农业的"内生性"增长因素分析 [EB/OL]. (2012-11-18). [2018-10-24]. http://www.docin.com/p-530337203.html.

[102] 菲利普·阿吉翁,彼得·霍依特. 内生增长理论 [M]. 陶然,倪彬华,汪柏林,译. 北京:北京大学出版社,2004:28-54.

[103] zhangxicai29. 外生和内生经济增长理论 [EB/OL]. (2008-03-18) [2018-10-07]. http://zhangxicai29.blog.163.com/blog/static/27857079200821841552845/.

[104] 郝永超,徐文辉,王雪微. 基于养生理念的农业观光园规划策略探析 [J]. 中国城市林业,2015,13 (2):40-43.

[105] 住房城乡建设部,国家发展改革委,财政部. 关于开展特色小镇培育工作的通知 [EB/OL]. (2016-07-01) [2018-10-25]. http://www.mohurd.gov.cn/wjfb/201607/t20160720_228237.html.

[106] 吴金明,邵昶. 产业链形成机制研究——"4+4+4"模型 [J]. 中国工业经济,2006 (4):36-43.

[107] 傅国华. 运转农产品产业链 提高农业系统效益 [J]. 中国农垦经济,1996 (11):24-25.

[108] 王凯. 中国农业产业链管理的理论与实践研究 [M]. 北京:中国农业出版社,2004.

[109] 王凯,颜加勇. 中国农业产业链的组织形式研究 [J]. 现代经济探讨. 2004 (11):28-32.

[110] 赵绪福,王雅鹏. 农业产业链、产业化、产业体系的区别与联系 [J]. 农村经济,2004 (6):44-45.

[111] 马莹. 新常态下农业转型升级问题研究 [J]. 经济研究导刊,2016 (12):26-27.

[112] 农业部. 高起点上的主动作为 问题导向的顺势而为——农业部发布《关于进一步调整优化农业结构的指导意见》 [EB/OL]. (2015-02-11) [2018-10-28]. http://www.gov.cn/xinwen/2015-02/11/content_2817711.htm.

[113] 厨联网络. 农业转型升级 现代农业发展的意义与机遇 [EB/OL]. (2015-11-24) [2018-11-01]. http://www.cfsbcn.com/news/show-104678.html.

[114] 李兴红,陈良. 浅析休闲农业发展中存在的问题及对策 [EB/

OL］．（2017－09－17）［2018－10－28］．http：//www.fx361.com/page/2017/0917/2271106.shtml.

［115］张文娟．农业生态增值，需要把握开发之度［EB/OL］．（2018-08－17）［2018－11－02］．http：//www.cecrpa.org.cn/zzjx/zzjxgd/11854.htm.

［116］三农资讯探讨．大力发展"互联网+农业"，更好助力农业转型升级［EB/OL］．（2018-07-10）［2018-11-03］．https：//baijiahao.baidu.com/s?id=1605573415967268856&wfr=spider&for=pc.

［117］李瑞芳．大力发展创意农业模式［J］．全国流通经济，2009（7）：84-85.

［118］章继刚．关于大力发展创意农业模式的建议［EB/OL］．(2009-04-03)［2018-10-31］．http：//www.sohu.com/a/33253422_252008.

［119］高竞男，王晓丰．中国传统文化对生态文明建设的启示［J］．吉林化工学院学报，2016，33（2）：22-24.

［120］黄承梁．从战略高度推进生态文明建设［EB/OL］．（2017-06-21）［2018－11－04］．http：//theory.people.com.cn/n1/2017/0621/c40531-29352486.html.

［121］王文君．从十八大到十九大，我国生态文明战略的新部署［EB/OL］．（2017－12－07）［2018－11－03］．https：//heihe.dbw.cn/system/2017/12/07/057862344.shtml.

［122］李干杰．深入贯彻习近平总书记生态文明建设重要战略思想，全面推动生态文明建设开创新局面［EB/OL］．（2018-02-09）［2018－11－05］．http：//www.cecrpa.org.cn/gzdt/ldjh/11310.htm.

［123］刘湘溶，等．我国生态文明发展战略研究［M］．北京：人民出版社，2013.

［124］习近平．决胜全面建成小康社会 夺取新时代中国特色社会主义伟大胜利［EB/OL］．（2017-10-28）［2018-11-06］．http：//cpc.people.com.cn/n1/2017/1028/c64094-29613660.html.

［125］范建华．乡村振兴战略的时代意义［EB/OL］．（2018-02-27）［2018－11－05］．http：//theory.people.com.cn/n1/2018/0227/

[126] 李克强.政府工作报告——2018年3月5日在第十三届全国人民代表大会第一次会议上[EB/OL].(2018-03-05)[2018-11-08].http：//www.gov.cn/zhuanti/2018lh/2018zfgzbg/zfgzbg.htm.

[127] 中共中央 国务院.中共中央 国务院印发《乡村振兴战略规划（2018—2022年）》[EB/OL].(2018-09-26)[2018-11-08].http：//www.gov.cn/zhengce/2018-09/26/content_5325534.htm.

[128] 范建华.乡村振兴战略的时代意义[EB/OL].(2018-02-27)[2018-11-01].http：//theory.people.com.cn/n1/2018/0227/c40531-29837172.html.

[129] 张红宇.乡村振兴战略、路径和重点[EB/OL].(2018-01-22)[2018-11-10].http：//www.sohu.com/a/218181892_725690.

[130] 农业部.农业部通知印发全国休闲农业发展"十二五"规划[EB/OL].(2011-08-24)[2018-11=12].http：//www.gov.cn/gzdt/2011-08/24/content_1931324.htm.

[131] 中共中央 国务院.关于加大改革创新力度加快农业现代化建设的若干意见[EB/OL].(2015-02-02)[2018-10-13].http：//www.moa.gov.cn/ztzl/yhwj2015/zywj/201502/t20150202_4378754.htm.

[132] 国务院办公厅.国务院办公厅关于推进农村一二三产业融合发展的指导意见[EB/OL].(2016-01-04)[2018-10-14].http：//www.gov.cn/zhengce/content/2016-01/04/content_10549.htm.

[133] 国家旅游局.国家旅游局发布四大行标 推动康养、人文、蓝色、绿色等旅游示范基地建设[EB/OL].(2016-01-08)[2018-10-15].http：//www.ce.cn/culture/gd/201601/08/t20160108_8150667.shtml.

[134] 中共中央 国务院.关于落实发展新理念加快农业现代化 实现全面小康目标的若干意见[EB/OL].(2016-01-28)[2018-11-10].http：//www.moa.gov.cn/ztzl/2016zyyhwj/

2016zyyhwj/201601/t20160129_ 5002063. htm.

[135] 中共中央办公厅，国务院办公厅．关于加大脱贫攻坚力度支持革命老区开发建设的指导意见［EB/OL］．（2016－02－03）［2018－10－19］．http：//www.cpad.gov.cn/art/2016/2/3/art_46_ 44565.html.

[136] 国务院．国务院关于进一步加强文物工作的指导意见［EB/OL］．（2016－03－08）［2018－10－28］．http：//www.gov.cn/zhengce/content/2016-03/08/content_ 5050721. htm.

[137] 国家发展改革委，科技部，工业和信息化部．长江经济带创新驱动产业转型升级方案［EB/OL］．（2016－03－14）［2018－10－20］．http：//www.most.gov.cn/tztg/201603/t20160314 _ 124683.htm.

[138] 中国人民银行，发展改革委，财政部，等．关于金融助推脱贫攻坚的实施意见［EB/OL］．（2016－03－16）［2018－11－21］．http：//www.mof.gov.cn/zhengwuxinxi/zhengcefabu/201603/t20160324_ 1921752. htm.

[139] 国家旅游局．120亿旅游基建基金申报启动［EB/OL］．（2016－04－08）［2018－10－31］．http：//www.ce.cn/culture/gd/201604/08/t20160408_ 10253106. shtml.

[140] 国家林业局．中国生态文化发展纲要（2016-2020年）［EB/OL］．（2016－04－11）［2018－11－05］．http：//www.forestry.gov.cn/main/89/content-861381. html.

[141] 国家发展改革委，财政部，水利部，等．关于切实做好水库移民脱贫攻坚工作的指导意见［EB/OL］．（2016－04－05）［2018－11－05］．http：//www.ndrc.gov.cn/zcfb/zcfbtz/201605/t20160517_ 801937. html.

[142] 农业部，国家发展改革委，财政部，等．贫困地区发展特色产业促进精准脱贫指导意见［EB/OL］．（2016－05－27）［2018－11－09］．http：//www.gov.cn/xinwen/2016-05/27/content_ 5077245. htm.

[143] 文化部，国家发展改革委，财政部，等．关于推动文化文物单位文化创意产品开发的若干意见［EB/OL］．（2016－05－16）［2018-11-02］．http：//www.gov.cn/zhengce/content/2016-05/

16/content_ 5073722. htm.

[144] 住房和城乡建设部，国家发展和改革委员会，财政部．关于开展特色小镇培育工作的通知［EB/OL］．（2016 - 07 - 01）［2018 - 11 - 07］．http：//www. mohurd. gov. cn/wjfb/201607/t20160720_ 228237. html.

[145] 农产品加工局．关于大力发展休闲农业的指导意见［EB/OL］．（2016-09-01）［2018-10-28］http：//www. moa. gov. cn/govpublic/XZQYJ/201609/t20160902_ 5262939. htm.

[146] 中共中央　国务院．关于深入推进农业供给侧结构性改革 加快培育农业农村发展新动能的若干意见［EB/OL］．（2017-02-06）［2018-10-17］．http：//www. moa. gov. cn/ztzl/yhwj2017/zywj/201702/t20170206_ 5468567. htm.

[147] 农业部．关于推进农业供给侧结构性改革的实施意见［EB/OL］．（2017-02-06）［2018-11-06］．http：//www. moa. gov. cn/govpublic/BGT/201702/t20170206_ 5468139. htm.

[148] 国家发展改革委，国家开发银行．关于开发性金融支持特色小（城）镇建设促进脱贫攻坚的意见［EB/OL］．（2017-02-08）［2018 - 11 - 05］．http：//www. gov. cn/xinwen/2017 - 02/08/content_ 5166536. htm#1.

[149] 国务院．全国国土规划纲要（2016—2030 年）［EB/OL］．（2017-02-04）［2018-11-04］（http：//www. gov. cn/zhengce/content/2017-02/04/content_ 5165309. htm.

[150] 财政部　农业部　财政部　农业部发布2017 年重点强农惠农政策［EB/OL］．（2017-03-24）［2018-10-30］．http：//www. gov. cn/xinwen/2017-03/24/content_ 5180460. htm#1.

[151] 国家卫生计生委，国家发展改革委，财政部，等．关于促进健康旅游发展的指导意见［EB/OL］．（2017-05-17）［2018-11-07］http：//www. nhfpc. gov. cn/guihuaxxs/s3585u/201705/fd9a24caca8a4553ad6213b6fa6d928f. shtml.

[152] 农业部办公厅．关于推动落实休闲农业和乡村旅游发展政策的通知［EB/OL］．（2017 - 05 - 25）［2018 - 11 - 03］http：//journal. crnews. net/nybgb/2017n/dlq/73425_ 20170914012652. html.

[153] 农业部. 关于公布2017年全国休闲农业和乡村旅游示范县（市、区）的通知[EB/OL]. (2017-11-23) [2018-11-01]. http：//www. moa. gov. cn/govpublic/XZQYJ/201711/t20171128_5922191. htm.

[154] 中共中央 国务院. 中共中央 国务院关于实施乡村振兴战略的意见[EB/OL]. (2018-02-04) [2018-10-07]. http：//www. gov. cn/zhengce/2018/02/04/content_5263807. htm.

[155] 一诺农旅规划. 休闲农业补贴及审批部门一览[EB/OL]. (2018-09-03) [2018-11-07]. https：//mp. weixin. qq. com/s?__biz=MjM5MjUzMTA4MQ==&mid=2649896751&idx=3&sn=bde2f3ae0cc7a4e4c058f4767217260f.

[156] 土流网. 2016年全国休闲农业和乡村旅游营业收入超过5 700亿元[EB/OL].（2017-04-12）[2018-11-08]. https：//www. tuliu. com/read-54097. html.

[157] 中商产业研究院. 2016年中国休闲农业行业发展报告[EB/OL]. (2016-03-21) [2018-11-09]. http：//www. askci. com/news/chanye/2016/03/21/152817o8h1. shtml.

[158] 农学谷商学院. 网上最全：休闲农业10年来最全数据统计[EB/OL]. (2017-04-13) [2018-11-12]. http：//www. sohu. com/a/133846894_498750.

[159] 前瞻网. 休闲农业市场蓬勃发展2016年营收超5700亿[EB/OL]. (2017-07-07) [2018-11-03]. http：//www. sohu. com/a/155147802_114835.

[160] 闫晓明, 夏海龙. 我国休闲农业发展面临的机遇与挑战[J]. 中国农垦, 2014 (12)：36-38.

[161] 国家统计局. 中华人民共和国2017年国民经济和社会发展统计公报[EB/OL]. (2018-02-28) [2018-11-13]. http：//www. stats. gov. cn/tjsj/zxfb/201802/t20180228_1585631. html.

[162] 于淑波. 人口城市化对消费需求的影响分析[J]. 南方农村, 2010 (3)：50-54.

[163] 王丽丽, 李建民. 休闲农业消费升级的基础与对策研究[J]. 河北学刊, 2015, 35 (6)：154-158.

[164] 赵仕红. 休闲农业市场供求规模与主要影响因素分析[J]. 江

苏农业科学，2016，44（7）：587-591.

[165] 吴晓. 多措并举推动休闲农业提升发展 [EB/OL]. (2018-06-19) [2018-10-29]. http：//www.shaoxing.gov.cn/sxxmhw/zt/28/ldjh/201806/t20180619_ 489753.shtml.

[166] 中共中央 国务院. 关于加快推进农业科技创新持续增强农产品供给保障能力的若干意见 [EB/OL].(2012-02-02) [2018-10-29]. http：//www.moa.gov.cn/ztzl/yhwj/zywj/201202/t20120215_ 2481552.htm.

[167] 赵其国，黄季焜. 未来农业科技五大发展趋势 [EB/OL]. (2015-09-22) [2018-11-02]. http：//wap.cnki.net/touch/web/Newspaper/Article/HZSB20150922A052.html.

[168] 宁淼，邹秀萍，叶文虎. 中国农业可持续发展的科技支撑体系及其关键技术 [J]. 中国科技论坛，2008（10）：102-106.

[169] 史佳林，贾凤伶，张蕾. 休闲农业升级发展的科技支撑体系及对策研究——以天津为例 [J]. 天津农业科学，2016，22（2）：58-63.

[170] 季昆森. 循环经济原理与应用 [M]. 安徽：安徽科学技术出版社，2004.

[171] 吴伟烽，刘聿拯. 生物质能利用技术介绍 [J]. 工业锅炉，2003（5）：11-14.

[172] 中农国维. 休闲农业可运用的三个生态农业原理，很多人还不知道 [EB/OL]. (2018-10-01) [2018-11-07]. https：//baijiahao.baidu.com/s? id = 1613046009420512067&wfr = spider&for = pc.

[173] 陈明曦，陈芳清，刘德富. 应用景观生态学原理构建城市河道生态护岸 [J]. 长江流域资源与环境，2007，16（1）：97-101.

[174] 张皓臻. 浅谈精准农业技术及应用 [J]. 农业装备技术，2013，39（3）：23-25.

[175] 潘明，陈艺. 3S技术在精准农业中的应用 [J]. 现代农业装备，2011（6）：56-58.

[176] 陈淑祥. 简论我国农产品现代物流发展 [J]. 农村经济，2005（2）：18-20.

[177] 商永柱. 现代物流中应用了哪些物流新技术？[EB/OL]. (2015-09-20) [2018-11-12]. https：//zhidao.baidu.com/question/552638415.html.

[178] chaiwangbing32. 现代销售模式分析 [EB/OL]. (2016-09-22) [2018-10-29]. https：//blog.csdn.net/chaiwangbing/article/details/52624216..

[179] 国务院. 关于印发全国农业现代化规划（2016—2020年）的通知 [EB/OL]. (2016-10-20) [2018-11-02]. http：//www.gov.cn/zhengce/content/2016/10/20/content_5122217.htm.

[180] 阙丽丽. 现代农业行业现状 农业发展方式：弃粗放型老路 走现代化新途 [EB/OL]. (2015-09-24) [2018-10-27]. http：//www.sohu.com/a/33131542_114835.

[181] 王晓易. 人民日报："三量齐增"反映中国农业竞争力不强 [EB/OL]. (2015-10-08) [2018-11-13]. http：//money.163.com/15/1008/07/B5CVTQG500253B0H.html.

[182] 万宝瑞. 我国农业与农村经济发展的五大增长点 [J]. 农业经济问题, 2010 (2)：4-8.

[183] 福步外贸论坛. 我国农产品对外贸易的现状及发展新思路 [EB/OL]. (2015-12-25) [2018-11-05]. http：//bbs.fobshanghai.com/thread-6269581-1-1.html.

[184] 李祥洲. 我国农产品质量安全现状及其问题隐患 [EB/OL]. (2018-02-06) [2018-10-25]. https：//www.sohu.com/a/221344958_488492.

[185] 高冬梅, 吴兆娟, 战博. 德国休闲农业对我国休闲农业发展的启示 [J]. 园艺与种苗, 2017 (8)：4-7.

[186] 詹玲, 蒋和平, 冯献. 国外休闲农业的发展概况和经验启示 [J]. 世界农业, 2009 (10)：47-51.

[187] 王俊豪. 德国乡村旅游认证制度 [EB/OL]. (2012-08-10) [2018-11-07]. http：//www.docin.com/p-432323435.html.

[188] 李瑞裕. 借鉴德国小果菜园协会的经营模式促进我国城市休闲农业的迅速发展 [J]. 中国乡镇企业, 2015 (1)：23-25.

[189] 林海丽. 英国农业休闲旅游发展的经验与启示 [J]. 世界农业, 2016 (4)：130-134.

[190] 数据引自吴相利.英国农业旅游发展的基本特征与经验启示[J].社会科学家,2005(6):115-117.

[191] 常一斌.国外各种休闲农业开发模式汇总[EB/OL].(2016-11-04)[2018-11-03].http://toutiao.chinaso.com/nydyp/detail/20161104/1000200033009161478226292466663125_1.html.

[192] U. K. Department for Environment, Food&Rural Affairs. September 2011 Statistical Feature Report: Tourism[OL]. URL: www.defra.gov.uk.

[193] 陈璘.矿坑上的伊甸园——Eden植物园[EB/OL].(2016-02-22)[2018-11-04].https://www.douban.com/note/540923174/.

[194] 山合水易旅游规划.以花为主题的休闲农业园区六大开发模式&案例分享[EB/OL].(2017-03-12)[2018-11-06].http://www.sohu.com/a/128622839_612976.

[195] 刘齐光.国外休闲农业发展历程及经验借鉴[J].农村经济与科技,2014,25(8):99-101.

[196] 徐振涛,朱伟.美国休闲农业旅游发展经验对中国的影响[J].延边大学农学学报,2016,38(2):179-184.

[197] 中农富通.分享:美国休闲农业"百花齐放"[EB/OL].(2016-06-05)[2018-11-07].http://www.sohu.com/a/81093912_335644.

[198] 张蓓,万俊毅,文晓巍.国外农业旅游的模式比较与经验借鉴[J].农业经济问题,2011(5):100-103.

[199] 明昊旅游景观设计公司.法国休闲农业发展概况[EB/OL].(2015-12-18)[2018-11-09].http://www.mi-ho.com/shownews.aspx?id=1384%27.

[200] 王宏前.2015年法国有机生态农场数量增长[EB/OL].(2016-06-06)[2018-11-05].http://www.mofcom.gov.cn/arti.

[201] 地产数据时代.为什么法国的休闲农业发展的那么好?[EB/OL].(2018-07-07)[2018-10-26].https://www.sohu.com/a/239798621_120817.

[202] 郑雪飞. 法国农业合作社及其对中国的启示 [J]. 信阳师范学院学报（哲学社会科学版），2013（4）：65-68.

[203] 俞菊生，张占耕，白尔钿，等. "都市农业"一词的由来和定义初探——日本都市农业理论考 [J]. 上海农业学报，1998，14（2）：79-84.

[204] 蔡建明，杨振山. 国际都市农业发展的经验及其借鉴 [J]. 地理研究，2008，27（2）：362-374.

[205] 朱博文. 国外家庭农场发展的经验与启示 [J]. 新疆农垦经济，2005（2）：69-72.

[206] 方志权. 日本都市农业研究 [J]. 上海农业学报，1998，14（增刊）：100-106.

[207] 曾书琴. 发达国家都市农业的成功经验对我国的借鉴与启示 [J]. 广东农业科学 2011（10）：191-193.

[208] 黄福江，高之刚. 日本观光农业发展的特征及经验 [J]. 世界农业，2016（4）：139-143.

[209] 苟露峰，崔磊. 日本都市农业的发展概况 [J]. 世界农业，2012（3）：67-68..

[210] 冯献，崔凯. 中国工业化、信息化、城镇化和农业现代化的内涵与同步发展的现实选择和作用机理 [J]. 农业现代化研究. 2013，34（3）：269-273.

[211] 毛飞，孔祥智. 中国农业现代化总体态势和未来取向 [J]. 改革. 2012（10）：9-21.

[212] 韩光华. 国外农业现代化建设的基本经验及启示 [J]. 山东社会科学. 1997（4）：35-38.

[213] 贾乃新. 国外农业现代化建设启示 [N]. 吉林日报，2007-07-28（007）.

[214] 包宗顺. 国外农业现代化借鉴研究 [J]. 世界经济与政治论坛. 2008（5）：112-117.

[215] 黄修杰，何淑群，黄丽芸. 国内外现代农业园区发展现状及其研究综述 [J]. 广东农业科学. 2010（7）：289-293.

[216] 曹潇滢. 农业现代化研究综述 [J]. 北方经济. 2012（10）：25-27.

[217] 曾书琴. 发达国家都市农业的成功经验对我国的借鉴与启示

[J]．广东农业科学，2011，(10)：191-913.

[218] 郭焕成，任国柱．我国休闲农业发展现状与对策研究［J］．北京第二外国语学院学报（旅游版），2007（1）：66-71.

[219] 张选厚，张俊，于艳梅，等．都市现代农业发展现状与趋势［J］．中国农业小康科技，2011，(2)：64-68.

[220] 骆高远主编．休闲农业与乡村旅游［M］．杭州：浙江大学出版社，2016，9.

[221] bllh8588．旅游地生命周期［EB/OL］．(2015-06-24)［2018-11-09］．https：//baike.so.com/doc/9535010-9879411.html.

[222] 戴心实．休闲种植业［EB/OL］．(2018-06-12)［2018-11-08］．https：//iask.sina.com.cn/b/6dMkIYbZuEH.html.

[223] 彭援军．台湾农林牧业办旅游［J］．桂林旅专学报，1998，9(2)：78-79.

[224] 李碧翔．传统渔业转型升级研究——以台湾开展渔业旅游为例［J］．农村经济与科技，2018，29（7）：86-88.

[225] 王兴斌．关于森林休闲和休闲林业［EB/OL］．(2018-02-22)［2018-10-27］．http：//www.sohu.com/a/223530898_99951786.

[226] 包仁艳，罗昊澍．北京会展农业发展研究［J］．中国农学通报，2015，31（1）：285-290.

[227] 王婴葳．什么是创意农业［EB/OL］．(2017-09-28)［2018-09-20］．https：//zhidao.baidu.com/question/165239013.html.

[228] 廖小平．浅析智慧农业的内涵与发展［J］．经济研究导刊，2018（16）：17-19.

[229] 叶洋洋．国内古村落旅游开发模式研究综述［J］．陇东学院学报，2016，27（2）：65-69.

[230] 吴德慧．都市农业发展的国内外先进经验比较研究［J］．信阳农业高等专科学校学报，2012，22（1）：61-64.

[231] 俞菊生．中国都市农业——国际大城市上海的实证研究［M］．北京：中国农业科学技术出版社，2002：10-55.

[232] 刘康婷．武汉市都市农业发展模式探究［J］．湖北工业大学学报，2011，26（3）：32-35.

[233] 王永志，郭红．都市型观光农业发展模式与启示——以成都市

三圣乡观光农业发展为例 [J]. 决策咨询通讯, 2008, (1): 21-23.

[234] 王先琳, 符江波, 陈利丹, 等. 深圳市都市农业思考 [J]. 中小企业管理与科技 (下旬刊), 2009, (10): 45-46.

[235] 中共中央, 国务院. 关于落实发展新理念加快农业现代化 实现全面小康目标的若干意见 [EB/OL]. (2016-01-28) [2018-10-15]. http://www.moa.gov.cn/ztzl/2016zyyhwj/2016zyyhwj/201601/t20160129_5002063.htm.

[236] 农业部, 国家发展改革委, 国土资源部等. 农业部等11部门关于积极开发农业多种功能大力促进休闲农业发展的通知 [EB/OL]. (2017-12-02) [2018-09-28]. http://www.moa.gov.cn/nybgb/2015/shiqi/201712/t20171219_6103877.htm.

[237] 国土资源部, 住房和城乡建设部, 国家旅游局. 关于支持旅游业发展用地政策的意见 [EB/OL]. (2016-11-07) [2018-10-28]. http://www.mlr.gov.cn/tdzt/tdgl/cyyd/bmwj/201611/t20161107_1421108.htm.

[238] 国土资源部, 农业部. 关于进一步支持设施农业健康发展的通知 [EB/OL]. (2014-10-17) [2018-10-30]. http://www.mlr.gov.cn/zwgk/zytz/201410/t20141017_1332632.htm.

[239] 壹度创意. 休闲农业用地政策分析 [EB/OL]. (2018-06-22) [2018-11-01]. https://www.sohu.com/a/119326524_509371.

[240] 中共中央办公厅, 国务院办公厅. 关于引导农村土地经营权有序流转发展农业适度规模经营的意见 [EB/OL]. (2014-11-20) [2018-10-19]. http://www.gov.cn/xinwen/2014-11/20/content_2781544.htm.

[241] 国务院. 关于开展农村承包土地的经营权和农民住房财产权抵押贷款试点的指导意见 [EB/OL]. (2015-08-24) [2018-10-03]. http://www.gov.cn/zhengce/content/2015-08/24/content_10121.htm.

[242] 中共中央办公厅, 国务院办公厅. 深化农村改革综合性实施方案 [EB/OL]. (2015-11-02) [2018-10-04]. http://www.gov.cn/zhengce/2015-11/02/content_2958781.htm.

[243] 土流网. 休闲农业的土地流转政策有哪些规定？哪些土地可以用来做休闲农业？[EB/OL]. (2018-04-04) [2018-11-05]. https://www.tuliu.com/read-77622.html.

[244] 地呱呱. 休闲农业土地流转六大方式，你知道吗？[EB/OL]. (2017-03-17) [2018-11-05]. http://www.diguagua.net/news/content-2596.html.

[245] 土流网. 2018年农村土地流转有哪些新政策？[EB/OL]. (2017-11-22) [2018-11-07]. https://www.tuliu.com/read-67401.html.

[246] 国家发展改革委, 农业部. 关于推进农业领域政府和社会资本合作的指导意见[EB/OL]. (2016-12-06) [2018-11-13]. http://www.ndrc.gov.cn/zcfb/zcfbtz/201612/t20161216_830306.html.

[247] 农业部办公厅, 中国农业银行办公室. 关于金融支持农村一二三产业融合发展试点示范项目的通知[EB/OL]. (2016-08-15) [2018-11-12]. http://www.moa.gov.cn/govpublic/XZQYJ/201608/t20160815_5238856.htm.

[248] 国土资源部, 财政部. 关于新增建设用地土地有偿使用费转列一般公共预算后加强土地整治工作保障的通知[EB/OL]. (2017-02-05) [2018-11-14]. http://www.mlr.gov.cn/zwgk/zytz/201702/t20170209_1439835.htm.

[249] 国务院办公厅. 关于创新农村基础设施投融资体制机制的指导意见[EB/OL]. (2017-02-17) [2018-11-09]. http://www.gov.cn/zhengce/content/2017/02/17/content_5168733.htm.

[250] 财政部, 农业部. 关于深入推进农业领域政府和社会资本合作的实施意见[EB/OL]. (2017-06-06) [2018-11-10]. http://www.gov.cn/xinwen/2017-06/06/content_5200355.htm.

[251] 土流网. 2018年休闲农业补贴新政策：可申报的项目有哪些？什么时间申请？[EB/OL]. (2018-01-25) [2018-11-12]. https://www.tuliu.com/read-72141.html.

附　图

北京市通州区宋庄镇现代农业发展规划调研（2008年11月）

多彩采摘节

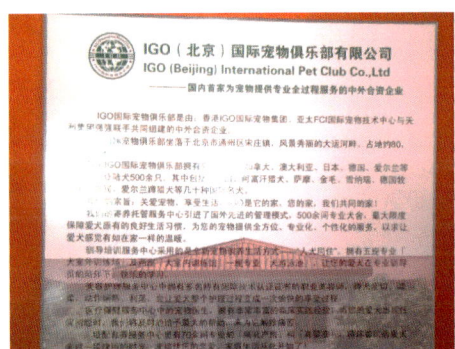

宠物俱乐部

高级赛马场

海南省三亚市热带特色现代农业发展规划调研（2008年4月）

兰花培育基地

兰花礼品成品

美丽乡村建设

山东省临沂市现代农业产业发展规划调研（2013年5月）

临沭县设施蔬菜种植基地

莒南县马铃薯、蓝莓种植基地

蒙阴县生态文明村、长毛兔养殖基地

平邑县露地蔬菜及金银花种植基地

费县特色果品交流及生态采摘园

高新区物流交易平台及农业龙头企业

贵州省六盘水市喀斯特山区特色农业示范区规划调研（2012年6月）

特色核桃林种植繁育基地

高山蔬菜马铃薯规模化种植基地

生态农业示范点及山地养鸡模式

河南省卢氏县现代特色农业发展规划调研（2013年7月）

卢氏县黑木耳及食用菌特色种植基地

卢氏县百草园中药材特色种植基地

卢氏县核桃示范区及观赏鱼养殖